李绍先眼中的
阿拉伯人

李绍先 ◎ 著

中国书籍出版社
China Book Press

目 录

前言 / 1

第一部分
传统与现代化的撞击
——阿拉伯人生活方式的变迁

贝都因人今昔 / 3
- "世外桃园"中的居民 / 4
- 一成不变的传统生活 / 5
- 无法抗拒的吸引力 / 7
- 重返大自然 / 8
- 职业选择 / 9
- 随处可见的影响 / 9

"新型企业家" / 10
- 百万富翁哈立德 / 11
- 成功秘诀 / 11
- 大款风采 / 12

独具特色的"保证人" / 13
- 目不识丁的保证人阿卜杜勒 / 13
- 必不可少的中间环节 / 14

离开土地的埃及农民 / 15
- ◆ 开罗国际机场农民多 / 15
- ◆ 为生活所迫的青年农民 / 16
- ◆ 少东家要出国 / 17
- ◆ 乘数效应 / 17
- ◆ 世道真变了 / 18

重新戴起面纱的知识女性 / 19
- ◆ 女大学生法蒂玛 / 19
- ◆ 我不要这样的现代化 / 20

开罗死人城见闻 / 21
- ◆ 活人与死人同住 / 22
- ◆ 藏污纳垢之地 / 23
- ◆ 一夫多妻的司机 / 23
- ◆ 街头卖报人法里德 / 24
- ◆ 楼房看门人哈迪德 / 26

世风日下 / 27
- ◆ 清真寺门前的高档皮鞋哪里去了 / 28
- ◆ 加强管理 / 28

阿拉伯人与骆驼 / 30
- ◆ "天然盟友" / 30
- ◆ 骆驼家族及其起源 / 31
- ◆ 大自然的巧妙安排 / 32
- ◆ 双重性格 / 34
- ◆ 驼铃声中悲与喜 / 35

阿拉伯人与阿拉伯马 / 36
- ◆ 阿拉伯纯种马的特征 / 37
- ◆ 贵人与马 / 37
- ◆ 赛马场上的阿拉伯王子 / 38

阿拉伯人与汽车　/　39
- ◆ 什么都不急　就是开车急　/　39
- ◆ 阿拉伯人停车一绝　/　40

第二部分
形形色色的阿拉伯人

"阿拉伯老大"——埃及人　/　45
- ◆ 风度翩翩的埃及教授　/　45
- ◆ 热血的埃及青年学生　/　47
- ◆ 无所不在的埃及便衣警察　/　48
- ◆ 公务员王国话公务员　/　48
- ◆ 阿拉伯式的儿童教育　/　49

"阿拉伯乡巴佬"——也门人　/　50
- ◆ 用飞机撒钱的大老板　/　51
- ◆ 持介绍信的乞丐　/　52
- ◆ 民主乎！官僚乎！　/　53
- ◆ 不避医生的也门女人　/　54

精明的沙特人　/　55
- ◆ 大亨、飞行员、大使、亲王　/　55
- ◆ 阿拉伯的洛克菲勒　/　57
- ◆ 美国人眼中财大气粗的沙特人　/　58

无家可归的巴勒斯坦人　/　62
- ◆ 阿以冲突的起源和核心　/　63
- ◆ 加沙地带的早晨　/　65
- ◆ 加沙难民营　/　66
- ◆ 哈马斯组织的夏令营　/　67
- ◆ 三大宗教的共同圣地　/　68
- ◆ 约旦境内的巴勒斯坦人　/　70

- ◆ 不忘家园 / 71
- ◆ 犹太人定居点 / 71
- ◆ 以色列军人的抱怨 / 72
- ◆ 同样企盼和平 / 73

阿拉伯"九命怪猫" / 74
- ◆ 沙漠中死里逃生 / 74
- ◆ 事业为重、四海为家 / 76
- ◆ 不为人知的一面 / 77

海外阿拉伯人 / 80
- ◆ 欧洲的阿拉伯人 / 80
- ◆ 美国的阿拉伯人 / 81
- ◆ 歧视与反歧视 / 82
- ◆ 伊斯兰教在进攻美国？ / 83
- ◆ 来历不明的邮件炸弹 / 84
- ◆ 以色列阿拉伯人 / 85

第三部分
兄弟阋墙——阿拉伯内部关系透视

阿拉伯民族还是阿拉伯国家 / 92

阿拉伯民族的"觉醒" / 94

阿拉伯雄狮纳赛尔 / 97
- ◆ 阿拉伯统一的尝试 / 98
- ◆ 欲速不达 / 99
- ◆ 阿拉伯雄狮之死 / 100
- ◆ 其它流产的合并 / 101

上校卡扎菲 / 102
- ◆ 屡有惊人之举 / 102

- ◆ 七次失败的合并 / 103
- ◆ 狂人末路 / 105

叙利亚狮子阿萨德 / 107
- ◆ 高深莫测 / 107
- ◆ 长袖善舞 / 108
- ◆ 阿萨德的联合 / 109
- ◆ 子承父业 / 110

"对抗之母"萨达姆 / 112
- ◆ 历经磨难 / 112
- ◆ 联合还是吞并 / 113
- ◆ 萨达姆鸣枪庆祝布什落选 / 114
- ◆ 暴君之死 / 115

硕果仅存的也门统一 / 118
- ◆ "一国两制" / 118
- ◆ 合并——内战——统一 / 119
- ◆ 重新走向内战的也门 / 120

"窝里斗"的根源 / 123
- ◆ 石油使阿拉伯世界秩序颠倒 / 123
- ◆ 阿拉伯世界的贫富悬殊 / 124
- ◆ 不是不出血 / 124
- ◆ 有趣的辩论 / 125
- ◆ 阿拉伯人普遍的心态 / 126

海湾战争的另一面 / 127
- ◆ 萨达姆的"充分"理由 / 127
- ◆ 阿拉伯国家的不同心态 / 129
- ◆ 同情在萨达姆一边 / 130
- ◆ 沙特王室的窘境 / 132

第四部分
伊斯兰教与阿拉伯人

伊斯兰教的基本信仰 / 138
- 信真主("安拉"、"胡达") / 139
- 信天使 / 140
- 信经典 / 140
- 信先知 / 141
- 信末日 / 142

伊斯兰教圣地 / 143
- 第一圣地——麦加 / 143
- 天房的传说 / 145
- 第二圣地——麦地那 / 146
- 先知"登霄"地 / 147

清真寺拾贝 / 148
- 真主面前人人平等 / 148
- 千年不变的格式 / 148
- "叫拜"的由来 / 149
- 散发香味的清真寺 / 149
- 什叶派圣地 / 150

伊斯兰教的功课 / 150
- 五功之首——念功 / 150
- 礼拜 / 152
- 卡特总统瞬间的困惑 / 154
- "天课" / 155
- 金钱是何物？ / 155
- 乐善好施 / 156
- 斋戒 / 157
- 斋月与暴食 / 158

- ◆ 走近真主——朝觐 / 160
- ◆ 朝觐仪式 / 161
- ◆ 荒漠甘泉 / 162

伊斯兰教节日 / 163
- ◆ 圣纪和圣忌 / 164
- ◆ 开斋节 / 164
- ◆ 古尔邦节 / 165
- ◆ 盖德尔夜 / 166
- ◆ 阿舒拉日 / 166
- ◆ 拜拉特夜 / 166
- ◆ 登宵夜 / 167
- ◆ 法蒂玛忌日 / 167

伊斯兰历法 / 167

伊斯兰与现代化的适应 / 168

伊斯兰教惩罚罪犯 / 169

第五部分
石油与阿拉伯世界

乌金滚滚——石油大发现 / 176
- ◆ 偶然的道听途说 / 177
- ◆ 霍姆斯梦想成真 / 178
- ◆ 一次决定命运的谈话 / 178
- ◆ 阿拉伯国家石油知多少 / 180

油价暴涨——石油美元滚滚来 / 181
- ◆ 第四次中东战争与石油禁运 / 182
- ◆ 油权收归国有和油价暴涨 / 183
- ◆ 两次石油冲击 / 183

◆ 阿拉伯产油国的石油收入 / 184

沙漠奇迹 / 184
◆ 沙漠上的现代工业城 / 185
◆ 神奇的"沙漠农业" / 186
◆ 让人走眼的"人造绿洲" / 187
◆ "世界第八大奇迹"——人工河 / 188
◆ 世界最大的机场 / 188
◆ 中东的香港——迪拜 / 189

海湾神话 / 190
◆ 科威特的全民福利 / 191
◆ 高价收购土地 / 192
◆ 流亡仍潇洒 / 193
◆ 阿联酋巨变 / 194
◆ 居者有其"金屋" / 195
◆ "温饱之后"的追求 / 195
◆ 后起之秀阿曼 / 196

美元、人力大循环 / 197
◆ 人力吸纳中心——海湾和利比亚 / 198
◆ 世界上最低的劳动参与率 / 199
◆ 无所不在的打工仔 / 199
◆ 就低不就高 / 200
◆ 阿拉伯外来劳工知多少 / 201
◆ 三等公民 / 202
◆ 推不动的"就业本地化" / 203

第六部分
王室、家族及其日常生活

沙特家族透视 / 210
- 庞大的家族分支 / 210
- 结婚300多次的国王 / 211
- 亲王大军 / 211
- 家族"董事会" / 212
- 家族未来的希望——孙字辈 / 212
- 成功的亲王商人 / 213
- 苏德里七王兄弟 / 214
- 兄终弟及制度 / 214
- 王位继承风云 / 215
- 一视同仁的国王的葬礼 / 216

伊拉克家族的宠儿 / 219
- 大家长的长子 / 219
- 家族内部的派系 / 220
- 枪伤老伯 / 221
- 姐夫出走 / 222
- 家族会议处置叛徒 / 222
- 触动重臣 / 223
- 兄弟接班 / 224
- 消弭家族内部裂痕 / 224
- 乌代和库塞之死 / 225

家族企业和家族公司 / 226
- 事业成功的秘诀 / 227
- 合则兴,分则衰 / 228
- 总经理=家长 / 228
- 家族公司的创业史 / 229

根深蒂固的地域观念——老乡亲 / 231
- ◆ 权力稳定的保证 / 231
- ◆ 总统的子弟兵 / 232
- ◆ 接班人问题费思量 / 232

约旦王室生活一瞥 / 233
- ◆ 总管职责 / 233
- ◆ 年开销900万 / 234
- ◆ 国王与贵宾用餐 / 235
- ◆ 酷爱电影 / 235
- ◆ 迎接元首们 / 236
- ◆ 讲排场的阿曼君主 / 237
- ◆ 万贯家产 / 238
- ◆ 国王间的会面 / 238
- ◆ 伊丽莎白女王的野餐 / 239
- ◆ 约旦王后努尔 / 240

第七部分
阿拉伯市场和阿拉伯商人

阿拉伯市场采风 / 246
- ◆ 星期五"苏克" / 246
- ◆ 叙利亚阿勒坡星期五市场 / 247
- ◆ 马斯喀特"苏克" / 248
- ◆ 沙特阿拉伯的黄金首饰市场 / 248
- ◆ 阿联酋的同价商店 / 250
- ◆ 无人看守的金店 / 252
- ◆ 收入冠全球的免税店 / 253
- ◆ 也门走私市场一瞥 / 254

阿拉伯商人 / 255

- ◆ 道德和智慧并重 / 256
- ◆ 家族经营——典型的大锅饭 / 258
- ◆ "模糊管理方式"? / 259
- ◆ 只有一个银行帐号的超大型公司 / 260
- ◆ "回扣"知多少? / 261
- ◆ 阿拉伯商人的谈判天赋 / 262
- ◆ 以彼之予、刺彼之盾 / 262
- ◆ 典型的东方式用人之道 / 263
- ◆ 传统代代相承 / 264
- ◆ 形形色色的小商人们 / 264
- ◆ 从不说"不"的阿拉伯商人 / 266
- ◆ 与阿拉伯商人"砍价" / 266
- ◆ 黎巴嫩真主党发展观光业 / 267

前　言

　　公元七世纪上半叶，生活在阿拉伯半岛上的阿拉伯人迅速崛起，在刚刚创立的伊斯兰教的旗帜下走上急速扩张的道路，并在短短不到100年的时间里建立起横跨欧、亚、非三大洲的阿拉伯大帝国。阿拉伯人所到之处，伊斯兰教得到广泛传播，阿拉伯语得以广泛推广，民族间融合加速进行，最终在西起大西洋、东至波斯湾、北临地中海、南达中部非洲——这一辽阔地域内形成具有共同命运、共同语言、共同历史、共同情感和性格、共同希望与哀乐以及以伊斯兰教为主要共同宗教的阿拉伯民族。

　　说到阿拉伯人，人们自然会想到沙漠。的确，在总面积约1 300万平方公里的阿拉伯地区，89％的土地是沙漠或半沙漠。沙漠地区干旱少雨，地面缺乏植被，昼夜温差变化剧烈。白天阳光暴晒，烈日如焚；遇到狂风大作时，则昏天黑地，飞沙走石，恍如世界末日来临。据说海湾战争时，以美国为首的多国部队初进沙特，就曾多次遭到过"飞沙走石"的袭击。有人事后描写，当"沙漠风暴"(多国部队行动的代号也叫"沙漠风暴")来临时,美国军队的大炮被掀翻,炮衣被撕裂,飞机机翼被折断,雷达屏幕上一片花白。躲在掩体里的美国大兵惊慌、烦躁、紧张、恐惧,备感"孤立无援"。当然,沙漠地区的气候也有其柔和的一面:每当夜幕降临,天空星光灿烂,地面凉风习习,被烈日"烧烤"了一天的沙海在清凉的月光下一片宁静。

沙漠地带的自然环境塑造了阿拉伯人独特且矛盾的性格。阿拉伯人勇敢尚武、充满牺牲精神,但又多少有些好高骛远、桀骜不驯。他们向往自由,不愿受约束,不习惯服从权力,内部意见分歧严重,人人都想当头。阿拉伯人的这种特点推动了早期的统治者哈里发们为避免出现内讧而大力进行对外扩张战争,现代阿拉伯世界的当权者们也常常通过制造假想敌人等手段,来保持阿拉伯内部的团结和凝聚力。阿拉伯人热情好动、热血沸腾,但同时又让人觉得多少有些反复无常、麻木不仁。阿拉伯国家之间和阿拉伯人之间的关系就是最好的印证。所谓"一会儿愤怒,一会儿冷静;动不动就拔枪相向,继而又互相拥抱,似乎什么也没有发生"。当然,阿拉伯兄弟间可以因为一些小小的分歧而打得"头破血流",但一旦有外人加入争斗时,阿拉伯兄弟情谊很可能又会恢复如初。

阿拉伯人崇尚阿拉伯式的民主和平等,有时甚至会"民主"和"平等"到令人难以置信的程度,如赤贫之民可以毫无顾忌地叩开最高行政长官乃至一国之君办公室的大门,跨国公司的小小职员也可以随时走进董事长的办公室聊天;但阿拉伯社会又等级森严,省长、市长甚至小小县长外出时常常是前呼后拥、趾高气扬,你怎么也不能把他们与在办公室里和蔼可亲地倾听老百姓心声的官员形象联系在一起。阿拉伯民情纯朴,人们对不良的社会现象深恶痛绝,犯偷窃罪者要遭受砍掉手脚的惩罚;但阿拉伯社会又远远说不上是一个法治的社会,不少"衙内"、"恶少"和不法官僚常常无法无天,而老百姓又好像对此熟视无睹,无能为力。阿拉伯人慷慨大方,所谓"备食济贫、燃炬待客"被广泛视为高尚仁慈的举动和美德;但阿拉伯人也有吝啬抠门的一面,特别表现在生意方面,往往为多争取一点点蝇头小利而不惜反复折腾,让人心烦。

阿拉伯人能言善辩,极具表现欲望,随时准备轰轰烈烈大干一番,而且在顺境时还常常可以超水平发挥；但身处逆境时又会冷漠、沮丧，"安于天命"，往往表现得无所作为，使人绝望。一位阿拉伯朋友讲了一个多少有些自我调侃的故事，颇能反映阿拉伯人的这种特点：

著名的辛巴达船长驾船周游世界。船上有英国人、德国人、法国人、俄国人、美国人、日本人和阿拉伯人，大家在一起过得非常开心。谁知乐极生悲，船突然撞上暗礁，因此乘客必须尽快弃船逃命。于是，船员们开始动员乘客跳海逃生，但遭到一致拒绝。聪明的辛巴达船长亲自出面做工作，结果取得成功。辛巴达船长得意地对手下人透露了他劝说成功的奥秘。他说："我对英国人说跳海是绅士风度的表现，对德国人说跳海符合德意志民族的利益，对法国人说跳海是浪漫的举动，对俄国人说是领导的决定，对美国人则说已经为其购买了巨额人身保险。至于那些个头矮小的日本人就更简单了，他们看到别人跳进海中就会自言自语地说：'早该洗一个海水澡了。'"船员们深深佩服辛巴达船长对英国人的绅士风度、德国人的民族主义、法国人的浪漫主义、俄国人的奴隶主义、美国人的拜金主义以及日本人随大流习性的掌握，但对如何做船上阿拉伯人的工作仍然充满困惑。辛巴达船长解开了这个谜，他说："阿拉伯人敬畏、顺从真主，在危险时往往无所作为，只能一切拜托真主。"

在人们的印象中，阿拉伯人常常是慢腾腾的。也许是受沙漠游牧民族生活环境和习性的影响，阿拉伯人对时间的概念是十分宽松的。他们处理事务时常常不紧不慢，好像天大的事情也不会让他们着急似的。但奇怪的是，阿拉伯人开车却总是像"疾风闪电"，全然一副不要命的架势，实在令人费解。人们都说，开车最能反映阿拉伯人的品性。在阿拉伯世界，不仅巴解组织前主席阿拉法特、约旦前国王侯赛因等素以"开车不要命"而著称之外，普通老百姓也几乎个个喜欢开飞车。到过埃及首都开罗的人大概都会有印象，从开罗国际机场到市区的机场路简直就像是一个繁忙的赛车场，路上的车辆几乎总是你追我赶、齐头并进。阿拉伯人喜欢开飞车，车祸自然要多得多，这从满大街跑着伤痕累累的轿车即可略见一斑。但开车快归快，阿拉伯人"车德"却非常之好。许多在阿拉伯国家呆过的中国人都有切身的体会，即每当你的汽车在路边抛锚，飞车而过的阿拉伯人常常会紧急刹车，下来热情向你提供帮助。遇到两车相撞，车主们的解决办法也颇具特色：不论是撞了别人还是被别人撞了，阿拉伯人大多是先下车察看情况，然后一句"抹来希"（没关系的意思）并相互握手问候，和和气气商量解决问题的办法，而最后又大都是以各自开车回家而告终。

总之，阿拉伯民族是一个充满神奇色彩的民族。如果你想了解这个民族，如果你还不甚了解这个民族，不妨试着来了解她，你很可能会喜欢上她的。

本书的写作是建立在三个基础之上的。首先是作者多年来对中东及阿拉伯问题的潜心研究；其次是根据作者在阿拉伯国家学习、工作和生活的亲身经历及所见所闻；最后作者参阅了大批有关阿拉伯人和阿拉伯世界的多种文本的书籍、刊物和资料。此书的目的在于，尝试着尽可能全方位、多视角、公正、中肯、客观、通俗、全面地向读者介绍一个真实的阿拉伯人的世界。显然，这不是一项轻松的工作，对阿拉伯人的研究目前在我国多多少少还是一个空白点，而即使是在阿拉伯世界，从人的角度透视阿拉伯社会的努力也不多见。鉴于作者学识浅薄、能力有限，加之时间仓促，错误和疏漏之处在所难免，敬请各位师长、同行和读者批评指正。

最后，笔者想说明的是，此书是在1997年出版的《一脉相传阿拉伯人》基础上、据当前现实需要经删减和调整后形成的。由于自成书以来，中东和阿拉伯世界形势已发生了翻天覆地的变化，特别是2011年阿拉伯大变局后地区形势可谓"瞬息万变"，书中涉及到的穆巴拉克、萨利赫等已交权下台，萨达姆和卡扎菲也已死于非命，因此笔者特将先后发表于2012年初、2014年初和2014年8月的三篇文章附于篇首，以助读者更好地理解本书的内容。

附1

阿拉伯大变局的前因后果

2011年以来中东局势剧烈动荡。年初，发端于突尼斯的所谓"阿拉伯之春"迅速在阿拉伯世界蔓延；年底，伊朗、叙利亚局势骤然紧张，围绕美国和以色列对伊朗动武、西方军事干预叙利亚的呼声甚嚣尘上，直接牵动国际社会的神经。

一、阿拉伯大变局的成因

这次阿拉伯大变局发端于突尼斯。2010年12月17日突尼斯中西部一个小城镇发生一起突发事件，当地一个叫布瓦基兹的失业大学生因水果蔬菜摊被城管没收而点火自焚，消息在网上广泛传播后引起突尼斯国内的骚乱，并最终导致2011年1月14日突尼斯总统本阿里仓皇出逃。本阿里倒台的冲击波迅速在阿拉伯世界蔓延。本阿里出逃的第二天，也门、约旦、阿尔及利亚等国家就爆发了大规模示威游行。1月25日，冲击波及到了阿拉伯世界最大的国家埃及，并在18天后致使穆巴拉克政权垮台。此后，事态波及到了利比亚、波及到了海湾君主国巴林（以及沙特、阿曼、科威特等），3月中旬叙利亚局势也开始剧烈动荡。一年多来，大变局的冲击波几乎遍及阿拉伯世界的各个国家，并已导致四个国家（突尼斯、埃及、利比亚和也门）政权更迭，叙利亚政权面临严峻考验。

阿拉伯世界大变局令国际瞩目，其成因可谓众说纷纭。有人认为这是世界金融危机引起的一场革命，有人认为是新兴网络媒体导致的"人类第一次数字革命"，也有人认为是美国人搞的阴谋或又一场颜色革命。这些分析侧重于不同的方面，都有一定的道理，但是显然都不是这场大变局的根本原因。我们讲辩证法，内因是事物变化的根本，外因是变化的条件，外因通过内因而起作用。显而易见，上述分析充其量都是外因，都不是阿拉伯大变局的主因。其实，阿拉伯大变局是一场内生性的、阿拉伯性的"社会革命"，主要由内部原因引起，它的爆发有相当的必然性。

首先，在政治上阿拉伯国家是当今世界上最为僵化的一个群体。阿拉伯世界22个国家，政治上大致保持两种类型：一类是共和制国家，强人长期独裁。如利比亚卡扎菲，如埃及穆巴拉克，如也门萨利赫。而且这些政权都是要子承父业。如穆巴拉克要把权力传给他的儿子贾迈勒，卡扎菲要传位给儿子赛义夫，也门总统萨利赫也是如此（他的儿子掌管着精锐部队)。另外一类是君主制国家,家族世袭统治。举一个很典型的例子:沙特阿拉伯王国是以王室沙特家族名字命名的,20世纪50年代初建立沙特阿拉伯王国的老国王去世后,王位就在其儿子们之间传承,按长幼秩序兄终弟及,现任国王阿卜杜拉已经88岁了(注:2015年1月22日病逝),目前仍然在世、有王位继承权的兄弟还有20多位,第三第四代亲王更是数以千计。

其次,在经济上阿拉伯世界的经济结构非常畸形。阿拉伯世界的经济结构也可分为两类:一类是油气资源非常丰富的国家。这些国家可谓"富得流油",但国民经济严重依赖石油和天然气,而且严重依赖外国劳工。卡塔尔总人口180万,而本国人口只有不到30万;外国人在科威特和阿联酋占总人口的比重达3/4,在沙特阿拉伯和利比亚也要超过1/3。另一类是没有石油和天然气的国家。这类国家普遍没有工业化,几乎所有的日常用品都需要进口。2011年4月12日,美国国务卿希拉里发表公开演讲,称2007年时的阿拉伯世界工业化程度还不及1970年。也就是说,阿拉伯世界40年来工业化不仅没有进展,反而还萎缩了。以埃及为例,国民经济的三大支柱分别是侨汇(大量埃及国民在国外打工汇回国内的钱)、旅游业和苏伊士运河。

第三,阿拉伯人出生率极高,几乎五倍于中国(2010年中国人口统计显示的人口自然增长率为0.57%)。在阿拉伯世界,一个家庭七八个孩子甚至十多个孩子的情况非常普遍。人口出生率极高,导致人口年轻化极高。据埃及内阁信息和决策支持中心的高官称,埃及30岁以下的人口占总人口的比例高达60%。年轻化又导致失业率极高(阿拉伯世界失业率普遍高达25%~30%),特别是年轻人失业率奇高。这次阿拉伯世界的大动荡,"街头革命者"80%以上是三种人,或者是同时具备三种身份的人:30岁以下(80后),大学毕业(知识分子),没有工作的人(失业者)。

第四,阿拉伯世界贪污腐败和贫富两极分化均极为严重。穆巴拉克倒台后关于他的身家的估计从50亿美元到700亿美元不等。穆巴拉克的亲信,埃及前旅游部长、住房部长和内政部长等,个人的身家也都在几十亿美元以上。据说在突尼斯,前总统本阿里夫人的家族几乎垄断了该国的经济命脉，第一夫人兄弟多，个个都练"空手道"，开办私人公司借贷国有银行的钱长期不还，把国有银行逼到濒临倒闭的困境。阿拉伯世界贫富差距极大。以埃及为例：据埃及官方的统计数字，处于贫困线以下（一个人一天的生活费不足1.5～2美元）的埃及人高达总人口的40%，但实际上比例要远远超过此数，开罗街头简单以政府补贴价大饼为生的赤贫者比比皆是。

总而言之，目前阿拉伯世界的这场大变局是阿拉伯社会各种矛盾日积月累到一定程度的总爆发，它的出现有相当的必然性。实际上，至少最近十年来，各种世界性机构在阿拉伯世界所进行民意测验的结果年年都显示这里将发生革命，而年复一年都平安无事，但2011年初革命悄然而至。当然，阿拉伯大变局在2011年出现确实和必不可少的外因条件的具备密不可分。其中，全球金融危机的滞后影响和新兴网络媒体的革命性作用最为引人注目。前者严重冲击突尼斯经济的两个主要支柱——旅游业和外资（欧洲资本），使这个被美欧视为政治稳定、经济发展的本阿里"样板政权"所在的国家成为这场历史性大变局的源头；后者的作用更是有目共睹，新兴网络媒体的运用颠覆了传统，过去大规模运动或革命必不可少的要素——有组织、领袖、纲领、资金及长时间预谋等必不可少的要素，现在都成为可以没有的东西，整个运动呈现无组织、无纲领、无领袖、无党派、无预警时间的特征，可谓平地起惊雷！

二、阿拉伯大变局的走向

历史地看，2011年这场阿拉伯大变局是阿拉伯世界最新一次探求民族复兴的努力和尝试。第二次世界大战以后，这样的努力和尝试曾经有过两次：第一次是20世纪50、60年代以埃及纳赛尔革命为代表的民族民主革命，以推翻由西方扶植和委任的封建政府为主要方式，众多阿拉伯国家走上一条寻求统一和复兴阿拉伯之路。埃及曾先后与叙利亚和利比亚合并，而开罗一度被誉为"中东的首都"。但这次努力最终随着纳赛尔的去世和此后诸多中东领袖接班人之间的争权而告失败。第二次是20世纪70、80年代盛极一时的伊斯兰复兴运动，阿拉伯世界尝试"从宗教中找出路"来实现民族复兴。1979年伊朗伊斯兰革命成功使这一轮民族复兴尝试达到高点，所谓"阿拉伯人伊斯兰复兴运动之花的果实结在了波斯人的伊朗"。此后出现的"基地现象"、"拉登现象"都是这波伊斯兰复兴浪潮最终走向极端的产物。显然，无论从泛阿拉伯民族主义还是从泛伊斯兰主义找出路，阿拉伯世界复兴的努力都失败了。现在应该被视为阿拉伯世界二战后的第三次求发展、谋复兴的探索尝试。

可以肯定地说，正在阿拉伯世界展开的这场大变局终将冲击到阿拉伯世界的各个角落。当然，阿拉伯国家的情况差别极大，革命对不同的国家产生的影响不尽相同、产生影响的时间也不尽相同。比如，像突尼斯、埃及这样的国家，由于世俗化和开放程度高，"革命"后过渡会相对快一些；像利比亚、也门这样的仍然保持部落社会形态的国家，在强人政权垮台之后过渡会困难得多，甚至可能出现分裂、割据和内战的状态；叙利亚情况更加复杂一些，一旦阿萨德家族垮台，国家的前景实在难以预料；而像沙特阿拉伯等君主制国家，由于手里握有巨额的石油美元和地处极端重要的战略要地，变革的步伐可能会大大延缓。2011年下半年，在同属阿拉伯君主制国家的摩洛哥，国王颁布了新的宪法修正案并通过了全民公投，在绝对王权方面打开了一个小小的君主立宪窗口，国王放弃了首相和内阁成员的任免权。摩洛哥的变化可能对阿拉伯君主制国家有参照意义。

那么，大变革后的阿拉伯世界会走向何方呢？至少从目前来看，阿拉伯世界大变局的走向和结局尚难有定论。但总体来讲，阿拉伯世界未来政治发展的三个趋势已经逐渐呈现了出来：一是分权化的趋势，西方也称之为民主化趋势，但实际上变革中的阿拉伯世界正在呈现出来的政治态势与西方所说的民主化还是有较大差别的。美国和欧洲强烈希望革命后的阿拉伯国家会走上完全西方式的民主道路，但鉴于当地客观的社会现实和政治生态，即使是突尼斯和埃及这样世俗化程度高、西方影响大的国家完全西方化的可能性也基本可以排除，政治进程充其量只能说是分权化。二是政治伊斯兰化趋势。近些年来，中东政治中出现了伊斯兰中间主义的概念，为温和伊斯兰势力参与政治作了铺垫。在突尼斯、埃及"革命"背景下，以穆斯林兄弟会、复兴运动为代表的政治伊斯兰势力纷纷走向政治舞台的中心。埃及穆兄会组建的政党——自由与正义党已经赢得了下议院和上议院的选举,并推出自己的候选人角逐总统大位。突尼斯复兴运动（前身也是 20 世纪 80 年代被政府取缔的伊斯兰政党）也已成为突势力最大的政党,其总书记杰巴利还出任过渡政府总理。其他阿拉伯国家的伊斯兰势力的影响也普遍在上升之中。三是阿拉伯民族意识在抬头。突尼斯、埃及"革命"后,阿拉伯长期受到压抑的民族主义情绪有所抬头。革命后的埃及军政府在第一时间批准了伊朗军舰穿越苏伊士运河的申请,并放开了对巴勒斯坦加沙地带拉法口岸的封锁。在巴勒斯坦民众的压力下,巴以法塔赫为代表的民族权力机构就结束内部分裂与割据加沙地带的哈马斯达成了协议,准备组建民族团结政府。实际上,美国已再难指望阿拉伯世界出现类似突尼斯本阿里和埃及穆巴拉克那样完全执行亲美、亲以政策的阿拉伯政权了。

三、中东局势剧烈动荡的地缘政治背景

中东是地球上的"双重十字路口"。它不仅是地理位置上欧亚非三大洲的结合部,也是历史上东西方文明激烈融合碰撞的十字路口。所以千百年来的文明冲突（融合）形成了中东非常独特的地缘政治局面。这里有四大地缘政治力量（阿拉伯、伊朗、土耳其、以色列）和五大民族（阿拉伯、波斯、突厥、犹太和库尔德）。库尔德民族生活在四个国家（土耳其、伊朗、伊拉克、叙利亚）,确切地说是生活在横跨上述四国领土的结合部（地理上叫"库尔德斯坦"）。库尔德问题也是中东地区动荡的一个因素。伊拉克战后,土耳其库尔德工人党受到伊库尔德地区获得"准独立"地位的刺激,一度沉寂的库工党武装恐怖活动再次抬头,土耳其军队多次越界打击库工党武装。

中东四大地缘政治力量中,波斯人的伊朗与阿拉伯世界可谓是宿敌,争斗了上千年;第二次世界大战后美国支持犹太人复国建立以色列,并培植巴列维王朝的伊朗和以色列一起成为美国在中东地区的两大支柱,阿以矛盾上升为中东地区的主要矛盾;1979 年伊朗发生伊斯兰革命,伊朗与美、以反目成仇,地缘政治关系趋于复杂;20 世纪 90 年代末土耳其加入

欧盟的努力一再受挫，转而重返中东，中东地缘政治中突厥因素重趋活跃。历史上，凡是四大地缘政治力量能够维持相对均衡或平衡时，中东地区就能维持一个相对平静、稳定的局面；凡是四大地缘政治力量间的平衡被打破，中东地区局势就会剧烈动荡。实际上在实践中，任何一个地缘政治力量得势，其它三大力量都会感到不舒服，因此中东地缘政治力量和地区形势总是在平衡、不平衡和动荡、稳定间交替，一切都是相对的。

最近两次中东地缘政治力量严重失衡是两大事件引起的：一次是1979年伊朗伊斯兰革命，一次是9·11事件，两大事件均造成中东地缘政治力量严重失衡，也均导致地区局势剧烈动荡。

1979年伊朗发生霍梅尼伊斯兰革命，伊朗国家军队遭到了清洗，美伊关系转入敌对，伊朗国力大大削弱，而与此同时革命后的伊朗高调输出革命，对海湾阿拉伯君主国形成致命威胁。伊拉克的萨达姆认为时机来了，迅速入侵伊朗发动了两伊战争，几乎所有的阿拉伯国家都站在伊拉克一边（只有叙利亚与伊拉克敌对站在伊朗一边）。两伊战争是典型的地缘政治力量失衡的产物。但被革命削弱后的伊朗并不像萨达姆想象的那样不堪一击，战争陷入了漫长的拉锯式的消耗状态，"在美国人的帮助下"一打就是八年，伊拉克伊朗两败俱伤。在两伊战争中双方一共伤亡了270万人，其中伊朗的伤亡是伊拉克的两倍。八年两伊战争打出一个畸形的伊拉克：经济上凋敝，一蹶不振；军事上强盛，号称世界第五军事强国。这使素有阿拉伯世界领袖野心的萨达姆情急之下动了走捷径的念头，在两伊战争结束一年多后悍然入侵科威特，几个小时之内占领科威特全境并威胁沙特阿拉伯。结果美国不得不发动海湾战争，组织多国部队出兵50万（美军25万）把萨达姆赶出了科威特。当年老布什没有乘胜进军巴格达而迅速下令停火，日后遭到了许多人的责难。但实际上老布什是一个真正的政治家，地缘政治平衡的考虑显然是他选择停火的重要原因。

海湾战争后美国在中东同时遏制两伊，伊拉克与伊朗又构成相互制衡。1993年1月克林顿执政后的八年中，美国在中东推行所谓"东遏两伊、西促和谈"的战略，中东出现了史上少有的相对安定的局面，中东和平进程一度还取得重大的进展。

新一轮中东地缘政治力量大的失衡是 2001 年 9·11 事件之后出现的。9·11 后，美国接连打了两场战争——阿富汗战争和伊拉克战争，战争的结果是伊朗的两个死对头——塔利班政权和萨达姆政权被消灭，伊朗在地缘政治中明显"坐大"。其实，当年美国发动伊拉克战争的时候，土耳其政府是非常反对的。土领导人曾提醒小布什推翻萨达姆后可能带来的地缘政治力量严重失衡的灾难性后果。据说小布什不以为然，因为在他看来，战后伊拉克建立的民主政权将在地区树立一个样板，不仅不会破坏平衡，还会向伊朗等周围国家扩散西方民主化的影响力。伊拉克战后形势的发展并未如小布什所愿，不仅伊拉克国内局势持续动荡，而且民主化选举导致该国占人口多数的什叶派史无前例地成为政坛主导力量。这又产生另一个地缘政治上的敏感问题——什叶派因素凸显。什叶派是伊斯兰教两大派中的少数派，只占全球穆斯林人口的 10% 左右，且主要分布在伊朗（近 8 000 万人口中 90% 是什叶派）。在阿拉伯世界，只有靠近伊朗的伊拉克和波斯湾岛国巴林什叶派占国内人口多数，但历史上均为逊尼派居统治地位（叙利亚老阿萨德 1970 年政变上台后确立了以少数派阿拉维上层为核心的复兴社会党统治体制，而阿拉维派是什叶派的一个小分支）。伊拉克和巴林的什叶派人口分别占其总人口的 60% 和 70%。什叶派在战后伊拉克的主政，客观上使伊朗的影响力深入到了伊拉克（包括现任总理马利基在内的很多伊拉克什叶派上层人物都曾在伊朗避难，有的甚至拥有伊朗护照），伊朗还通过其在阿拉伯世界的盟友叙利亚直接"遥控"黎巴嫩真主党、甚至巴勒斯坦逊尼派的哈马斯。这种所谓"什叶派崛起"的态势据说在伊斯兰教发展的一千多年历史中是从未有过的，引起了阿拉伯世界逊尼派传统国家和力量的"恐慌"。2004 年约旦国王就公开惊呼"中东出现了什叶派新月带"！

伊拉克战争后中东地缘政治力量严重失衡的状态还被 2011 年年初出现的阿拉伯大变局和年末美国从伊拉克全面撤军所大大加剧。阿拉伯世界整体陷入动荡，传统阿拉伯大国埃及穆巴拉克政权倒台，突尼斯、利比亚和也门政权更迭。伊朗再收"渔翁之利"，国内有人公开称国家出现了继 9·11 事件后的第二次战略机遇。

四、美国面临的挑战及应对

与许多人想当然地认为美国是阿拉伯大变局的始作俑者相反,美国不可能、也没有能力发动这场历史性的大变局。这一点我们从大变局初期美国的应对过程也可以明显看得出来。美国人在阿拉伯大变局初期的立场经历了不断调整变化的三个阶段:第一阶段是突尼斯阶段。美国和世界上几乎所有国家一样,对突尼斯历时29天的所谓"茉莉花革命"始料未及,完全是被动应对。突前总统本阿里曾长期被美欧视为非洲和阿拉伯国家的发展样板,2011年1月14日出逃专机起飞后本是朝着地中海北岸去的,因为直到此前一天法国还明确表态支持本阿里稳定局势。"埃及革命"的18天是第二阶段。美国的态度前后摇摆、首鼠两端,既被动地应对又处处想争取主动。1月25日埃及发生穆巴拉克统治30年来最大规模示威游行后,美国务卿希拉里接受记者采访称,美国认为穆巴拉克政权是稳定的。1月28日和31日所谓"愤怒日游行"、"百万人游行"后,奥巴马开始讲美国希望埃及政权有序过渡,甚至称过渡应"现在开始"。2月5日,奥巴马政府特使访问埃及并与穆巴拉克等会见后与在日内瓦参加北约会议的希拉里会合,希拉里又改口说埃及政权有序过渡的时间可能比预期要长。到2月8日后,埃及国内局势急转直下,美国开始与埃及军方保持不间断的联系,并很快与埃军方达成默契放弃穆巴拉克,确保所谓"有序过渡",以有效维护美国的利益。埃及之后是第三阶段。美国开始主动干预,试图引导阿拉伯大变局的走向。希拉里公开讲,美国将根据形势的发展演变,依据美国的价值观和国家利益,对不同的国家采取不同的政策。此后,美国打着人权、民主大旗,号称站在"革命和人民"一边,在对利比亚卡扎菲政权大打出手的同时,对一样血腥对待示威民众的也门萨利赫政权则极尽容忍,在叙利亚迅速推动政权更迭的同时,默认沙特阿拉伯军队进入巴林稳定局势。也门战略地位重要,萨利赫是美反恐盟友;巴林位于波斯湾,是美第五舰队司令部所在地。正所谓"当民主与利益一致时民主就是旗帜,而当民主与利益不一致时民主就是幌子"。

事实上,总的来看,阿拉伯这场大变局对于美国在中东的利益是一个重大挑战。概括起来说，美国在中东主要有四大利益，或者说美国的中东政策主要有四大目标：一是石油。用美国人的话讲，美"要确保中东的石油以尽可能合理的价格安全、稳定地流向世界"，因为这是世界经济的命脉所在。二是以色列的安全。自从1948年以色列立国，历届美国政府中东政策的一大目标就是保护以色列的安全。三是防范一个地区性敌对大国的出现。克林顿政府时期"同时遏制两伊（伊拉克和伊朗）"，小布什政府将伊拉克和伊朗列为"邪恶轴心"，现在具体讲就是遏制伊朗，特别不能容忍伊朗发展核武器。四是消灭基地组织，打击国际恐怖主义、伊斯兰极端势力。显而易见，美国上述四大利益在阿拉伯大变局的冲击下均面临严峻挑战，而打压伊朗与美国四大利益均直接相关，是美国目标的重中之重。

而且，阿拉伯大变局正好发生在美国总统奥巴马紧锣密鼓搞战略重心东移的关键时刻，伊拉克战后中东地缘政治力量失衡、伊朗坐大的态势随着去年底美从伊拉克完全撤军而更行严重。这使奥巴马政府在所谓战略重心东移过程中不得不瞻前顾后、"东张西望"。显然，美国要想顺利实施战略重心东移，在中东必须做好两件事情：一是应对好阿拉伯大变局，"修补受到损害的"中东秩序，争取使变局向有利于美国利益的方向发展；二是要把伊朗遏制住，扭转由于阿拉伯大变局伊"逍遥法外"、进而坐收渔翁之利的局面。这就是为什么2011年10月当卡扎菲被杀、利比亚局势告一段落后，美国政府迅速推出一系列外交组合拳，在短短一个多月的时间内迅速地把国际社会的注意力重新拉回到了伊朗问题上。这套外交组合拳包括2011年10月郑重其事地指责伊朗谋杀沙特阿拉伯驻美大使，11月初国际原子能机构（IAEA）发表伊核问题最新报告前后对伊朗研发核武器进行严厉指责，以及12月31日奥巴马签署包含有"事实上对伊朗石油禁运"条款的国防法案。与此同时，伊朗的地区战略盟友叙利亚也受到美欧和海湾阿拉伯国家的空前围攻。

五、伊朗核问题的由来和前景

伊朗核问题的实质是美国和伊朗的关系问题。伊朗的核开发起步于20

世纪50、60年代巴列维国王时期，最初是在美国帮助下进行的。2012年4月14日关于伊核问题的六方会谈恢复前夕，伊朗外交部长萨利希在美国《华盛顿邮报》发表署名文章称，"45年前美国提议并帮助伊朗建立了第一座研究用核反应堆"。1979年伊朗伊斯兰革命后，美国和欧洲国家中断了与伊朗的核联系，而伊朗最高精神领袖霍梅尼也从伊斯兰原则出发叫停了伊所有核开发项目。两伊战争后，特别是霍梅尼去世后，伊朗重新把核开发提上日程。90年代中，伊朗与俄罗斯达成协议，俄帮助伊朗建设布什尔核电站。在俄罗斯的帮助下，同时伊朗可能更多地从9·11后揭露出来的世界核黑市以及从巴基斯坦购买技术和材料等，核能力有了一定发展。

伊朗核问题提上美国和国际社会的日程是在伊拉克战争前后。伊战前，美国媒体曝光伊朗在浓缩铀，伊朗随即承认境内发现铀矿并能够自主浓缩铀，现在我们所讲的伊朗核问题浮出水面。2003年3月20日美国打响伊拉克战争，20天后的4月9日美军占领巴格达、推倒萨达姆铜像。10多万美军兵临与伊朗一河之隔的伊拉克，异常强势的美国总统小布什声色俱厉地指责伊朗自主浓缩铀图谋不轨。伊朗在巨大现实威胁下与IAEA谈判，并于当年年底作出妥协，签署了《核不扩散条约附加议定书》，同意暂停铀浓缩，接受IAEA对其核活动的检查。IAEA核查人员随即进入伊朗，在伊朗各个核设施安装监控探头。一度趋于紧张的伊核问题态势有所缓和。2005年6月伊朗总统选举，现任总统内贾德胜出，当年8月新任总统以"伊朗严格履行了'附加议定书'所有义务而和平利用核能权利没有丝毫落实"为由，宣布终止与IAEA的合作，重启铀浓缩活动，伊核问题危机再起。在此后的六年里，伊朗的核能力有了长足的发展（国际社会公认伊已能自主生产20%浓度的浓缩铀），但也不断受到美国包括军事打击在内的威胁，在美国和西方国家推动下联合国安理会还先后通过了四个制裁伊朗的决议。

美国和西方严厉质疑伊朗发展核技术的动机，认为伊朗石油、天然气储量异常丰富，为何舍贱求贵、且冒国际社会严厉制裁而坚持要核能发电呢？其实，伊朗坚持核开发主要目的有二：一是从战略上考虑应对其国家安全面临的威胁。伊从1979年后始终受到美国"更迭政权"、美国和以色列军事打击的威胁。尽管伊朗坚持自己是和平利用核能，但不能排除伊最终目的是谋求制造核武器的能力。二是其大国地位的需要。伊朗是一个国民大国意识很强的国家，前国王巴列维曾公开称没有核能力的国家不是大国，而事实上伊朗在该地区是大国，特别是伊拉克战争后其地区影响力突出，但伊朗的地区大国地位长期受到美国的漠视和压制。因此，坚持和平利用核能的权利在伊朗是全民一致的立场，这也是伊朗政府在核问题上的底气所在。

而事实上美国也只是"以核问题为抓手"，并不真正以解决伊朗核问题为目的。2010年5月，当时任巴西总统卢拉访问德黑兰、调解伊核问题并与内贾德达成"伊朗用手中拥有的上千公斤低浓度浓缩铀换取其需要的百公斤20%浓度浓缩铀"协议时，美国总统奥巴马断然拒绝。美国政府毫不掩饰希望更迭伊朗政权。小布什称之为"邪恶轴心"，美国国会还常年拨专款用于颠覆伊朗政权。美国对伊朗进行了30多年的经济封锁、制裁和军事威胁，严重影响伊朗国计民生的发展和提高。伊朗的油气工业设备陈旧，基础设施基本还是巴列维时期建设，人民生活水平没有提高。但美国希望的伊朗民众起来推翻伊斯兰政权的局面一直没有出现。今年以来，美国又在大力推动对伊朗的石油禁运，号称"最严厉制裁"或"制裁的最后一招"，导致伊国内物价飞涨、货币贬值，人民生活受到极大影响，但与美国的期望相反，美越打压伊朗，伊朗现政权就越稳固。甚至连有的美欧专家都认为，制裁就像追在轿车后面跑的狗，永远不会达到目的。所以，美国内对伊动武的呼声不断，美军方也不讳言早有军事打击伊朗的方案，但伊朗是地区大国，领土面积160多万平方公里，地形复杂，人口近8 000万，民族性和反击能力均明显与伊拉克不同，美当然不敢轻举妄动。综合众多美国智库对军事打击伊朗的评估，效果有限和风险难测是一致的评价，特别是对动武后果的结论几乎众口一词——灾难性。因此，在制裁短期不能见效、军事打击难下决心的情况下，恢复谈判——以谈施压、以谈促变就成为美国时而不得不采取的选择。

2012年是美国大选年，加之美国经济处境不佳，对外正在战略收缩，奥巴马还要搞所谓战略重心东移，因此，美国在今年主动对伊发动军事打击的可能性很小（虽然美军针对伊朗的部署动作频频）。但是，2012年围绕伊朗核问题波斯湾发生一场军事冲突的危险仍然不能排除。冲突的"着火点"有两个：一是随着美国石油禁运"勒紧伊朗脖子上的绳索"，伊朗可能铤而走险，阻断或试图阻断霍尔木兹海峡，从而引发美伊冲突。2012年年初伊朗曾在霍尔木兹海峡附近进行大规模军演，当伊国内有议员口出狂言，扬言要封锁霍尔木兹海峡时，美国国防部长帕内塔迅速将伊朗发展核武器和封锁霍尔木兹海峡设定为美国不能接受的两条红线。二是以色列急不可耐，可能点燃军事冲突导火索。2012年初以来，以色列和美国高层异乎寻常地频繁互访，突出说明美国对以色列会否不经过美国就对伊朗动武心中无底。据说，美国要求以色列克制，要给制裁产生效果以时间，而以色列要求美国保证如果制裁失败将对伊动武，美国不愿作此保证，所以以色列也不承诺攻击伊朗时提前通报美国。显而易见，以色列一旦对伊核设施发动攻击，必然招致伊朗的报复，这些报复包括对以色列发射导弹，甚至可能包括打击美国在海湾地区的目标和封锁霍尔木兹海峡。这将把美国直接牵入与伊朗的战争。一些分析认为，由于美国大选年敏感的犹太院外集团的因素，奥巴马对以色列的"冒犯"无能为力，因此2012年可能是以色列对伊动手的"机会之年"。可以肯定的是，不论在什么情况下波斯湾发生一场军事冲突，对地区和世界造成的消极影响都是巨大的。

六、叙利亚局势的尴尬僵持

叙利亚局势目前处于僵持状态。这个僵持状态既由叙利亚的现实决定，也是西方暂时无奈的写照。从叙利亚政府方面来讲，对国内局势的有效掌控能力仍然很强：叙利亚以阿拉维派为核心的复兴社会党高层迄今未见分裂，军队和安全力量牢牢掌握在政府手里，多数人由于担心局势失控导致灾难性后果仍然支持政府和平变革。而且，叙利亚国内事态发展的严重性明显被西方政府、媒体以及半岛电视台扩大化了。实际上，即使在2012年年初叙利亚危机最为严重的时候，其国内局势也是"点乱面不乱"——南部的德拉，中部的霍姆斯、哈马以及大马士革郊区，北部的伊德利普是"重灾区"，但即使这些地方动乱点也局限于城市的某一个区，或者某几条街。但是，叙利亚政府面对的是阿拉伯大变局的历史潮流，是国内要求变革的普遍呼声和来自国际社会的巨大压力（包括西方的军事威胁），要想完全恢复秩序、回到动荡前的统治已经不可能了。从叙利亚反对派来讲，派系庞杂、形形色色、观点各异、一盘散沙。国外受到西方及海湾阿拉伯国家大力支持的"全国委员会"或"叙利亚自由军"，除发动武装斗争外在叙国内的影响有限；国内反对派则普遍反对暴力，主张和平变革，但代表多数的和平变革主张并不被西方支持。从地区国家来讲，除伊朗大力支持叙利亚政府稳定局势外，海湾阿拉伯国家站在倒巴沙尔第一线（据传叙利亚动荡之初，海湾阿拉伯国家曾谋求与叙做交易，用约束半岛电视台报道和提供巨额援助换取巴沙尔断绝与伊朗的关系），土耳其也推波助澜呼吁国际社会干预（土已与巴沙尔撕破脸，必须推翻巴沙尔才能确保土在叙既有的利益），但无论是海湾阿拉伯国家还是土耳其，都不会在叙问题上"火中取栗"，充当军事行动的主力或马前卒。从西方国家来讲，虽然强烈地希望将"成功的利比亚模式"搬到叙利亚去，但苦于找不到代理人，叙反对派成长还需要过程，一时半会还是"扶不起来的阿斗"，而直接出兵代价和风险又太大（叙利亚近四十年来一直处于战争状态，长年军费开支占政府总开支的 70%）。

目前，尽管在安理会达成一致的情况下联合国和阿盟特使安南正在叙实施有监督下的停火，但叙利亚局势仍然存在巨大危机。因为西方接受安南的调解总体上出于无奈，并不真心关注停火，仍公开坚持政权更迭，向叙利亚反对派提供资助。可以预言的是，一旦叙局势发生骤变，叙利亚内战恐将不可避免，人民将面临一场血腥的灾难；由于叙利亚处于中东地缘政治漩涡的中心，叙的内战又将直接牵动地区局势的神经，中东恐将难有宁日矣。

阿拉伯大变局和中东局势剧烈动荡一年多来，总有很多西方人热衷于将之与中国联系起来。一般认为，美国在这轮阿拉伯大变局中"有得有失"，失的是对中东局势的总体控制力，得的是"民主"终于在阿拉伯世界扎了根，"颜色革命"有了新标杆。但现实是，埃及的民主政权远未到建立之时，伊朗军舰已经几次穿越苏伊士运河。实际上，这次历史性的大变局处处体现的是阿拉伯人对民族命运的独立思考，而决不是对西方民主的呼应和膜拜。当今世界上，阿拉伯民族面临的发展困境可能是绝无仅有的：简单地说，是极端僵化的政治体制、极端畸形的经济结构、极端年轻化的人口结构遭遇到全球金融危机和互联网革命性作用冲击的结果。因此，那些在阿拉伯大变局初期纷纷预测中国会随之出现"阿拉伯之春"的西方学者和政客们对事态后来的发展大失所望，因为所谓的阿拉伯之春并未在北京出现，反而颇带讽刺意味地演变为所谓"伦敦之夏"和"华尔街之秋"。其实，道理很简单：阿拉伯民族已经到了历史选择的关口，他们要解决的是不发展问题，而中国面临的是发展中的问题，就像改革开放30多年历史进程中一再证明的那样，发展中的问题将在发展中得到解决。

（此文撰写于2012年初，刊登在《领导者》杂志2012年第四期头篇）

附2

当前西亚北非地区局势透视

与2011年席卷西亚北非的所谓"阿拉伯之春"和2012年多国实施政治过渡及变革相比，2013年西亚北非地区局势的发展失去了明显而清晰的线路：多个处于政治转型过程中的阿拉伯国家乱象横生、政局走向变数增多；地区力量此消彼长、严重失序；美国战略性收缩态势明朗、并牵动地缘政治力量重新分化组合，局势发展扑朔迷离。

一

阿拉伯大变局进程局势反复，前景难料。阿拉伯大变局爆发于2011年初的突尼斯（事实上导火索是发生在突尼斯2010年12月17日的一起自焚事件）。在其发展的前两年，大变局有着清晰的发展线路：2011年主要是多米诺骨牌效应下的政权更迭，继突尼斯本·阿里政权倒台后，埃及穆巴拉克、利比亚卡扎菲先后被推翻，年底也门总统萨利赫和平交权，叙利亚阿萨德政权陷入深刻危机之中，人们纷纷猜测下一个是谁？2012年除叙利亚深陷危机之外,关键词成为政治过渡和转型及席卷阿拉伯国家的政治伊斯兰化进程,以穆斯林兄弟会为代表的伊斯兰政党和力量登上了多个阿拉伯国家的政治舞台,并在摩洛哥、突尼斯、埃及等成为执政力量。但在阿拉伯大变局进入第三年后,其进程却明显失去了清晰的发展线路,多数阿拉伯国家乱象横生。

埃及爆发所谓"6·30革命"。在开罗、亚历山大等大城市强大民意支持下,2013年7月3日埃及军方推翻民选总统穆尔西并宣布国家实行紧急状态,8月14日又对穆兄会支持者占领的阿达维耶清真寺广场和开罗大学附近的复兴广场实施武力清场,造成重大人员伤亡(官方公布的前后死亡人数在1 600人左右,穆兄会则称至少在2 000人以上)。之后,埃及军政当局大肆逮捕穆兄会领导人及其支持者,先后有8 000~10 000人入狱,绝大多数穆兄会公开的领导人被抓捕。11月4日,埃及开庭审判穆尔西,社会严重撕裂,国家安全形势持续紧绷。突尼斯政治过渡也是一波三折。2月6日,突尼斯一反对伊斯兰主义的政治家、维权律师贝拉伊德遭暗杀,事件立即引起民众示威,国内局势动荡。7月25日,突反对党人民运动党主席布拉赫米在首都遭枪击身亡,全国各地再次掀起示威浪潮,矛头直指执政的复兴运动,国家局势持续动荡。10月5日,在强大压力下突执政党与反对派达成协议,在未来数周内将推出独立人士组成的过渡政府,并监督明年举行的新的大选。利比亚政治长期乱局。继2012年美国驻利比亚大使在班加西美国领事馆死于非命后,2013年10月10日过渡政府总理突然被武装分子短暂绑架,11月又发生占据首都的黎波里某区、来自米苏拉塔的民兵武装枪杀平民示威者并造成数十人死亡的惨案。也门过渡进程严重滞后。在萨利赫将权力交给副总统哈迪后,经过近两年的时间,哈迪才将控制国家精锐部队的萨利赫儿子和侄子们的兵权削去,萨利赫的儿子和两个侄子分别被任命为驻外大使。时至今日,也门仍然没有制定出新的宪法,国内局势十分脆弱。叙利亚深陷内战泥潭。虽然发生于2013年8月21日的叙利亚首都大马士革郊区的化学武器危机最终以叙政府交出并配合销毁化武而缓解,但拟议中的日内瓦第二轮叙利亚和平会议却迟迟难以召开。可以预期,即使现定于2014年1月22日的日内瓦叙利亚和平会议届时能如期举行，和平解决叙利亚危机的前景也非常渺茫。其它如阿尔及利亚总统布托弗利卡年迈体衰（2013年4月曾突发中风送法国救治），但2014年可能还会被执政党推出来竞选连任；苏丹南北分家后经济形势严峻，民众示威不断，局势重趋动荡；约旦虽举行了选举，但国王并没有像承诺的那样由获胜政党领导人组阁，而是继续任命非议员担任首相，以色列专家认为约旦随时有爆发危机的可能；在阿拉伯大变局中艰难维持了稳定的海湾阿拉伯君主国整体局势非常脆弱（事实上巴林局势动荡始终没有停止），内部潜伏着深刻的危机。事态发展昭示，阿拉伯大变局将是一个长期、艰难和充满曲折的探索过程。2013年10月30日在中国驻埃及大使宋爱国陪同下，笔者在开罗见到了埃及过渡政府外交部长法赫米，在一个多小时的会见中，这位外长几次使用了"探索"这个词，称自从2011年"1·25革命"以来埃及一直处在探索之中，希望国际社会保持耐心。这个过程可能要经历10年，也可能要经历20年，还可能经历更长的时间。

在阿拉伯国家形势纷繁复杂的大变局中，埃及（每四个阿拉伯人中就有一个是埃及人）局势的走向具有重要的指标性意义。

2011年埃及"1·25革命"后，伴随着以穆斯林兄弟会为代表的政治伊斯兰势力的兴起，所谓土耳其模式曾成为人们热谈的话题，尽管很少有阿拉伯人喜欢土耳其。记得2011年5月笔者在开罗就所谓土耳其模式探询一埃及学者时，他直不楞登回答我"阿拉伯世界没有人喜欢奥斯曼"。实际上，在阿拉伯世界，土耳其仍然被视为前"殖民主子"，绝大多数阿拉伯人即使不憎恨土耳其也仍然在很大程度上不信任土耳其。在2013年"6·30革命"、特别是8月14日埃及军方对穆兄会支持者武力清场后，人们又在谈论所谓阿尔及利亚模式，1991年阿尔及利亚军方取消了伊斯兰拯救阵线赢得的选举结果，导致日后长达十多年的内战，几十万生灵涂炭。现在看起来，无论是土耳其模式还是阿尔及利亚模式在埃及出现的可能性都几乎为零，埃及未来发展呈现出另外两种不同的前景：即建立所谓的新威权模式或者陷入街头政治和政局动荡的恶性循环。当然，如果埃及军政当局的政治路线图能够大致得到落实，埃及局势有望走上一条重建秩序之路，军方领导人塞西将军可能成为国家新的威权人物，目前开罗到处流传塞西将军明年将脱下军装出任民选总统的"小道消息"。

2013年10月底笔者在开罗访问期间,埃及金字塔战略研究中心的经济专家易卜拉欣说:由于政局动荡、人民不切实际的高期待和几乎原封不动地沿用旧体制,埃及"1·25革命"后的近三年来经济没有任何发展。埃及国债规模不断扩大,2012年已达近2 700亿美元(其中内债2 230亿美元、外债400多亿美元),几乎与当年GDP相当;埃及在国际上的信誉一降再降,使得续借外债利率越来越高,国家财政四分之一要用于支付债务利息;外汇储备早已降到"红线"150亿美元以下,通货膨胀高企(15%以上),失业率超出30%。"6·30革命"后埃及得到沙特阿拉伯、阿联酋和科威特120亿美元"至关重要的"援助,但坐吃山空,不可能持续太长时间。

实际上,埃及经济的恢复和发展离不开外国投资和旅游业。根据2013年10月底笔者在埃及的观察,西方资本在"6·30革命"前后已基本完全撤离,美欧官方对埃援助也处于暂停状态,而目前埃及旅游业几乎停摆,全国59间五星级酒店关张,举世闻名的吉萨金字塔门可罗雀,据说南部卢克索可能还勉强维持相当于正常时期20%的外国游客。埃及外长法赫米亲口对我说,"国家现在处于最困难时期",可谓内外交困。实际上,笔者一直认为,埃及的未来取决于军政当局与被从权力高峰赶下台的穆兄会间的互动。如果军政当局能够给予受到沉重打击的穆兄会至少与其力量和影响相称的政治空间(一般估计穆兄会的支持者至少为总人口的四分之一,主要集中在中下层民众中,特别是农村和边远地区),而穆兄会也能转而与社会各力量寻求类似"1·25革命"初期时之共识,那将是埃及国家和人民之福。但实际情况恰恰相反:军政当局一味无情打压事实上已处于地下的穆兄会(在开罗我能明显感觉到埃及精英层有一股强烈的要彻底消灭穆兄会的情绪),而穆兄会也不屈不挠坚持所谓"反政变的和平抗争"。结果导致国家政治僵局,社会和解无望。我自己判断,尽管军方7月3日的政变得到相当民意的支持并至今仍然保持着较高的威望,但如果国家经济形势没有大的改观,可能用不了两三年,类似于"6·30"的第三次革命又会在解放广场上演,因为经历了2011年"1·25革命"的埃及民众根本不可能有那么多的耐心!

二

温和与激进伊斯兰跷跷板效应再现。2013年，埃及民选总统穆尔西被推翻，突尼斯执政的复兴运动政府也严重受挫，曾经盛极一时的政治伊斯兰化势头明显受阻，温和与激进伊斯兰跷跷板效应再现，以基地组织为特征的激进伊斯兰势力抬头，重趋活跃，并在相当广泛的区域内隐然形成大、中、小三个力量"三角"：

以阿富汗、巴基斯坦、印度北部并向中亚扩展的所谓"大呼罗珊地区"（大呼罗珊地区是历史上的一个地区，大概包括今伊朗东北部、阿富汗和今天中亚大部），以伊拉克、叙利亚为中心的所谓"黎凡特地区"（历史上指地中海东岸的大片地区），以阿尔及利亚、利比亚为代表的北非"马格里布地区"（地中海南岸非洲西北部地区，阿拉伯语意为"日落之地"），构成世界伊斯兰激进势力的"大三角"。美国全球反恐行动基本就在这个区域内展开，这些年来美无人机频繁轰炸的重点不外乎阿富汗巴基斯坦边界一带、利比亚班加西一带和阿拉伯半岛南端的也门。值得指出的是，基地组织阿拉伯半岛分支盘踞的也门南部恰好就坐落在这个"大三角"的中间地带，被基地组织最高层寄予厚望。2013年8月初，美国的情报显示，也门人纳赛尔·乌哈希被基地组织最高领导人扎瓦赫里任命为基地组织阿拉伯半岛分支的领导人，据说此举意味着乌哈希实际上已经成为基地组织第二号人物，为此美国拉响了有关基地组织可能发动新恐怖袭击的警报，并从8月1日起暂时关闭了在中东的22个使领馆。2013年12月6日，人们所担心的重大恐袭行动终于发生，也门国防部遭到武装分子猛烈攻击，两辆自杀式汽车炸开了国防部的围墙，10多名穿着军服的武装分子发动攻击，并在国防部内的军事医院大开杀戒，共造成52死、162伤，成为中东最近一年半来最严重的恐怖袭击事件。

以北非的阿尔及利亚、利比亚和西非的尼日利亚及非洲之角的索马里构成世界伊斯兰激进势力的"中三角"。基地组织马格里布分支成立于2006年9月。2011年阿拉伯大变局，特别是利比亚战争后乘局势动荡和卡扎菲武器库的流失迅速扩大势力，与利比亚"伊斯兰战斗团"、索马里

"青年党"、尼日利亚"博科圣地"及以马里为基地的"西非统一和圣战运动"等极端组织加强勾连，频频作乱。2013年1月16日阿尔及利亚东部一个天然气田发生大规模劫持事件，包括西方国家专家在内的数十名外国人质被杀。2013年7月尼日利亚"博科圣地"袭击尼东北部约贝州玛姆多村的一所公立寄宿中学，血腥屠杀30多名师生。2013年9月21日肯尼亚购物中心发生震惊世界的恐怖袭击案，参与袭击者中有多名成员来自美国、英国、加拿大、芬兰等西方国家。

以埃及西奈半岛北部、埃及西北边界外的班加西和埃及南部边界外的苏丹北部构成伊斯兰激进势力的"小三角"。2013年7月3日以来，发生在埃及国内的恐怖事件明显增多，特别是西奈半岛北部接连发生军警方运兵车或检查站遭攻击事件，已经引起以色列和美国的担忧。加之与埃及西北部相邻的利比亚班加西越来越成为武装极端分子新的聚集地和非法武器走私的中心，与埃及南部旅游胜地接壤的苏丹北部在北南苏丹分裂后形势重趋动荡，使本已动荡不定的埃及国内局势雪上加霜。笔者在会见埃及外长期间，他就明确提到了这个正在成形的恐怖"小三角"。其实，埃及外长的担忧不是没有道理的，因为9·11以来的事态发展显示，在这一辽阔的穆斯林聚居区域内，不论哪里出现动乱，都会对伊斯兰极端势力形成吸引力，并导致他们新的聚集。2003年伊拉克战争后的伊拉克是如此，2011年利比亚战争后的利比亚也是如此，2012年陷入内战的叙利亚还是如此，2013年军方出手干政后的埃及怎么能例外呢？

而且，长期以来，在伊斯兰世界温和与激进势力之间一直存在一种跷跷板效应。9·11事件后美国全球反恐，以基地组织为代表的伊斯兰极端势力受到沉重打击，极端势力民心大失，伊斯兰世界内部出现了强烈的反思的声音，很多阿拉伯国家的伊斯兰学者提出了"伊斯兰中间主义"的概念，以穆兄会为代表的伊斯兰力量也进一步趋向温和务实，这也是2011年开始的阿拉伯大变局丝毫没有激进、极端特征的主要原因。2011年阿拉伯大变局后，阿拉伯世界形势动荡本身就被基地组织等极端势力所利用来浑水摸鱼，2013年以穆兄会为代表的政治伊斯兰势力严重受挫，更给伊斯兰极端势力重新崛起提供了机会。

位于阿尔及利亚的非洲联盟非洲反恐研究中心副主任伊德里斯·拉拉里认为，当前国际恐情有两个特点：一是多个国家境内暴力恐怖活动进入新一轮活跃期，利比亚、叙利亚、伊拉克、阿尔及利亚、突尼斯等均是如此；二是极端组织和势力呈现跨境连片勾连之势，其中基地组织阿拉伯半岛分支充当了领导角色，指挥联系其它基地分支活动，如索马里青年党、叙利亚支持阵线、伊拉克黎凡特伊斯兰国等，北非暴恐组织通过在边境走私、贩毒等非法勾当谋取资金、换取武器，严重威胁地区安全。

三

美国在中东战略性收缩直接牵动地缘政治神经。叙利亚化武危机暴露了美国的底牌，美国从中东战略性收缩的态势明朗化。2013年中出任美国奥巴马总统国家安全事务助理的赖斯走马上任伊始，曾就美国的中东政策进行重新评估，据9月完成的评估报告，未来美在中东将遵循外交优先、减少卷入、避免军事干预的新的方针。2013年11月20日赖斯在乔治城大学发表题为"美国的未来在亚洲"的演讲中，更"若有所指"地说，"不管世界其他地区发生多么麻烦的事情，都不会影响美国把自己的注意力转移到亚洲来"。伴随美国的战略抽身，中东地缘政治态势出现联动，原在叙利亚问题上形成的统一战线（土耳其、沙特、埃及、美国及西方）频于瓦解，美国在中东的同盟体系出现松动，美国与土耳其、美国与沙特阿拉伯、美国与以色列、美国与埃及的关系都在发生变化。

中东是地球上的"双重十字路口"。它不仅是地理位置上欧亚非三大洲的结合部，也是历史上东西方文明激烈融合碰撞的"锋面"。所以千百年来的文明冲突（融合）形成了中东非常独特的地缘政治局面。这里有四大地缘政治力量（阿拉伯、伊朗、土耳其、以色列）和五大民族（阿拉伯、波斯、突厥、犹太和库尔德）。库尔德民族生活在四个国家（土耳其、伊朗、伊拉克、叙利亚），确切地说是生活在横跨上述四国领土的结合部（地理上叫"库尔德斯坦"）。库尔德问题也是中东地区容易引起动荡的一个因素。伊拉克战后，土耳其库尔德工人党受到伊拉克库尔德地区获得"准独立"地位的刺激，一度沉寂的武装活动再次抬头。库尔德问题可能在未来三五年后成为引起相关国家麻烦的一个新的乱源。

中东四大地缘政治力量中，波斯人的伊朗与阿拉伯世界可谓是宿敌，争斗了上千年；第二次世界大战后美国支持犹太人复国建立以色列，并培植巴列维王朝的伊朗和以色列一起成为美国在中东地区的两大支柱，阿以矛盾上升为中东地区的主要矛盾；1979年伊朗发生伊斯兰革命，伊朗与美、以反目成仇，地缘政治关系趋于复杂；上世纪90年代末土耳其加入欧盟的努力一再受挫，转而重返中东，中东地缘政治中突厥因素重趋活跃。历史上，凡是四大地缘政治力量能够维持相对均衡或平衡时，中东地区就能维持一个相对平静、稳定的局面；凡是四大地缘政治力量间的平衡被打破，中东地区局势就会剧烈动荡。实际上在实践中，任何一个地缘政治力量的得势，其它三大力量都会感到不舒服，因此中东地缘政治力量和地区形势总是在平衡、不平衡和动荡、稳定间交替，一切都是相对的。比如，1979年伊朗爆发伊斯兰革命，国内形势剧烈动荡，国家军队受到严厉清洗，美伊关系转入敌对，中东地缘政治力量严重失衡，结果导致持续了8年的两伊战争及随之而来的海湾危机和海湾战争。

海湾战争后，美国在中东同时遏制两伊，伊拉克与伊朗又构成相互制衡，加之克林顿执政的八年中美在中东推行所谓"东遏两伊、西促和谈"的战略，中东出现了史上少有的相对安定的局面，中东和平进程一度还取得重大的进展。

新一轮中东地缘政治力量的失衡是2001年9·11事件之后出现的。9·11后，美国接连打了两场战争——阿富汗战争和伊拉克战争，战争的结果是伊朗的两个死对头——塔利班政权和萨达姆政权被消灭，伊朗在地缘政治中明显"坐大"。伊拉克战后不仅国内局势持续动荡，而且民主化选举导致该国占人口多数的什叶派史无前例地成为政坛主导力量。这又产生另一个地缘政治上的敏感问题——什叶派因素凸显。什叶派在战后伊拉克的主政，客观上使伊朗的影响力深入到了伊拉克（包括现任总理马利基在内的很多伊拉克什叶派上层人物都曾在伊朗避难，有的甚至拥有伊朗护照），伊朗还通过其在阿拉伯世界的盟友叙利亚直接"遥控"黎巴嫩真主党、甚至影响巴勒斯坦逊尼派的哈马斯。这种所谓"什叶派崛起"的态势据说在伊斯兰教发展的一千多年历史中"从未有过",引起了阿拉伯世界逊尼派传统国家和力量的"恐慌"。地缘政治力量严重失衡、伊朗"独大"的局面当然也严重威胁美国在中东的利益,因此伊拉克战后十年来,美国一直通过打压伊朗(军事威胁+空前严厉的经济制裁)来维持着这一地区地缘政治力量间的平衡。然而,2013年下半年美国对埃及军方推翻穆尔西行动的暧昧态度和在叙利亚化学武器危机中的出尔反尔,使美国从中东战略性撤退的信号越来越清晰,特别是9月联合国大会期间美国和伊朗关系出现戏剧性的"融冰",在中东国家中引起"强烈的地缘政治地震"。

因此,围绕埃及局势发展和伊朗核谈判的恢复,中东地区地缘政治力量拉开了新一轮重新分化组合的帷幕。沙特阿拉伯拒绝出任联合国安理会非常任理事国;土耳其洽购中国红旗9型导弹;以色列加强了与法国等欧洲国家的协调,并盛传以与沙特阿拉伯密议破坏美国与伊朗改善关系的努力。2013年11月14日,俄罗斯国防部长绍伊古和外交部长拉夫罗夫同时出现在埃及首都开罗,与埃及同行举行2+2会谈,"这是20多年来两国间的首次高级别的深入接触",双方甚至谈到了高达20~40亿美元的军购案。而埃及和俄罗斯的重新接近已经引起了以色列的担心。实际上,笔者认为中东对美国来讲实在是太重要了,美国并不会真的离开中东,但显而易见的是,美国在对其中东战略做出调整,并必然引起美在中东盟友的强烈反应。埃及外长法赫米亲口对笔者说,"在美国暂停援助后,埃美关系虽仍有互惠和合作的空间,但埃及必须保持独立,发展多元外交,积极发展同中国、俄罗斯、日本和巴西等国家的关系"。

四

伊朗核问题取得突破,但最终解决问题充满艰难。2013年11月24日,日内瓦伊朗核问题5+1与伊朗对话会传来佳音,六国与伊朗达成解决伊核问题的阶段性协议,伊朗部分放弃核活动换取西方部分解除制裁,持续时间长达十年的伊核危机取得突破性进展,从而打开了和平解决这一危机的大门。

应该说,这个阶段性协议的达成首先是美国和伊朗相互需要的结果。

由于伊朗国家经济在国际严厉制裁下陷入困境，国内民心思变，新上任的鲁哈尼总统急需突破制裁以改善经济；而美国奥巴马政府当务之急对内也是重振美国经济、对外则搞"战略再平衡"，在中东进行战略收缩，继续打压伊朗力不从心。因此，伊美双方互有需要、一拍即合。在联合国大会期间，美伊引人注目良性互动，被国际社会形容为"融冰"，美国总统奥巴马还破天荒与伊朗总统鲁哈尼通电话。其次，协议的达成本身也可以说是"水到渠成"，与伊核谈判其它五国的努力分不开，特别是中国。中国不仅在长达十年的伊核危机期间始终是"劝和促谈"的积极力量，而且坚持利用自己与谈判所有方均保持良好关系的特殊地位，在各方间"穿针引线"，直接推动谈判取得进展。事实上，11月7—9日的谈判本来已经就绝大多数问题形成共识，但在最后关头让法国"搅黄"，好在各方接受中国谈判代表外交部副部长李保东建议，将已经形成的大多数共识和少量分歧各自带回研究，为11月24日签署协议打下了基础。

这个阶段性协议也是美国和伊朗相互妥协的结果。根据协议，在为期半年的"共同行动计划"期间，伊朗将暂停20%丰度铀浓缩、转化或稀释20%丰度浓缩铀存量、不增产5%丰度浓缩铀、不进行后处理活动、不升级铀浓缩厂及阿拉克重水反应堆的运作、接受更加严格和广泛的核查等，美欧则不出台与核问题相关的新制裁、暂停对伊朗汽车行业制裁、解禁伊朗贵金属交易及石化产品出口限制、容许伊在现有水平上（每日约100万桶）出口石油并收回部分油款等。显然，美试图在力不从心的情况下以松动制裁换取延缓伊朗无限制提升核能力的步伐，伊朗则在核能力已有实质性进展的情况下愿意以限制部分核活动换取美国放松制裁。双方可谓各取所需。

尽管达成协议的积极意义不言而喻，国际社会也给予普遍支持，但人们还是有理由对协议能否落实表示担心。因为，美国和伊朗各自对协议的表述一开始就大相径庭：美国总统奥巴马称协议阻断了伊朗研发核武器的进程，国务卿克里也说协议没有承认伊朗浓缩铀的权利，而伊朗外长则坚称六国确认了伊朗和平利用核能、包括自主浓缩铀的权利。大家都知道，虽然达成了协议，但无论是奥巴马还是鲁哈尼都很难轻松，因为双方在国内都面临着强大的反对势力。美国内有人把这个阶段性协议形容为"奥巴马的一场豪赌"，伊朗国内实力强大的保守势力也一直对鲁哈尼政府的所作所为虎视眈眈。除此之外，以色列称这个阶段性协议为"糟糕的协议"、"决不受协议约束"，一些地区国家如沙特阿拉伯等也并不乐见其成。

更应当指出的是，尽管达成了阶段性协议，尽管根据协议还要在六个月内谈判伊核问题的最终协议，伊朗核问题的彻底解决的前景并不乐观。我们常说，伊朗核问题实际上并不仅仅是核问题，不仅仅是技术性问题，它更是个政治问题，是美国和伊朗关系问题。众所周知，美伊两国关系存在结构性矛盾，主要表现在意识形态和地缘政治上。在意识形态方面，美国很难接受一个伊斯兰政权，自从1979年伊朗伊斯兰革命以来始终孜孜以求更迭这个政权；在地缘政治方面，美更难接受伊朗伊斯兰共和国这个政教合一的政权在中东地缘政治中扮演重要角色。2003年伊拉克战争后，伊朗事实上在中东地缘政治力量对比中呈现"独大"的趋势，这是近十年来美国持续打压伊朗、有时甚至不惜武力威胁的主要原因所在。伊朗不惜承受国际重压，坚持提高核能力，就有出于政权安全和自保的考虑。而且，伊朗把自己国家的大国地位看得很重，1979年被伊斯兰革命推翻的巴列维国王就认为"没有核能力的国家不是大国"。因此，从目前情况看，虽然有伊核问题阶段性协议，虽然美伊关系出现了一定程度的缓和，但仍很难说美伊关系能够出现根本的改变。而只要美伊关系不出现根本改变，伊核问题彻底解决就只能是一种奢望。

总而言之，可以预期，在未来相当长的时期内，西亚北非地区局势将保持一种在起伏不定的阿拉伯大变局和重新分化组合的地缘政治力量共同影响下的动荡局面。

（撰写于2014年初，刊登在《现代国际关系》2014年第二期）

附3

中东大乱局发端　地区新秩序重构

虽然"伊拉克和黎凡特伊斯兰国"（ISIL）2014年初就占领了伊拉克

重镇费卢杰，但直到6月10日该组织突然占领摩苏尔、政府军溃败而逃，伊拉克乱局的意义才一下子凸显了出来。6月29日，ISIL宣布建国，在连接叙利亚和伊拉克边界划出一大块版图，其首领、被美国通缉的巴格达迪被任命为哈里发。时至今日，伊拉克政府军一直在进行显然效果不大的反攻，而国际社会除了一些喧闹外并没有什么实际的行动。伊拉克局势发展令人深思。结合叙利亚几年来的形势，显然，中东地区政治版图恐怕不得不重新构建，地区大乱局已经发端。

实际上，现在的中东政治版图基本上是100年前形成的，是根据一战期间英法1916年瓜分奥斯曼帝国亚洲部分的秘密协定——《赛克斯—皮科协定》决定的，其中叙利亚和伊拉克边界完全是英法人为瓜分的结果。2011年所谓的阿拉伯之春以来，一些国家出现了政治"碎片化"的过程。首先是叙利亚，经过这几年的内战，恐怕现在很少有人认为这个国家还能再回到从前，也就是说过去那个叙利亚已经没有了，仍然未知的只是在原来叙国的版图内会出现什么国家？会出现几个国家？再看伊拉克，虽然国际社会仍希望它恢复到2013年6月10日前至少貌似统一的状态，但这几乎也成为不可能的事情了，一定程度上可以说，原来意义上的那个伊拉克可能将不复存在。比如说，库尔德人会退回到原来的自治状态吗？石油重镇基尔库克现在已经处于库尔德人的完全控制之下，库尔德自治区的地盘已扩大到自治区周边库人城镇（扩大面积超过原自治区总面积40%），库尔德人会把它吐出来吗？伊拉克库尔德自治区主席巴尔扎尼明确表示，随着ISIL在伊拉克北部和西部攻城略地，伊拉克实际上已经分裂，库尔德正迎来其历史性的时刻。其它如同属于"黎凡特"（历史地名）范围内的约旦也非常危险，其本身人口多数就是由巴勒斯坦难民构成，而现在又容纳了超过100万叙利亚难民，并当然成为ISIL的目标之一，ISIL宣布建国后约旦的贝都因人曾出来游行声援。还有黎巴嫩，本来就是个碎片国家，曾有专家直言，"黎巴嫩根本不是一个国家，而是十几个教派"。如果再把眼界放开一些的话，北非阿拉伯国家利比亚东、西、南部已俨然三分天下，而阿拉伯半岛上的也门"碎片化"也已非常明显。

显然，继2011年阿拉伯大变局之后，今天的中东正处于地区大乱局的初始阶段，伴随大变局而来的阿拉伯国家政治转型又掺杂了地区政治版图的重构，未来局势发展充满了不确定性。

中东局势何以沦落到今天这般地步？总结起来，2003年美国发动的伊拉克战争实在是万恶之源。首先，伊拉克战争严重打破了这个国家内部的政治平衡。伊拉克人口由三部分人构成：虽然同属于阿拉伯人，但占总人口60%以上是什叶派（主要聚居在南部地区），占总人口近20%为逊尼派（主要聚居在中部和北部），此外还有20%左右的库尔德人（属伊斯兰教逊尼派，主要集中在北部几个省份）。千百年来，伊拉克一直是阿拉伯人和波斯人（伊朗，宗教上属什叶派）冲突和交融的前沿，两大民族长期在此拉锯，形成了伊拉克独特的政治生态（什叶派占人口多数，但一直由逊尼派居统治地位）。所以伊拉克的政治结构长期以来是金字塔型的，顶层是人口少数的逊尼派，人口多数的什叶派处于金字塔的塔底。这个结构看似不合理，但由于历史和民族的原因各方力量却能达到基本平衡，因而也能够一定程度稳定。2003年伊拉克战争推翻了萨达姆政权，随后美国在此推广所谓自由和民主，通过一人一票选举，什叶派翻身掌权，无论是过渡时期的阿拉维总理，还是现在的马利基总理，都属于什叶派。至于库尔德方面，1991年海湾战争后，美国在伊拉克北部设立禁飞区，库尔德地区事实上处于自治和被保护状态。20多年来，可以说库尔德地区始终是稳定的，甚至没有受到伊拉克战争及战后国家动乱的波及。战后，由伊拉克北部拉胡克、埃尔比勒和苏拉曼尼亚三省组成的库尔德自治区事实上处于准独立的状态，有自己的政府、议会、司法、财政体系和军队。伴随美国在战后对伊旧政权的彻底清算，逊尼派的上层精英基本上都被赶到了新政权的对立面，失去了政权、政治上被边缘化了的逊尼派精英始终不接受战后颠倒了的政治金字塔结构，致使11年来伊拉克局势持续动荡。

其次，伊拉克战争严重破坏了中东地缘政治的平衡。阿拉伯国家、波斯人的伊朗、突厥人的土耳其和犹太人的以色列这四大力量在内外力的相互作用下构成中东脆弱的动态平衡，不管这个平衡合理还是不合理，只要有这个平衡地区局势就能大致稳定。在克林顿时期，美国在中东"西促和谈，东遏两伊"，即在推动以色列和巴勒斯坦和谈的同时遏制伊朗和伊拉克，并利用被削弱了的伊拉克与伊朗相互制衡。因此，上世纪90年代，中东地区相对稳定，中东和平进程还取得了重要的进展。但是这个相对平衡的结构被2003年伊拉克战争以及此前的阿富汗战争彻底破坏，伊朗作为什叶派的波斯人国家，在地缘政治上的地位一下子凸显了出来。因此，伊拉克战后，中东隐隐约约出现了两个相互对抗的集团：一个是以伊朗为代表的什叶派联盟（约旦前国王侯赛因曾惊呼"中东出现了什叶派新月带"），另一个则是以沙特阿拉伯为代表的逊尼派集团。战后伊拉克局势的持续动荡和近年来的叙利亚危机背后都充斥着这两个集团的较量和角力。

此外，2011年阿拉伯历史性大变局带来的秩序混乱也给基地型极端组织的发展提供了难得的机会，而奥巴马政府的所谓"战略再平衡"政策明显减轻了国际恐怖主义承受的压力，可以说美国"战略再平衡"的负面效应还将持续显现。

中东政治版图重构肯定会牵动该地区所有的国家。地区主要国家（沙特、伊朗、土耳其、埃及）在中东重构版图的过程中都会扮演自己的角色。比如，沙特肯定会是版图重构中最大的角色之一，它坐拥充足的石油美元，为了维护王室的统治不惜血本，在版图重构中将竭力遏制什叶派的力量。伊拉克和叙利亚之间如果真的出现一个逊尼派国家，沙特肯定会不遗余力地支持。而伊朗则会想法设法地瓦解它。毫无疑问，沙特和伊朗之间的角力将是未来的主线。2014年土耳其一位教授在中东十个国家精英阶层进行的调研显示，50％以上的受访者认为未来5—10年中东地区最重要的国家是伊朗，而两年前50％以上受访者选土耳其。目前看来，随着伊核问题谈判取得进展，伊朗在中东地缘政治上的有利地位将越来越明显。土耳其比较矛盾，加入欧盟的努力一再受挫，重返中东也不大受欢迎。埃及则将在可预见的相当时间内忙于内部事务，自顾不暇。

因此，未来的中阿合作充满了风险，但若把握得好，机遇仍然是有的。在阿拉伯整体陷入大乱局的背景下，开展与阿拉伯国家双边、区域甚至点对点的合作未必不是一个可行和明智的选择。而在对中东地区合作中，伊朗、土耳其和海湾地区将居于优先的位置，特别是伊朗，其中的道理不言自明。

（撰写于2014年8月，刊登在《现代国际关系》2014第8期）

第一部分

传统与现代化的撞击

——阿拉伯人生活方式的变迁

千百年来，阿拉伯社会一直保持着三种传统的生活方式，即沙漠生活（游牧民）、乡村生活（定居农民）和城镇生活（市民）。从近代开始，伴随欧洲殖民主义者的入侵和遍及阿拉伯世界的民族解放运动及独立运动，阿拉伯人的上述三种生活方式都受到较大的影响，也发生了比较大的变化。但是，对阿拉伯人生活方式影响和冲击最大的仍然是石油因素，是石油的发现、石油价格的暴涨、以及石油影响下阿拉伯世界突飞猛进的现代化建设和内部人力资源的巨大流动等等，强烈冲击着传统的阿拉伯社会，使阿拉伯人的社会结构、价值观念、行为类型、相互关系等各个方面均发生一系列质的变化。

贝都因人今昔

游牧生活是阿拉伯世界最古老的生活方式。由于阿拉伯人所在的地域80％以上是沙漠、半沙漠地带，雨量稀少。部分阿拉伯人口——贝都因人，长期过着游牧生活。阿拉伯世界所有国家都拥有多少不等的贝都因人，其中沙特、海湾阿拉伯诸国、伊拉克西南部、叙利亚沙漠、利比亚、苏丹、索马里，贝都因人的人数均超过其总人口的10％，沙特在1975年人口普查时，估计有190万贝都因人口，或占该国总人口的25％。贝都因人的主要社会组织由部落和部落以下的各个分支组成。他们在沙漠中栖息，住的是由动物皮毛缝制的帐篷，吃的是骆驼肉和羊肉。其价值体系强调对家族忠诚、自治观念、勇敢和好客。过去数千年来，贝都因人的传统形象，是一顶帐篷、一匹马、一群牲口、一把剑、一腔原始的价值观念以及在沙漠里四处漂泊谋生的生活方式。几千年来，他们能够适应大沙漠中极其艰苦的生活环境，并保持生活方式一成不变。近几十年来，在石油因素的冲击下，大多数贝都因人的生活也已发生巨大改变。

◆ "世外桃源"中的居民

直到今天，在阿拉伯半岛和北非的辽阔大沙漠中仍然居住着大批贝都因人。"贝都因人"在阿拉伯语中的意思是"游牧的民族"。在人类社会已进入21世纪的今天，现代文明正以它的无限生机冲击着世界的各个角落，但是贝都因人仍能以传统的生活方式生活在现代化的"世外桃源"之中，过着与世隔绝、无拘无束的游牧生活。在他们的心目中沙漠没有边界，因此为了牧放牲畜，他们常常肆无忌惮地穿梭于国与国之间的边境上，随心所欲、来往自如，如入无人之境。在他们的眼里也没有总统或国王，他们的口头禅是"我们没有国王，只有真主安拉"。

贝都因人的祖先是生活在两河流域、叙利亚、阿拉伯半岛的游牧民，他们以放牧为生，率领着大批的羊、骆驼和马在广阔无垠的沙漠和丘陵中游荡。历史上，他们长期住在阿拉伯农耕地区的荒漠边缘，过着逐水草而居的生活。早在伊斯兰教兴起之前，贝都因人就已经是阿拉伯半岛社会的重要组成部分。阿拉伯半岛位于尼罗河和两河流域这两个文明区之间，它东面的印度、中国、东印度群岛，西面的埃塞俄比亚、埃及、地中海沿岸国家，历史上都是发达地区，有着大宗的商业往来。因此，只要是通过陆地沙漠地带进行的商业来往，都要依靠贝都因人的骆驼队驮运货物，商人们也需要贝都因人当向导。相传，伊斯兰教的先知穆罕默德就曾经当过赶驼人。悠扬的驼铃声成为这片广大地区之间商业往来的象征，同时也包含了贝都因人的辛苦和汗水。伊斯兰教创立初期，穆罕默德在麦加等地遭到商人、贵族和当权者的强烈排斥，但是却得到朴素的贝都因人的欢迎和爱戴，在伊斯兰教的传播和阿拉伯半岛的统一过程中，贝都因人都功不可没。

贝都因人过着部落式的群居生活。部落的大小视其人口和牲畜的数量而定，每个部落都有自己的酋长。酋长是部落的领袖，负责分配牧场、接待客人、保护自己的部落不受别的部落的掠夺和侵袭。贝都因人生活在贫瘠、恶劣的生活环境中，终年为生存而漂泊，干渴、劳累、食不果腹、狂风、黄沙都是他们每天必须面对的事实。在这样的环境里，贝都因人练就了剽悍、顽强、骁勇的体质和性格。有这样一件事情很能说明贝都因人的强悍：一次，叙利亚政府军在其境内的沙漠中逮捕了一个闯入其领土的别国的贝都因人，部落首领出面交涉但久拖未决，于是该部落首领年仅8岁的小儿子自告奋勇，率领几个同年的"小伙伴"，各带一把匕首溜进叙利亚监狱去救人，当然他们不可能成功，但却加速了整个事件的解决。另一方面，恶劣的环境也使贝都因人好斗且掠夺成性。在沙漠中曾经广泛流传着这样一则谚语："我反抗我的兄弟，我和我的兄弟反抗我们的堂兄弟，而我和我的兄弟及堂兄弟又反抗这个社会。"

尽管生存环境恶劣，拥有的财富也少得可怜，但贝都因人的慷慨好客却是举世罕见。当有陌生的客人来到时，每一个贝都因人都会出来热情欢迎，并端出其煮好的最好的肉食招待客人。如遇主人正好食物短缺时，他们也会毫不吝啬地拿出其仅有的椰枣和咖啡让客人享用，那怕自己忍饥受渴亦毫无怨言。几千年来，贝都因人的慷慨好客习惯丝毫没有改变。对一位地道的贝都因人而言，贫穷并不是羞耻，他们认定金钱、骆驼等资产只是人们生来就应共享的东西。他们认为：凡是流出去的钱财，总会有回流的一天。至于是否如此，那只能托靠真主的旨意了。

◆ 一成不变的传统生活

贝都因人的家一般都是较为宽敞的帐篷。帐篷面向背风的一面敞开，帐篷内以帘幕分隔成男女起居间。帐篷内家用物品并不多，富裕一些的可能有几张手工编织的地毯，铜制的炊具和餐具，若干以羊皮为罩的木头驼鞍，几个盛水的羊皮袋，一卷绳索，一些乳香及祭祀时焚烧的檀香等等。

人们的穿戴也很简单。通常男子多穿长及脚面的白色长袍，据说穿这种长袍，在人走动时会产生一种类似空调的作用，空气在人的两腿间形成的对流会使在沙漠中行走的人倍感凉爽。男人们的头上戴一种名叫"固特拉"的头饰，这是一块下垂的大布巾，折叠后包在头部，以防强烈的阳光和尘埃及蚊虫的侵扰。有时他们也戴棉质头巾，用黑色粗绳绕在头部。男人主要的装饰是武器，一般贝都因人喜欢佩带一柄银质匕首，一支枪或一条也门制的花哨子弹袋。这种装备对家境较好的贝都因人来说是一种富有和高贵的显示。妇女们的穿着则非常保守。在她们白色纱罩内衣外面，是宽松的白色或黑色长袍，全身严密地包裹着，头部也用黑色头巾包扎，面部包括眼围均涂着黑色化妆品，以对抗沙漠中强烈的阳光。为显示女性的羞怯，她们还以黑色面纱遮掩脸部，只留一条眼缝向外窥视。有的妇女为表现自己的富有，还戴起镶嵌宝石或玛瑙的金银首饰，每双手臂戴上十多个手镯是很常见的。

　　对于贝都因人来说，他们的生活就是不断地寻找水源及牧场。有时，他们每隔几天就可能有一次小的搬迁，而在一年中的初冬和春末，更会有两次大规模的迁移。所谓"逐水草而居"是其生活的典型写照。贝都因人部落的聚集或搬迁，并无定式。任何一个部落或一个家庭在一个地点停留两三天后，即有可能会转移到几里以外的另一个新地点，只要该地牧草鲜嫩多汁。在从一地到另一地的长途跋涉中，贝都因人每天所过的生活都几乎一成不变。每天黎明，从做礼拜（晨礼）后开始，妇女们即将捡来的柴火或干驼粪作为燃料，点燃夜间未熄的火烬，煮好捣碎的咖啡豆，早餐就开始了。食物的种类非常之少，多是少许的椰果、一碗骆驼奶、几块无酵面饼等等。早餐过后，男人们开始讨论当天的行程，决定仍留原地还是继续迁移。如决定留在本地，便须将骆驼分组，将初生小驼和母驼，牧放在离帐篷不远之处以便就近照料。即使是在冬季，母驼也至少需要一周饮一次水，这样才能从其身上挤出奶水。驼奶是贝都因人营养极佳的饮品。

　　劳作一天后，贝都因人作过礼拜（宵礼）准备吃晚餐。大家围坐着共吃一大盆米饭。人们用右手将米饭取出，捏成一团放进口中嚼食，边吃边喝驼奶，吃喝过后再饮一杯有豆蔻味的苦涩咖啡。据说生活在利比亚沙漠中的贝都因人生活条件最为艰苦，不仅食物非常简单、单调，还常常饥一顿饱一顿。有的时候，他们会因找不到可吃的东西而挨饿，而当有食物的时候他们就拼命吃。在任何时候，骆驼都是贝都因人的宝贝，它们既是出行代步的运输工具，又是重要的食物来源。当利比亚贝都因人长途跋涉、在茫茫的沙漠中无处觅食时，口渴至极的他们会割破骆驼的血管吸吮驼血，饿了则从驼峰上切下一块油脂充饥。骆驼哺育期的驼奶就更是他们的美食了。

◆ **无法抗拒的吸引力**

石油的发现对贝都因人的生活产生了令其无法抗拒的影响，千年一律的游牧生活随之发生巨大的改变。上世纪 30 年代末，石油勘探开始之时，贝都因人充当美国石油公司的向导，然后又充当非技术性劳力。一些贝都因人被训练成会驾驶和修理汽车的人，有的还购买阿美石油公司的二手车辆。拥有一辆二手汽车曾一度成为上世纪中期阿拉伯半岛贝都因人某种新地位的象征。到了 1970 年代以后，卡车和其它车辆已成为贝都因人扎营生活的工具，起着与传统上运送行李的骆驼及马匹相类似的作用。卡车等机械化车辆被用来搬运饮用水、托载羊群到另一个牧地，充当看管骆驼的交通工具，以便于在更广的沙漠里放牧。

机动车辆给贝都因人的生活带来变化，也给游牧生活带来崭新的文化内容。随着时间的推移，贝都因人到城里的次数越来越多，即使呆在沙漠中游牧时也更多地聆听收音机，他们还与汽车代理商、机械师、电工及汽油商等进行更频繁的交易。与此同时，政府和石油公司在沙漠里探井开挖地下水，直接促使循环生态发生显著变化。现在贝都因人可以在靠近水源的牧场逗留更久的时间，特别是在夏季的时候。由于水井并非由某一部落开掘或为某一部落所独有，因此现代贝都因人也开始学会与其它部落分享水源。一些国家的政府为鼓励贝都因人定居下来，还在夏季时给游牧部落提供教育、社会和健康等诸多方面的服务，名之为"夏令营"。在上世纪 70 年代中期时，各式各样的"夏令营"曾一度遍布整个沙特阿拉伯。政府的苦心给贝都因人播下定居的种子，在有深井的附近地区设立的学校、清真寺和诊疗所及各种娱乐设施，都成为贝都因人定居下来的诱因。年轻的贝都因人最先试探着走进城市生活，他们从政府那里得到贷款以从事商业活动，更多的是到石油公司当一名司机或石油工人什么的。年轻的贝都因人有很强的适应环境的能力，经过几年之后，这些生活在帐篷里的年轻小伙子，有少数人还成为公司经理、军队中的军官、飞行专家或政府官员等等。现在，他们的马鞭被挂在住宅内的墙壁上，成为一种象征和回忆，而肩膀上则可能担负着国家的重任。

◆ 重返大自然

人力资源严重短缺是阿拉伯产油国、特别是沙特阿拉伯等国政府面临的共同难题。在这些国家中，贝都因人和妇女是尚未被触及和开发的两大人力资源，因此政府对贝都因人的定居可谓颇费苦心。但是多年来把游牧人口融合到现代化沙特社会的努力始终收效甚微，只是在两种情况下——即在油田工作和征募参加沙特国家警卫队的人员方面略见成效。不管政府如何费尽心机，贝都因人还是强烈地依恋他们的部落和游牧生活。他们常常穿梭往返于两种不同的文化类型和生活中，在油田或国家警卫队工作几年后，他们往往暂时退出现代化的经济生活领域，回到原来的游牧生活圈子中去结婚成家。选择长久定居下来生活的贝都因人是个别现象。一位西方人在搭乘在一家西方石油公司做司机的贝都因青年所开的便车时，曾为这位年轻的贝都因人溢于言表的重返大自然时的激情深深感染。他描写道："年轻人带着激动的喜悦，载着我以疯狂的车速，奔驰于崎岖起伏的沙漠中。他不停地说，返回帐篷家园真够开心！然而他所称的帐篷家园竟然是一辆大型的露营式箱型汽车，里面还有空调及电视等设备，只是他仍然骄傲地坚持他自己是贝都因人。"

显然再回到游牧生活也并不等于说又回到千年不变的传统生活。因为虽然帐篷、骆驼、羊群、马和剑确实都还在，但却多了卡车、收音机和机枪等等。贝都因人虽然仍在广阔的阿拉伯沙漠里移动，但却在每个地方停留更多的时间。当决定迁移到另一地方游牧时，其行动也较以前更加快捷。牲口仍是贝都因人的主要经济基础，给他们提供肉、奶、毛、运输和交换的媒介，但金钱现在也被当作交易的补充媒介，这些钱是他们到油田工作或参加国家警卫队所挣得的薪水。而且，现在他们除食用传统的贝都因人食物（奶、椰枣和肉）外，也间杂吃些米饭和罐头食品。石油和来自石油的财富也从另一方面影响到贝都因人的生活,优种骆驼现在越来越被当作一种奢侈品和运动项目的主角。阿拉伯半岛上的君主们和上流社会风行赛骆驼,贝都因人为此而获得厚利。据说,一只良种的赛驼常常可以卖到 1.5 万美元。

◆ 职业选择

贝都因人在沙漠中生活,没有时间观念,更不愿受太多的约束,这些特点在他们选择现代化职业时表现得非常明显。当人们问起贝都因人在形势所迫不得不选择定居生活,他或她们最想让自己的孩子从事何种现代职业时,大多数贝都因人均选择军职,而尤以空军驾驶员为首选项目。专家们解释说,指挥人和驾驭物是贝都因人的兴趣所在,所以上述选择实际上仍然未离开他们传统的价值体系。如果说,勇敢、侠义和经常迁移是贝都因人的部分行为规范,那么驾驭超音速战斗机在原则上与此是颇为吻合的,而驾驶一辆坦克、一部武装车辆或一部卡车,也反映了同样的行为规范。所以,贝都因人在选择现代职业时,大多会更愿意当个军人,国家警卫队队员或卡车司机。当然,在穿梭于两种不同社会形态的年轻一代中,离婚、酗酒和吸毒的事例已有增加的趋势,扰乱和违抗传统权威的情形也与日俱增。

◆ 随处可见的影响

贝都因人的性格有着强烈的反差,一方面他们热情、慷慨、豪爽、重视友谊,讨厌受到制度的束缚和压制,渴望自由自在地创造自己的生活,所体现出的乐善好施、有恩必报等优良传统令人称道。但是另一方面,他们的好侵袭、爱复仇、斤斤计较等习惯,也充分体现了这个集体的落后、固执和偏激。

20 世纪以来,贝都因人的社会发生了较大变化。他们中部分人进入城市,改变了游牧的习惯,成为商人、官员或者城市居民;另有部分人陆续成为农业定居人,经营着农场或牲畜养殖;但是仍有约三分之一的贝都因人继续过着游牧的生活,他们带着自己的羊和骆驼,依然在无垠的沙漠中游荡，寻找水草，寻找乐园。

贝都因人的集体正在被现代化进程肢解，但是贝都因人的生活习惯依然保留了下来。在沙特阿拉伯、科威特、阿联酋等国家的城市里，到处可以看到带有贝都因人帐篷色彩的建筑，赛骆驼、赛马仍是城里人喜欢的体育节目，更不用说一到周末一家老小驱车百公里到沙漠中野餐、露营等所体现出的对贝都因人生活的怀念和憧憬。

贝都因人的传统名菜烤全羊现在依然是阿拉伯国家的人民款待高贵客人的必备食品，也是阿拉伯国家领导人举行国宴时的主菜。自从贝都因人皈依伊斯兰教，烤全羊就成为穆斯林们的骄傲，看着烤制得金黄、泛着些许枣红色光的全羊，你不能不佩服贝都因人在烹饪方面的天赋和才智。

定居下来的贝都因人只要条件允许，大都准备有贝都因人式的帐篷，每当有客人来，主人和客人支起帐篷，在里面谈天说地，品茶、喝咖啡，像是回到先前的生活中，别有情趣。阿联酋总统扎耶德年轻时曾生活在贝都因人中间，他休假必去的地方就是贝都因人的营地，在那里骑马、打猎、放鹰隼；他的办公室对贝都因人是开放的，不论政务多繁忙，只要有贝都因人前来拜访，他都要放下手中的工作与他们畅谈一番，并且总是乐此不疲。

"新型企业家"

所有海湾国家都明确规定：凡是外国公司在当地国家进行投资及其它商业活动，均必须有当地合伙人；外国人或公司在此进行的任何投资事业，其所持有的股份均不得超过50%。真所谓"肥水不流外人田"。随着阿拉伯海湾产油国经济的迅速飞跃，一个崭新的"新型企业家阶层"也很快崛起。

这里所说的阿拉伯产油国的新型企业家，既不是现代资本主义社会那种常见的企业家，也不是阿拉伯式的传统商人。他们虽非勤事产业，但也不是完全仰赖他人为生。与典型的西方企业家不同的是，这些"新型"企业家的生意虽是国际性的，交易的对象为政府和多国籍公司，但却不用冒任何风险，亏本机会极少，而且事实上他们也不需要多少资本，甚至不需要任何资本就可以创业，无论如何都会有利可图。

◆ 百万富翁哈立德

1973年石油价格暴涨时，哈立德刚好34岁，可谓年富力强。他出生于阿拉伯半岛腹地的一个部落。在沙特国内完成中学教育后，哈立德到埃及接受大学教育，后由于沙、埃关系恶化，乃转往美国继续大学学业。他先在德克萨斯州接受一段强化英语训练后，来到美国西海岸的一所大学并最终取得社会科学学士学位。在此之后哈立德返回沙特，在政府内当了两年公务员，旋即被选派到美国攻读计划和公共行政方面的硕士学位。在美国取得硕士学位后，哈立德回国进入新成立的计划部工作，与其它接受西方（多为美国）教育回国的沙特人一起，共同制定沙特最早的两个五年计划。1973年，油价暴涨后不久，哈立德辞去公职，与亲朋好友一起开了一家私人公司。公司的全部资金不足5万美元，以五位合伙人之一所捐赠的一幢四个房间的别墅做临时办公室，一部电话、一条电传线、两台打字机，而且只有哈立德一人为公司全天工作的职员。该公司营业范围包罗万象：经营进出口贸易，为民间和政府机构做可行性研究，充当工程管理和社会服务顾问，承建道路、公共建筑、房屋、水厂、发电厂以及医院、旅馆和超级市场等等。凭借这个摊子，在公司开业的头五年中，哈立德接下数以百万美元计的政府合同，包括建筑小学、机场、两条工业用道路、社区福利中心，还替不同的产业进行七项庞大的调研。这五年中，该公司所有的营业项目都是与沙特政府进行的。结果在短短的五年后，哈立德与他的五位合伙人都变成出手阔绰的百万富翁。哈立德的故事是成千上万个沙特人的典型例子。

◆ 成功秘诀

哈立德及成千上万个新型企业家的成功可说是上世纪70年代石油、教育、公共服务以及经济繁荣等的意外结果。由于没有风险，沙特新型企业家本领的高低，几乎完全取决于其能否集合起一个像样的合伙人"群体"。理想的群体所包括的成员应是：具有血缘关系或是密友，而又在沙特社会和政府机构里身居要职。由于政府是最大的主顾，最有利可图的生意是与政府做的，因此如果合伙人中有一个或数个在政府机构做事，或为下一个五年计划做计划工作，那就更有帮助了，因为这样他们就可以拿到有价值和最新的情报，而且旧日的同事也比较容易接近，甚至以前的部属现在可能已当上具有决定权的官员。这个群体还必须有一个条件，即至少应和一位高官保持密切联系，以备必要时发挥政治上的影响力。大多数成功的群体都与王室的成员有或多或少的联系。

沙特企业家尤其擅长转包艺术。他们标到大合同后，自己所做的实际上并不很多，几乎每件工作，不论大小，都要转包给来自阿拉伯世界，或更远的韩国、美国的承包商去做，但就这一个转手，沙特企业家已获得可观的利润。这个利润很难用投资回报率来评估绩效，因为这类公司在成立之初，资金或者很少，或者几乎不需要资金。

◆ **大款风采**

哈立德们在家时穿着宽松飞扬的阿拉伯白袍，对沙特王国的传统和伊斯兰仪式都非常在意。他们挟着名牌公文包，穿梭往返于欧美大都市巴黎、伦敦和纽约之间，动辄接洽几百万、几千万、甚至几亿美元的生意。在一些著名的娱乐场所，你也会看到他们的身影，他们可能会在摩纳哥或拉斯维加斯的赌场上偶尔玩上一把。

实际上，这些新型的大款们是特定历史时代、特定地区和国家的特定产物。在当地国家，他们扮演着极为重要的社会、经济角色。他们与外在世界建立了密切的关系并在国内拥有一定的政治势力。所有这些要素的结合，使这些犹如"开路先锋"的群体能在经济开发中内外穿针引线，接标承包各项工程。以沙特国家的发展水平而言，当时的投资或企业环境对外界来说可谓坎坷、陌生，实在是只有"开路先锋"才能担此大任。

而且，应当承认这些新型企业家是当地最先受过现代教育的个体，对石油带来的繁华和庞大的石油美元收益非常敏感。这些人出类拔萃，集文化掮客和卓越的经济活动中间人为一体。他们把对外界来说相当陌生的沙特社会和政治环境介绍给世界，同时又将对沙特来说也相当陌生的外在世界引进沙特。海湾经济起飞，这些新型企业家功不可没。

独具特色的"保证人"

保证人是沙特、科威特、阿联酋、卡塔尔和利比亚等阿拉伯产油国所独有的又一个"特殊阶层"。滚滚而来的财富、人力资源的极度短缺、本地人对外来者涌入的担心等因素，促成了"保证人"这种奇特的社会经济角色的出现。尽管阿盟签订有经济协定和劳工特许状，但大多数阿拉伯产油国却都实行严格的移民和劳工法律，对非本地人（包括来自其它阿拉伯国家的劳工）有着极明显的待遇差别。在这些国家，所有外来的谋职者都必须具有与当地公司或合伙人签署的书面合同，或者有一个保证人，以作为申请护照、居住和工作许可的必备条件。当雇主是政府时则由政府充当保证人，但在民营企业则需要找一个当地人作保，于是一个新兴的"保证人"阶层迅速崛起，成为石油大发展时代的一件颇为奇特的事情。

◆ 目不识丁的保证人阿卜杜勒

阿卜杜勒在联合国一个机构驻沙特首都利雅得的办事处工作，是一名专职司机。石油价格暴涨时他年近40岁，目不识丁，是贝都因人的后代，属于第三代定居下来的贝都因人。阿卜杜勒家有妻子和五个孩子，孩子们都在上学。他坚信教育对孩子们的价值，但对他自己来说则无所谓。他坚决不参加当时在沙特到处都在举办的成人识字班的扫盲教育（每周几个晚上），理由之一是他很忙而且也很满意现在的生活。因为据他了解，一个联合国下属机构驻沙特办事处的负责人、一位拥有博士学位的长者（即至少受过20年正规教育）的工资，比起他从各方面得到的收入要少很多。原来，他是一个保证人，当司机只不过是为了要有一份事情做而已（开车是他的唯一技能），他开车所挣得的钱在他的全部收入中只占很小一部分。他所得的大部分来自他的两家杂货店、一家玩具店、一家修车厂、一家理

第一部分 传统与现代化的撞击——阿拉伯人生活方式的变迁 | 13

发店及一个裁缝铺。虽然在他的名下有如此多的店铺，但他并不实际拥有这些财产，也丝毫不熟悉那些业务。他仅仅是为投资开这些店铺的外国人充当保证人。

原来，根据海湾阿拉伯国家的当地法律，外来人不允许开办或完全拥有店铺。因此，一个埃及人或叙利亚人，如果想在沙特或科威特等阿拉伯产油国开一个类似的店铺，就必须找一个当地人来充当保证人或合伙人。阿卜杜勒就是这些埃及人或叙利亚人的合伙人或说拥有全部所有权的雇主。这些外国人聚集资金、技术和劳力，再由阿卜杜勒借出他的指纹（如果会签名的话可签名）印在合同协议书上，给予他们法律上的保障，并以此取得营业执照。这个诚实、公正的阿卜杜勒所得的回报是盈利的50%。他和被保人都很满意这一协议。据说，有些较为贪婪的保证人甚至收取高达80%的盈利。但不管怎么说，这种保证和被保证关系可以使双方共享其利。

◆ **必不可少的中间环节**

保证人的做法因人而异。最活跃的保证人可能会到邻国跑一趟，并带回各种不同技艺的外国人，再把他们安插到他的商店行号当他的部属，或成为他的合伙人。有的保证人只整批输入劳工，再把他们"分批"给本地的雇主，从中赚取他们工资某一比例的报酬。最不积极的保证人则可以借出他们的指纹或签名，使那些想来这些富油国淘金的外国人达其所愿。这些通过保证人来到产油国的外国人在未找到工作前必须独立生存，有了职业后则要付给保证人一笔费用。

保证人对政府和被保证人都负有一定的法律责任，他得对被保证人的公共行为负责。为此，他们通常会代为保管被保证人的护照和所有的旅行文件，使其无法在所在国国内旅行或离开国境，或在未得到保证人同意时转替他人工作。保证人基本控制被保证人的行动。根据当地法律，保证人有权随意终止与被保证人的雇佣或合伙关系，随时可把他们驱逐出境。

与前述的新型企业家一样，保证人也是特定历史条件下在特定的地区和国家出现的特殊事物。大量的石油美元收入，天文数字的投资，兴旺发达的建筑业，极为有限的本地人力供应以及外国劳动力的急速流入等等，造就了"保证人这一特殊的阶层"。与新型企业家们不同，保证人普遍受教育程度不高，只受过一点或完全没有受过教育。但是，并不是每一个当地人都是保证人或都可以成为保证人，只有那些精明强干、善于把握机会的当地城市居民才有可能成为保证人。保证人在当地经济发展过程中也发挥了重要的作用。

离开土地的埃及农民

阿拉伯人口的增长在世界上是比较突出的。以埃及为例：1800 年时仅 500 万人口，1900 年增加到 1 000 万人，1980 年增加为 4 200 万，1996 年达到 6 400 万，2013 年更达到 9 200 万。但是，埃及农田的扩充则十分有限，即从 200 年前的 500 万公顷增加到 1996 年的 700 多万公顷。结果，与日俱增的人口压力使每年没有农田的贫苦农民迅速增加，于是不可避免地导致农村人口蜂拥挤进城市的现象。在上世纪 70 年代石油价格暴涨之后，年轻而无地的一代埃及农民开始发现一个新的出路——出国，即到阿拉伯产油国去打工。

◆ 开罗国际机场农民多

从上世纪 70 年代中期起，开罗国际机场几乎每天都出现熙来攘往的埃及农夫，其数量之多令人吃惊。他们或出境或入境，或在这里送往迎来。人们不难看出，这些农民大多数是第一次出国，也是第一次使用飞机这种现代化的交通工具。原来，这些来自尼罗河河谷的农民，正准备离开世世代代生养他们的尼罗河谷，到阿拉伯产油国去打工淘金。

埃及农民的外流是对这个阿拉伯世界最喜爱定居也可能是定居时间最久的国家人们传统观念的最大冲击。与叙利亚人、黎巴嫩人、也门人、突尼斯人、阿尔及利亚人和摩洛哥人相比，埃及人确实是阿拉伯人中最少迁徙的。埃及人这种永久定居不动的观念不是偶然的，和其它与水力资源关系密切的社会一样，埃及人世世代代依赖尼罗河河谷和三角洲，以河水灌溉的农田讨生活。如此千百年来，埃及人形成了人、土地、河水以及中央政府这样一种生活定式。这种定式的稳定性来自埃及农民与土地固定不变的关系，而埃及中央政府则在其中加以管理和协调。

◆ 为生活所迫的青年农民

拉乌夫出生在尼罗河三角洲一个世代务农的家庭。父亲是一个老实巴交的农民，膝下六个孩子，拉乌夫排行老三。为给孩子谋口饭吃，拉乌夫八岁那年，父亲将他送到本村一户财主家里帮助干杂务。拉乌夫在这家财主家里与财主的孩子们一块长大。财主的孩子都先后上了学，受到良好的教育，拉乌夫则一直忙着伺侯这帮少东家们。1966年拉乌夫18岁那年，他入伍从军，旋即赶上1967年第三次中东战争。由于埃及在战争中惨败，国家上下憋着一股劲要夺回战争中失去的埃及领土西奈半岛。因此，拉乌夫被安排在军队中延期服役，以至又参加了1973年第四次中东战争。在战争中，作为陆军战士的拉乌夫以勇敢著称，曾冒着枪林弹雨强渡苏伊士运河，并肩扛反坦克火箭参加过西奈沙漠里的坦克大战。1974年，拉乌夫退伍回到家，时年已26岁。回到家乡的拉乌夫要结婚成家。可是他昔日的东家已经过世，东家的财产也已被几个少东家分别继承，多数人已不在村子里居住。这时，拉乌夫的父亲也已经垂垂老矣，家里更变得一贫如洗，原有的半亩地也因生活所迫而在前几年就卖掉了。拉乌夫看到家里是没法再呆下去了，于是打点盘缠离开故乡，来到了地中海岸边的亚历山大市，找到在亚历山大大学任教的一位少东家，并请这位少主人帮忙找份工作。

拉乌夫的这位少主人是亚历山大大学的副教授，为人善良，他的夫人也在学校图书馆有一份工作，夫妇俩有两个上学的孩子。但是，当时正值战争刚刚结束，大批军人退役，亚历山大街道上到处可见没有工作可做的青年人，要为拉乌夫找一份差事谈何容易。出于阿拉伯人传统的好客及老乡观念，而且也碍于自己的身份地位，这位副教授无法拒绝拉乌夫的要求，于是便让拉乌夫当起自己的专职司机（拉乌夫在部队开过坦克），负责开车接送他们一家上班、上学，但又不可能付太高的工资，讲好每月给拉乌夫 10 个埃镑（约合 15 美元）。10 个埃镑对当时的一个埃及农民来说也算是一笔不小的收入了，因此拉乌夫对这样的安排非常满意。当然，那位副教授少东家得为此而在大学校外兼课以赚取额外的收入。

◆ 少东家要出国

拉乌夫在少东家家里开车后不久，这位副教授突然接到校方的通知，将他暂派到沙特阿拉伯利雅得大学任教（埃及作为阿拉伯世界的最大国家经常向其它需要智力输入的阿拉伯国家派出高级知识分子），要求即刻起身。这一下拉乌夫可慌了神，他憨憨地请求少东家带他一起前往沙特。当然，这位副教授不可能有这个能力，但好心的少东家给他留下一笔钱，并答应到沙特以后替他在当地找一份工作。使拉乌夫万万没有想到的是，仅仅在几个星期之后少东家就给他寄来了让他去沙特工作的一应手续。

一个星期的时间，拉乌夫就办好护照和签证，欢天喜地地生平第一次来到开罗国际机场，搭乘埃及航班来到了沙特阿拉伯首都利雅得，为一位沙特人开车。根据合同，拉乌夫月薪 500 里亚尔（约合 100 埃镑或 150 美元），并免费提供住宿和回家探亲的机票。这真是在做梦啊！

拉乌夫勤勤恳恳地工作并节省下每一分钱。半年后，拉乌夫获准回埃及休假、探亲三周。于是，穿着笔挺西装、手提盒式录音机以及为每位亲友准备的各种各样礼品，拉乌夫回到了自己的家乡。"拉乌夫回来了！""拉乌夫发财了！"纯朴的乡民几乎踏破拉乌夫家的门槛。拉乌夫的老父亲脸上重又泛起了红光。拉乌夫更是不厌其烦、绘声绘色地为乡亲们讲述着外面的世界以及自己简单得不能再简单的"发家"过程。一连几个礼拜，拉乌夫衣锦还乡的故事都成为村子里、甚至邻近村子里乡民们的谈话焦点。

◆ 乘数效应

拉乌夫的到来激起年轻乡民们步其后尘的强烈愿望。在返回沙特后，拉乌夫立刻马不停蹄地为自己留在家中的三个兄弟和两个妹夫寻找工作，结果在不到一年的时间里，这五位埃及农夫先后得到在沙特工作的合同。之后，拉乌夫又张罗着为其它关系较远的亲戚和好友牵线搭桥。据拉乌夫初步计算，在从 1975 年至 1979 年的短短四年中，经他本人之手来到沙特阿拉伯工作的本村的青年农民已多达 170 多人。听拉乌夫讲，村子里还有不少人得到前往其它阿拉伯国家（如利比亚、伊拉克、叙利亚）甚至到欧洲国家工作的机会。对传统而封闭的埃及尼罗河村庄来说，这真是翻天覆地的变化。多少年来，埃及农民除了极其少数的人曾因朝觐而外出过外，很少听说有谁乘坐飞机出国，而现在如此之多的农民，离开他们世世代代生活的尼罗河老家，来到人生地疏的异国他乡谋生。据统计，上世纪 90 年代常年在境外打工的埃及人多达 800 万，每年给埃及汇回的侨汇收入则高达数百亿美元。

◆ 世道真变了

外出打工的埃及农民，在阿拉伯产油国找到什么工作就干什么工作，从不挑剔。一般来说，像拉乌夫那样在军队中学到一星半点手艺的人，会找到待遇较好的工作，如司机、电工等等。而大多数埃及农民则充当建筑工人或单纯从事服务性的工作。几乎所有在国外打工的埃及农民都省吃俭用，将积攒下来的钱带回埃及，或娶妻结婚成家立业，或置买房产田地及各类家电用品，或购置农业机械、投资建立小型加工厂等。多数到国外工作的埃及农民，都只在地主国作较短暂的停留（如三年五载），他们将自己的妻子儿女留在村子里与他们的父母同住，并定期将挣到的外汇寄回来以养家糊口。这些外出挣外汇的农民使埃及农村原有的阶级结构发生巨大的变化。上世纪 70 年代之前，教育几乎是村民们通向上层社会的唯一途径，而贫穷的农民绝大多数又不可能有能力供养孩子接受教育。为摆脱穷苦的命运，许多没有田地的埃及农民不得不背井离乡，涌进大城市去讨生活，开罗"死人城"的发展就是很好的写照。但是，农民到富有的阿拉伯产油国去工作，使原本无立锥之地的农民几乎在一天之间发达起来，成了村子里的富人。像拉乌夫先生一样，他们和那些 10 年前还是他们的东家的人称兄道弟，甚至互相通婚。真是世道变了，所谓彼一时，此一时也。

重新戴起面纱的知识女性

上世纪70年代后期以来访问过埃及的人都会发现,在包括开罗在内的主要城市中,戴面纱的妇女、或将头上发际部分完全罩起来只露着脸的女人随处可见。特别让人感到惊讶的是,在尼罗河哈斯艾尼桥附近的开罗大学的女大学生中,许多人都从头到脚遮盖得严严实实。

据当地人讲,埃及在阿拉伯世界是妇女最早在法律上明确享有与男人同等权利的国家。早在上世纪20年代初,埃及即已掀起早期妇女运动,妇女们纷纷取下千百年来一直罩在她们脸上的面纱。1927年,埃及当局修改当时实行的"家庭和人身法",妇女取得一系列诸如教育和就业等方面的权利。1956年,革命后的埃及纳赛尔政府制定了新宪法,妇女开始享有选举权和被选举权,在法律上享受与男人同等的政治权利。到上世纪60年代初时,在埃及各主要城市的马路上,已很难见到从头到脚遮盖得严严实实的女人了。上世纪70年代,妇女被任命为政府部长、驻外大使或当选议会议员也已不再是什么新鲜事情。那么,为什么在经过萨达特总统"门户开放"政策之后,埃及妇女突然间又重新开始戴起了面纱呢?

◆ 女大学生法蒂玛

法蒂玛是开罗大学三年级的学生。她出生在离开罗不远尼罗河三角洲的一个小城镇,父亲大学毕业后在政府税务部门任职员,母亲也受过几年教育,在六个孩子中,法蒂玛排行老三。这个八口之家,家境属于中等水平。法蒂玛是其兄弟姐妹中唯一考上大学的人,也是其父母双亲家族中第一个上大学的女性。法蒂玛从小就文静好学,小学、中学的成绩在就读的学校内一直名列前茅,因此父母亲对她寄以很大的期望。在埃及,中学毕业能够考上大学者实在是寥寥无几,若能考上名牌大学则更是难上加难。而且,对于千千万万参加高考的埃及中学毕业生来说,能否考上大学将直接决定他(她)们今后人生的命运。中学毕业时,18岁的法蒂玛果然不负双亲的重望,以所在学校第一名的成绩考取了埃及最高学府——开罗大学，就读于令大多数学生家长眼馋的开罗大学医学院。

于是，法蒂玛开始了她在开罗的大学生活，这也是她生平第一次独自一人远离家门。与所有开罗大学学生一样，法蒂玛在大学城中的女生宿舍分配到一个小小的房间。埃及是阿拉伯世界最大的国家，开罗则是阿拉伯世界最大的都市。记得一个埃及人曾稍有些夸张地说过，每三个阿拉伯人中就有一个是埃及人，而每三个埃及人中就有一个是开罗人。确实，对于来自尼罗河三角洲小城镇的法蒂玛来说，开罗实在是太大了，实在是一个令人眼花缭乱、目不暇接的花花世界。上世纪70年代末期的埃及已经摆脱了严重影响国民经济发展的、历时近三十年的阿以战争，随着开放政策的实施，外出阿拉伯产油国打工的人蜂拥出境，侨汇收入源源而来，埃及国民经济正在迅速恢复和发展之中。但是，腐败现象也与日俱增，到处都充斥着拜金主义；两极分化严重，挥霍无度的高消费风行；世风日下、西方文化的冲击随处可见。

◆ 我不要这样的现代化

法蒂玛是一个典型的阿拉伯现代环境中生长起来的女孩。她在家乡时从未戴过面纱，穿着非常朴素，中学课余时间喜欢读些诸如爱情小说之类的书，在周末偶尔也和家人去看场电影什么的。显然，法蒂玛很难适应正值开放初期的开罗的生活环境。一切看起来都是闹哄哄的：闹市区商店橱窗里来自西方的各种高档商品琳琅满目；尼罗河畔、大剧院里穿着少得不能再少的三点式的"东方舞"舞女摇臀抖肚；随处可见浓妆艳抹、嘴叼烟卷、穿着超短裙或鲜艳的服装在公共汽车里与男人在一起大声说笑的"摩登女郎"；大学里面，许多女学生衣着摩登，生活经验似乎非常丰富，懂得许许多多性、爱、男人以及抽烟、饮酒等方面的知识。法蒂玛对上述种种人和事，既困惑、反感，又忧虑和害怕。法蒂玛从内心深处呐喊，"如果这就是现代化，那我不要这样的现代化！"不久，一件偶然事件使法蒂玛的内心世界发生了巨大变化。

在来到开罗大学的第一个假期，法蒂玛在返回家乡的火车上，遇见了一位从头到脚都遮得严严实实的女人。这是一个在开罗技术学院学物理学的大学四年级学生。她告诉法蒂玛，她在二年级时戴起了面纱，因为她对现在都市里许多女姓的行为感到震惊和气愤。她不赞成人们对伊斯兰传统价值观念的藐视，对女姓竞相以衣着华贵为荣也颇不以为然。她确切地知道，她在大学里的女同学中，许多人家境并不很富裕，但有的人靠向来自阿拉伯产油国的富翁卖淫来支撑她们高消费式的生活开销。因此，为了表示与这些人的区别以及与上述那些违背伊斯兰道德传统的行为划清界线，她决定戴起面纱。自从戴上面纱之后，她的心里更踏实、平静，日常祈祷的次数也更多了，学习更加刻苦、用功。法蒂玛被这位女大学生的经历深深感动了。回到家后，法蒂玛开始反复思考这个问题。她感觉自己豁然开朗，这不正是自己在开罗这几个月生活中的苦恼所在吗？在短暂的假期结束时，法蒂玛毅然告诉自己的家人，她决定戴面纱。法蒂玛的决定使全家人非常吃惊，哥哥弟弟们强烈反对，父母亲也不赞成。哥哥认为，戴面纱的样子太古怪了，会被邻居和朋友们耻笑。但是，法蒂玛的决心非常坚决，她告诉家人现在大学里女生戴面纱已不是稀罕事，并给他们讲了在回家的火车上那位女大学生给她讲的一切。最后，法蒂玛斩钉截铁地说，她绝不愿人们把她看作是一个作风轻浮的女人。于是，法蒂玛戴着面纱返回开罗大学，并将自己所有的时髦衣服寄回了家。

非常明显，法蒂玛并不是一个"怪物"，和许许多多戴着面纱的阿拉伯知识女性一样，她们对现代化和阿拉伯传统有着非常理性的认识。她明确表示，她毫无保留地接受现代化含义中的科学、技术等部分，并愿意献身于自己的专业——医学事业，但她抛弃西方其余的影响，坚守阿拉伯遗产和伊斯兰传统。

开罗死人城见闻

埃及是阿拉伯世界人口最多的国家，而且其国土面积的96%是不毛之地——沙漠，七千万人口居住在占国土总面积不到4%的地域内。多少年来，埃及耕地发展非常有限，但人口增长却属世界最高之列。据统计，20世纪以来埃及可耕地仅仅增加20%，而人口增长则高达五倍之多。因此，上世纪六七十年代大批无地农民离开穷乡僻壤进入城市，主要是首都开罗，致使首都人口急剧增加。20世纪末时，开罗市的人口已超过1 500万，占埃及总人口的四分之一强，也就是说每四个埃及人里就有一个住在开罗。

◆ 活人与死人同住

去过开罗的人大都知道这里有一个"活人与死人同住"的死人城。死人城位于开罗东郊，早年这里是城里人埋葬死人的地方。按照传统，城里的富人们多在这里建有自家的墓地。墓地都是一样的格式，即四四方方的院子，周围有院墙，院子最里边三分之一是墓葬所在。墓葬圈在地下，有台阶可以下去，上面是比地面高出约一米的平地，用水泥铺地面以防渗水。平时墓葬铁门紧锁，遇有本家庭或家族死了人时，众亲属方打开铁门进入墓葬，收起旧的尸骨，安放新的尸体。院子中间三分之一是空地，种些树木花草之类，路当中有砖铺的路面与墓葬部分相连。院子最靠外边的三分之一则是地面建筑，除门楼外一排三间房屋。过去，这些地面建筑是不住人的，主要是装饰以及埋葬死人时主家人来活动时用用。当然，也有小一些的墓地，只有院门和院墙，没有地上建筑。

大多数发展中国家在其经济发展过程中都经历过一个急速城市化过程，即乡村农民蜂拥进入城市。在许多发展中国家的首都或大城市的边缘都存在着大大小小的贫民窟，里边生活着从农村涌入城市寻找工作和生计的贫民。埃及也不例外。所不同的只是，埃及首都开罗的死人城代替了其它发展中国家大都市边缘的贫民窟。最初来到大开罗的埃及农民（多是来自上埃及——即埃及南部地区的穷苦乡民）为寻求安身之地，找老乡、攀亲戚，在征得那些富有的、在死人城内有墓地的远亲的同意后，以守墓人的身份开始在死人城中安下身来。之后，这些最初的守墓人在乡下的亲朋好友便开始纷纷投奔他们而来，在他们的介绍下，又找到了许许多多的主家，于是开罗死人城内的居民越来越多，并开始出现生气。如今，开罗死人城已俨然是首都大开罗东城的一个城区，方圆几十里，人口恐怕也得有几十万。区内街道纵横，有商店、有邮局，也有警察局的派出所，公共交通车辆穿城而过。如果不联想到家家户户院子里的地下墓葬，人们很难将这里与死人挂在一起。

◆ 藏污纳垢之地

开罗死人城的居民非常复杂，这里的居民绝非像人们想象的那样都是城市赤贫之民，两极分化在这里同样严重存在。死人城中的墓葬多是早年一些颇有业绩的大户人家留下的，经过多年的人世沧桑，这些大户人家的后代或因家道中落本身也沦为平民，或流落在外、客死他乡，因此许多墓葬或者早已成为无主之地，或者墓葬的主家早已成为平民干脆举家搬进来居住，或者主家将墓宅园地出租、出卖。后来，由于开罗市内变得越来越拥挤，许多有钱人开始打起死人城的主意。他们改造死人城的房屋，在原来的地基上盖起了自己的小洋楼房。更有一些投资者干脆买下了这里整块整块的地皮，盖起了一幢幢高大的楼房出租给需求众多的房客。死人城一直在加速居民区化的步伐。

在埃及开罗，你可以很轻易地听到"死人城是藏污纳垢之地"的说法，当地的报纸上也常常有不法分子藏匿于此的报道。最让当局头痛的是，宗教极端分子早已将这里作为其反政府活动的基本据点之一。死人城里的居民绝大多数是在农村失掉土地或无地可种而来都市闯生活的移民。这些移民往往根据其原籍的地理区域或家族属性形成一个个移民群体，各个移民群体都有自己一定的体系并保持有较大的凝聚力，外来者一般很难打入其中，而警察更少光顾这些地区，也不愿多过问这些移民的事情。因此，这种特殊的环境不仅使走私、贩毒、卖淫、嫖娼等不法活动滋生和蔓延，也使极端势力乘虚而入将之变为自己活动的据点和堡垒。极端分子利用这里进行的反政府活动越来越猖獗，以至于政府不得不频频对死人城进行大规模的搜捕，一次行动就需要调集 2 000 名警察，前后封锁死人城达两周之久。

◆ 一夫多妻的司机

不过，死人城对游客来讲还是非常安全的，至少对来自东方的中国人来讲是如此。这里的居民具有典型的阿拉伯人的特点，热情、善良而且非常好客。普通的穷人很乐意打开家门让你进行参观，非常自然，没有丝毫难为情。富有一些的人会热情地给你搬出一把椅子，叫一杯饮料与你聊天，并不厌其烦地回答你的问题。死人城内很少有水泥路面，汽车过后尘土飞扬，但在街道上你却可以见到奔驰等世界名牌轿车，身着笔挺西装、脚穿崭新皮鞋的人也常常出现。

乌萨马是一位司机，在死人城中租住着两间房子，房子前边是一片高低不平的空地，他的奔驰牌载重卡车就停放在这里。乌萨马目不识丁，受雇于一家运输公司，载重卡车是公司的财产，乌萨马既开车也负责修车和保养。乌萨马的车根据公司的需要哪里都去，据说曾往返过约旦。乌萨马来自上埃及，来开罗开车谋生已经40多年，平均每月收入600～700埃镑（约200美元）。乌萨马有一个助手叫达乌德，35岁，是乌萨马的亲戚，与乌萨马一样也是大字不识，1996年从乌萨马的家乡来到这里给乌萨马当助手。一边糊口（乌萨马不需付工资），一边跟乌萨马学开车及修车技术。达乌德长得乖巧伶俐，人也很勤快，每天跟着师傅跑前跑后地伺候服务，指望着学几年技术将来也像师傅那样单干。达乌德非常尊敬甚至崇拜他的师傅。乌萨马在其上埃及的家乡有两个妻子、十三个儿女。由于开罗生活费用昂贵，乌萨马从未接他的妻子们来过首都。每年，乌萨马总要抽空回老家几次，其中包括跑车路过家乡。凭着自己在开罗的收入，乌萨马使自己的妻子儿女们在家乡过着还算不错的生活。他按照《古兰经》平等对待自己的两个妻子，两个妻子也还能和睦相处。达乌德每每提到师傅有两个老婆都要露出羡慕的神情，他会情不自禁地对你说，"师傅有两个哈比比（意即亲爱的），想去找哪个就去找哪个。"

◆ 街头卖报人法里德

法里德先生63岁左右，出生于埃及南部的穷乡僻壤。40多年前，法里德先生离开家乡，独自一人来到首都开罗闯生活。初来开罗时，法里德先生在死人城里租了一间房子，并开始其漫长的街头卖报生涯。法里德的报摊设在市中心离开罗美国大学不远的富人区——花园城的一个小小十字路口处。在两家临街店铺之间、一块高大的形似邮筒的灯箱广告下，法里德每天在地下铺上胶合板、硬纸板等，展卖多达一百多种杂志和报纸，一卖就是40多年。

法里德的街头卖报营生很辛苦，但也生活得很充实。由于从住的地方到报摊所在地骑车须花近一个小时，因此每天早晨法里德天不亮就得起床，6：30前准时赶到自己的售报点，铺好硬纸板等，等待邮局或发行公司专门送报给各零售报摊的小货车的到来。开罗的多数邮局并不办理报刊的订阅工作，居民们要订阅报刊通常由就近的街头报摊代理。7时左右，附近楼房中的几百个看门人纷纷来到法里德的报摊为他们各自的房主房客取报，一时间吵吵嚷嚷、拥挤不堪。这是一天中法里德最忙的时刻，对长期订户他须按其所订分发报刊、并不停地在订户表上做只有他自己才能看懂的记号；如果是零买者，他又要忙着算账找零钱。法里德的报摊日常备有很多简易的小小火柴包，每当缺少硬币找零时，他就用这些火柴代替。每天早晨最忙乱时，法里德都要被搞出一身汗来，但他对自己工作很少出错颇感自豪。

尽管法里德用自己的辛苦挣一些小钱，但他已感到非常满足。用他自己的话说，他经营的是"没有任何风险"的生意。每天卖剩下的报纸只要按时交回邮局或发行公司，就可取回预付的押金，分文不少。在他经营的近百种报纸杂志中，有美国出版的《新闻周刊》和《时代》周刊，有英国出版的《中东报》以及其它一些中东国家的阿文报刊，但更多的是埃及自己的出版物，其中最多的是《金字塔报》。埃及《金字塔报》的零售价每份为40个皮亚斯特（约合12美分），邮局或报纸发行公司要收回37皮亚斯特，因此法里德每卖出一份《金字塔报》只能赚3个皮亚斯特。进口的报刊能赚取更大的差价，但售价高，销售量很少。据法里德讲，他的收入主要来自销售《金字塔报》，最好时能卖出几百份，加上其它报刊的销售，他最多时一天可收入20多埃镑（3.3埃镑约合1美元），少时也有10几个埃镑。在埃及，街头卖报几乎可说是一年365天、天天都有的生意，因为开罗很少有下雨的时候，偶尔有雨时也是很快就雨过天晴，因此法里德天天总是准时出现在他的报摊上，遇上下雨就用事先准备好的塑料布将报摊盖起来。实际上，法里德卖报也并非没有一点风险，几年前由于妻子生育难产，法里德不得不中途收起报摊，但又不能按时送回发行公司，结果当天没有卖出去的报纸全"砸"在了自己的手里，着实赔了小小的一笔。

早年，法里德在开罗卖报站住脚后，回家乡娶了现在的妻子，并将她也接到开罗来住。现在，法里德一家在开罗死人城中租住着一个院子，当时的房租每月50埃镑，那时候压力也不算很大。法里德和妻子共有四男三女七个孩子，一家人的生计主要依靠他的报摊收入。虽然日子过得比较紧张，但法里德夫妻感情很好，遇到法里德生意繁忙时，他的妻子会整日守在报摊上，他的几个儿子在上学空闲时也会来帮父母亲。法里德家常备有几辆重型自行车，这就是他们的主要运输工具。每天日落时，法里德收起他的报摊，将铺在地上的胶合板和硬纸板等折叠起来，存放在附近的墙壁缝隙中以备第二天使用，然后骑上自己的重型自行车，带着卖剩下的报纸杂志，转眼间就消失在闹市区熙熙攘攘的人流之中。

◆ 楼房看门人哈迪德

楼房看门人是开罗市内一个颇具特色的"职业"，也是埃及典型的现代城市贫民。在开罗市内大大小小的住宅楼、特别是那些专门供出租给房客住的楼房中，绝大多数都有一个看门人。住宅楼的外表虽各具特色，但里面多是一样的格局。走进楼门，正对着的是只能容纳两三个人的小电梯，电梯的正面装有确保安全的铁栅门，其它三面则完全暴露在外面。电梯的一侧是环绕电梯盘旋而上供步行的楼梯，另一侧则是一个狭窄的小房间（大约四平方米），每座楼房的看门人就住在这里。看门人的工作主要是看门和服务，为房主和房客送信送报、打扫卫生、开关电梯等等，雇主一般并不发给固定的工资，其收入主要靠众房客们每月付给的"份子钱"（一般每月3～5镑不等，遇有外国房客则为10～15镑）及平时随意付给的小费。当自己所看管的楼房出现空闲房间时，如能及时将之租出去，看门人即可从房主那里得到几十个埃镑的赏钱，对每一个看门人来说这都是一笔可观的收入。机灵一点的看门人手头往往掌握着附近一大片地区之内各楼房房间空置的情况。一旦有需要租住房间的房客找上门来，他会不厌其烦地领你到各处看房,跑上跑下与各家房主联系,直到你找到满意的房间为止。如果最后还是没能成交,前来看房间的租房者一般都会付给看门人一两镑小费以示感谢,但一旦成交看门人就会从房主那里获得一定比例的提成。

哈迪德是街头卖报人法里德的舅舅,经法里德的引荐从埃及南部乡村来到开罗,在著名的富人区"花园城"当上楼房看门人。哈迪德身材矮小,老实巴交,至今仍是一个"光棍"。尽管来开罗数年,但仍是一副埃及典型的乡下人样子。在房客们的眼里,哈迪德每天只有两件事:祈祷和晒太阳。哈迪德虔诚极了,每天天不亮就起来做晨祷了,一天五次礼拜绝无间断。房客们日常上下楼最常见到的这位看门人的姿势就是他跪在一张硬纸片上做祈祷。太阳出来时,哈迪德会搬一把椅子坐在楼门口晒太阳,往往一坐就是一上午,动也不动一下。他一贫如洗,连铺盖都没有一床,晚上盖在身上的还是一位中国房客走时留给他的一条毛毯,但哈迪德安贫乐命,吃了上顿不愁下顿,他最爱说的一句话是,"真主会为我安排的。"哈迪德平时虽面无表情,但心地非常善良,总是默默地为房客们做事,特别是对中国人尤其友好,每当中国人进出楼时,他总会在身后发出"呃、呃"的叫声以示欢迎。

世风日下

众所周知,阿拉伯世界民风纯朴,社会治安一般都比较好,许多国家可以说是夜不闭户、路不拾遗。在也门生活时,曾偶尔看到有些人没有了右手或者左手,也门朋友悄悄告诉我,那是拿了不该拿的东西的结果。在也门首都萨那的老城——"也门之门"的正门前,立有一根约4米高的柱子,上面有时会悬挂着一只血淋淋的手,这是也门人按照伊斯兰教规惩罚偷窃者的措施。当然,这根柱子早年是很难得用一次的。但是,随着石油美元泛滥、西方文化不断影响、城市化加速发展、大量农村劳动力涌向城市涌向国外等等,阿拉伯世界的风气开始发生变化,阿拉伯各国的偷盗、甚至抢劫、杀人事件均有明显上升,诸如也门"耻辱之柱"等行刑场所的使用频率也随之提高。

一般来说，在阿拉伯国家中治安状况最好的要数海湾国家，稍差的则是经济情况不太好的国家如也门等。在埃及的开罗偶尔也会听到某某人被偷了的消息，但是埃及处理这类事情的方式与实行伊斯兰法的国家有所不同，它往往是把偷盗者投入监狱，而不是按照伊斯兰教的规定砍去偷盗者的手。有一段时间，由于经济不景气，埃及的报纸曾惊呼监狱已经人满为患，但在政府加强有关措施后，现在情况已经开始好转，当然不可能从根本上解决问题。

◆ 清真寺门前的高档皮鞋哪里去了

无论你富可敌国、拥有百万家财，或者一贫如洗、口袋里没有分文，但你在真主面前是一律平等的。这在阿拉伯国家的任何一座清真寺门前都可以得到验证。七十年代前，每当礼拜时间，举世闻名的开罗艾资哈尔清真寺门前鞋子成片（清真寺乃圣洁之地，穆斯林做礼拜不能穿着鞋子入内），虽似显杂乱但实为有序，蔚为壮观。在这无数双鞋子中，你可以看到有用上等皮革经精心加工制作而成的靴子，但更多的可能是贫民穿的帮破底漏的普通皮鞋。但是，现在访问开罗的人稍微留心即可发现，虽然从清真寺中走出来的人仍旧是形形色色、贫富相间，但在清真寺门前的成片鞋子中，高档一些的靴子或皮鞋却很少再能见到了。这是为什么呢？向当地的人一请教，才明白了个中原委。原来，七十年代末后，清真寺门前每每发生丢失鞋子的事，所丢失的鞋子当然都是富人穿的高档皮鞋，结果一些体面的人在清真寺内做完礼拜之后找不到自己的鞋子，非常尴尬。于是，他们在下次再来清真寺做礼拜时，便穿一双普通的鞋子，或者便将鞋子在门口脱下，然后拿在手里进入清真寺，在做祈祷时放在自己的身边。随着这样的事情越来越多，许多清真寺干脆在寺内专门配备了许多供人们存放鞋子的柜子。

◆ 加强管理

在阿联酋工作时，也门人阿里原来是我们楼的卫生管理员，工作很勤奋，每日不停地洗洗刷刷，大家对他的印象很好，准备给他加工资。谁知有一天，他突然向我们提出辞职，大家觉得很奇怪，但他去意已决，大家也就没再说什么。

大约过了一个月的时间，我正在房间里整理材料，听到有人敲门，开门一看原来是阿里。他依然憨憨地笑着，说很想念我，所以来看我。给他冲了一杯茶，问他现在做什么工作，忙不忙等。阿里告诉我他在清真寺里负责管理去礼拜的人的鞋子，待遇挺好，一周时间里只有礼拜五忙一些，其余时间都很轻松。

在清真寺管理鞋子可是个新鲜的职业。在我的印象里，人们到清真寺做礼拜时，一般总是把鞋子随便地放在清真寺或礼拜厅的外面，这是千百年来的约定俗成，根本不需要有人专门管理呀！在礼拜五人们去礼拜时，清真寺门前一片片的鞋子，从高级的皮鞋到只剩半截的拖鞋，各式各样都有，非常壮观。怎么现在冒出一个鞋子管理员？

阿里解释说，现在有些人不像话，做礼拜本来是件很好的事情，大家都是兄弟，从不同的地方来到清真寺里做礼拜，谁知道有些人出来之后，有意不穿自己的破鞋子，却把别人的好鞋子穿走了，搞得大家很不愉快。于是清真寺希望大家把自己的鞋子保管好，有的人就把鞋子带进了礼拜堂，显得很不卫生也不严肃。为了解决这个问题，清真寺请阿里帮忙，在清真寺的院子里专门设了一个用于存放鞋子的大架子，谁来存鞋就给他一个小牌，到时凭牌领鞋，这样既干净，又方便，受到了大家的欢迎和赞扬。据阿里说，他现在已经是"领班"了，每天带着几个人一起干，并统一由清真寺发工资，挣的钱当然比当清洁工人多了。仅这个月，他就给家里多汇了 60 美元。

阿里是个非常勤快的小伙子。在工作之余，他还学习修补鞋子的技术，并备齐了修鞋的工具，每天他利用客人们做礼拜的时间，把他们需要修理的鞋子细心地修补好。一般来说，客人们总会适当付一些钱的，这样他既增加收入，又方便别人。

听着阿里不停地唠叨他的故事，我颇有些感慨，真是任何事情都有它的两面性。本来，清真寺丢鞋是件令人沮丧的事，但是正因为有这样不好的事，才引出阿里的这份新工作。让人说什么好呢，我祝阿里工作顺利。

阿拉伯人与骆驼

人们一提到阿拉伯人，很自然地会想到骆驼。的确，对于从大沙漠中走出来的阿拉伯民族来说，"沙漠之舟"骆驼确实是功不可没。千百年来，骆驼和普通阿拉伯人的生活息息相关：它普遍被用来作为骑乘和驮货的交通工具；骆驼可在沙漠中探测水源，据说只要风向不偏，凭骆驼的鼻子，一般可以嗅到相隔6公里之外人类根本无法探知的水源；骆驼还能在狂飙或盗贼来临时，向人们预报警讯；每当沙漠风暴来临，人们又可用骆驼作为阻挡风沙的屏障，而在烈日当空身心俱疲之际，人们则在骆驼的阴影下憩息。总之，无数世纪以来，骆驼默默地对沙漠地区的开发做出了贡献，在阿拉伯文明史上写下了光辉的一页。

◆ "天然盟友"

在干旱的沙漠地区，阿拉伯人与骆驼相依为命。北非、西亚的沙漠地区是骆驼的故乡，据说骆驼的驯养最早始于古代埃及，迄今至少已有5 000多年的历史。实际上，对沙漠地区的阿拉伯人而言，与其说是他们养骆驼，倒不如说是"骆驼养他们"更为恰当。长期以来，对于生活在沙漠地带的阿拉伯人来说，骆驼意味着很多很多：它既是一口活的水井、一面阻挡风沙的墙、一辆不需加油又不会深陷沉沙的载重车，也是游牧民的防盗器、气象预报员和主要的家当。骆驼供养游牧民的日常生活，在北非撒哈拉大沙漠中生活的阿拉伯贝都因人，常常在灼热的骄阳下到远离帐篷10多公里外的地方单独照料骆驼群，随身既不带水，也不带任何食物，以漫不经心的态度，一呆就是好几天，所凭借的就是骆驼奶。骆驼奶浓于牛奶，虽略带咸味，但含有丰富的维他命C。时至今日，贝都因人仍以骆驼奶款待在沙漠中旅行的人，有的还将骆驼奶发酵酿成"奶酒"待客。每只雌骆驼每天至少要产1至10夸脱的鲜驼奶，即使在没有任何其它食物的情况下，这也足够一两个人维持生命，而一只雌骆驼在驼仔出生后可连续供奶 3 年以上。

一般来说，一只骆驼在其一生之中，至少可为主人工作 30 多年。而且，骆驼浑身上下都是宝：骆驼肉可以吃，在部分北非阿拉伯国家，市场上的骆驼肉要多过牛肉；骆驼身上还有多处可以作为治病的良药，据《阿拉伯医学大辞典》载，驼峰内的脂肪治疗赤痢特效，骆驼的骨髓可治疗白喉，晒干的驼脑则能治癫痫；骆驼每年脱毛一次，脱下来的茸毛可用来织毛衣、编绳子、编壁毡或地毯等；骆驼皮则可用来缝制衣服、皮带、吊带、水袋以及帐篷等等。即使是骆驼的粪便，还可作为沙漠中的上等燃料。

骆驼怀孕期为一年，小骆驼出生后的一年内大部分时间得依赖母亲，直到 4、5 岁时才能接受训练并开始工作。通常骆驼的寿命是 40 年，雌骆驼每 3 年产一胎，每胎一只，终其一生约可产 12 只小骆驼。在阿拉伯游牧民中，骆驼从来都是财富的标志。在他们眼中，如果谁拥有几十只骆驼，那绝对就是"百万富翁"了。当然，随着社会的发展和现代化影响的深入，骆驼在阿拉伯人心目中的地位已越来越不能同过去相比，即使是对阿拉伯游牧民来说，骆驼的重要性也大大下降了。尽管如此，今天世界上的骆驼仍为数可观，据估计，主要在北非、西亚沙漠地带生活的骆驼数量高达 2 500 万只。它们或为沙漠地区的居民辛勤劳作，或被饲养作为人们的肉食来源，有的良种驼还被用作赛驼。

◆ **骆驼家族及其起源**

在浩瀚无际的撒哈拉大沙漠，往往首先映入人们眼帘的便是那些缓慢移动的骆驼群。它们一副饥肠辘辘的样子，不时在稀疏低矮的荆棘树丛中停留，用其坚韧而又有弹性的嘴，咬断荆棘，填补空胃。骆驼是在这种几乎一无所有的环境下，能够始终保持开朗豁达的"姿态"，怡然自得生存下来的沙漠动物之一。

长久以来，骆驼一直引起科学家们强烈的好奇心和浓厚的研究兴趣。据考古学家及生物学家研究发现，地球上早在 4 000 万年前已经有骆驼科动物了。最初这种骆驼科动物生活在北美洲的沙漠中，但只有猫一般大。

大约在100万年前，骆驼祖先们的身体开始逐渐变大，并经由白令海峡迁徙到了亚洲，然后又向全球各地扩散。骆驼家族共有六大分支：那些仅有一座"肉山"、身材高大、善于疾行并能适应酷热气候的单峰骆驼，经长途跋涉后来到西亚阿拉伯半岛和北非撒哈拉大沙漠（巴基斯坦、阿富汗和印度西北的炎热沙漠地带也有分布），并在这里繁衍，传宗接代；而长有两座"肉山"、身体庞大丰硕、皮毛较厚、能适应严寒气候的双峰骆驼，则迁徙到了亚洲西北部、中亚细亚、蒙古、伊朗及中国的西北一带。骆驼家族的其它分支——骆马、驼羊、驼马和原驼则留在了原地，直到今天仍散布在美洲安第斯山山麓和美国南部，并已被驯养成为家畜。

◆ **大自然的巧妙安排**

人们常说，上帝造物巧夺天工，如果真是这样，那骆驼就应是按照沙漠地带大自然的特殊环境——土壤、气候等而巧妙设计出来的，也是"上帝对沙漠地带居民的一种恩赐"。

骆驼不愧是沙漠动物。在充满神秘和变数的大沙漠中，漫漫黄沙纵横千里，骄阳似火，水源奇缺，寸草不生，气候则乍寒乍热，常常会在刹那之间暴风骤起，天地由宁静沉寂一变而为飞沙走石。人类置身其境，不免战战兢兢，而骆驼遨游其间，却坦坦荡荡，自得其所。骆驼所以能在大沙漠极端恶劣的环境中应付自如并不是偶然的。从解剖学的观点来看，骆驼生理上每一部分的结构都十分精巧微妙，使之能充分适应沙漠地带任何恶劣的生态环境。骑骆驼或用骆驼驮货穿越沙漠，人们几乎无须准备任何饲料，因此骆驼完全可以随遇而安，就地取"材"为食。

骆驼有高强的觅食本能。嘴唇坚韧如橡胶，且绝不挑食，"有啥吃啥"。沙漠中只要能充饥的素材，它样样都吃：沙漠中的仙人掌等有刺植物、烈日炙焦的干草、干树叶、枯树枝、干树皮、已凋谢并变得锋利无比可刺穿皮靴的沙漠荆棘，甚至草绳、麻绳、尼龙绳等等，一律"照单全收"，囊括无遗。人们偶尔给骆驼喂些杂草、坚果壳核以及粮食类的东西，它会视为佳肴而狼吞虎咽，如果能给它吃些鲜洋葱和紫菜、草苜蓿等，那对它来说就绝对是难得的享受了。每当这时，它的口里必然会发出低沉而欣悦的咯咯声。骆驼是反刍动物，在行走途中，它会把粗粗咀嚼后咽下去的食物再返回到嘴里反复细细咀嚼，并不断发出吞咽唾沫的汩汩的声音。

骆驼能适应沙漠环境，最主要的原因是它能用自己的特殊生理结构维持其所必需的最低水分。骆驼的胃分为三个部分，前两部分附有众多"水囊"，天生有"贮水防旱"的功能，背上的"肉峰"则能够积蓄脂肪，当体内的水分不济时，由"水囊"与"肉峰"交互供应身体之需。骆驼的胃壁上有许多细管，可吸收总量达35加仑的水。其实，和其它所有动物一样，骆驼所喝的每一滴水，也都渗入体内各部分组织，其所以能贮存水分，主要归功于它那特殊的生理结构，因为骆驼喝的水都能点滴在身，充分利用来供身体所需。骆驼体内还有节约水分的生理系统。一般动物从肺里呼出的气体中都带有水蒸气，随着呼吸而丧失在体外，据说动物体内的水分外泄，约有88%是经由呼吸系统造成的。但骆驼却不同，它有长长的呼吸管道——鼻腔中的漩涡式纹路和特殊的鼻腔粘膜，当潮湿温热气体从肺部出来经过此通道时，粘膜就会自动去除其中的水分和热气。因此，每当骆驼口渴或开始脱水和失重时，它所呼出的气体就会越来越干，越来越凉，有时甚至能低于体温10多度。另一方面，对于吸进去的空气，骆驼的鼻腔粘膜也会再加滋润，将吸入空气中的水分也加以吸收，如此周而复始，以最大限度吸收水分，最小程度损失水分。

此外，骆驼的"肉峰"贮存着相当于骆驼自身体重五分之一的的脂肪，并可以完全将之作为储备，平时不需消耗，在找不到食物充饥时，即可用来补充身体内所消耗的能量。当骆驼身体强壮、精力充沛时，"肉峰"丰满、坚实、挺直，而当长期饥饿时，"肉峰"便萎缩，躯体也会逐渐消瘦。骆驼的毛皮类似于绝缘体，可将体外的热反射回去，而骆驼体内的热量又很容易从身体各部位的皮肤毛孔发散，使出汗大量减少，这使骆驼即使在体温达到摄氏45度以上时也不会出现脱水的现象。最后，骆驼的排尿量少得出奇。一般动物，若排尿不多，便会因尿素不能排出体外而中毒，而骆驼却可经由肝脏将大部分尿素再循环，从中制造出新的蛋白质，补充其生理所需。

在骆驼家族中，生活在阿拉伯地域内的单峰骆驼尤其耐旱。单峰骆驼

第一部分　传统与现代化的撞击——阿拉伯人生活方式的变迁

很少喝水，即使在最酷热的沙漠，每3至4天才喝一次水，而平均每喝一次水则可走400公里或更长的路。假如是在烈日下长途跋涉，骆驼可以一口气在10分钟之内喝下100公升水，但即使滴水不沾，它也能连续数天、一个星期甚至一个月，持续在炙热的沙漠中生存。如果工作不太劳累，单峰骆驼只靠食物中的水分，不需专门喝水，也能持续存活达10个月之久。骆驼跑短途虽不比马快，但跑长途则要比马优越得多，其所能负荷的重量更远比马或牛大。骆驼那厚厚的毛皮和宽厚而坚韧的皮质脚垫，使它擅作长途跋涉。一般的骆驼，可在负荷600至800磅货物的情况下，四平八稳地在湿漉的泥土或松软的沙地日行40至60公里，一刻不停地连续走3天。如用于拖曳，它可胜过大象，拖半吨重的物体，在短距离内来去自如。

◆ **双重性格**

骆驼外表笨拙、嘴唇粗厚，身高2米、长3米、体重450至500公斤，颈子的长度仅次于长颈鹿，四条腿瘦小细长，而脚掌却像喇叭般散开，大得与腿不相称，两个光滑肉趾与脚掌皮连在一起，走起路来怪模怪样。骆驼表情冷漠，举动迟缓，意气消沉，郁郁寡欢，连眼神也显得忧伤。

骆驼具有双重性格：既野蛮、又温驯，既顽强、又脆弱，既任性、又特能忍耐。当你面对它时，使人最难忍受的是它所喷出的气味，腥、酸、且臭。骆驼有其它同类动物所没有的怪癖。它除了在步行时默不作声外，其余几乎任何时候都不安静，或不停喷气，或尖叫、狂吼、咆哮，或无病呻吟，它在恼怒时发出的吼声，3公里以外都可听到。骆驼生性刁蛮，暴躁易怒，容易受惊，常常会无缘无故地骤然对人攻击，掀起巨足，前后乱踢。会驯骆驼的人，在牵骆驼时特别注意轻重适宜，因为用力过猛将骆驼弄痛，可能会引起它凶性大发。骆驼的记性极佳，凡对它凶狠或虐待过它的人，它都会牢记在心，而且不论时隔多久，只要再让它看到，那绝对不会放过你，即使你仓皇逃跑，它也会穷追不舍，直到将"仇人"撞倒并用全身重量压住，方才罢休。

当然，另一方面，骆驼也通人性，只要在训练时注意表现善意，友好相待，平日多关心、照料它，那当你骑它时，它便会顺从地伏身，安稳地踱步，不太理会背上的负荷，半闭着眼，没头没脑地向前。

发情期的骆驼是最难照料的。一般而言，雌骆驼并非每年都发情，即使发情，发情期也仅4至5天，而雄骆驼就不然了，不仅每年发一次情，而且每次发情期长达3至4个月。在发情期间，骆驼往往会变得十分暴躁，眼睛冒火。口流白沫。见人便咬。一不小心，人的肩膀、手臂、膝盖、肚皮，都会被它咬伤。

尽管如此，阿拉伯人似乎从骆驼那里学会了包容，绝大多数骆驼的阿拉伯主人，都能对它们爱护备至，并充分体谅和尊重它们的特殊习性。

◆ 驼铃声中悲与喜

欧美人爱赛马，阿拉伯人喜欢赛骆驼。骆驼的外形笨拙迟钝，但它奔跑起来的速度并不亚于骏马，特别是在沙漠地区，其最高时速可以达到60多公里。

在阿拉伯世界，赛骆驼是一项惊险、刺激的体育竞技活动，但与西方国家的赛马不同，阿拉伯国家不允许以此来作为赌博的形式。当然，在实践当中，阿拉伯人赛骆驼仍然是非常注重输赢的，而且赢的一方常常会得到一定数目的骆驼作为报偿，赢家所得的骆驼如按市场价格折算的话，少则有十万八万，多的更超过百万美元。

在海湾国家，特别是阿拉伯联合酋长国，赛骆驼最为流行，仅公开营业的骆驼竞技场所就有10多个，再加上没有向政府登记的地下竞技场，数目估计会超过50个。每逢周末或假日，阿联酋的豪门贵族、平民百姓常常全家倾巢而出，流连在滚滚尘土的沙漠中，追踪着自己参赛的骆驼，祈求它在角逐中获胜。同时，在喜庆的婚礼上也常举行骆驼比赛，以给婚礼增添欢乐。一队队披红挂彩的骆驼在悠扬的驼铃声中从四面八方集合而来，几十甚至上百只骆驼一字排开，等待着开赛的信号枪响。而当信号枪的蓝色烟雾还没来得及消散时，赛手们与骆驼早已如同飞箭，驰骋在平坦的沙漠中了。顿时，沙漠上尘土四起，身披彩绸的骆驼犹如翱翔在黄色海洋中的花舟，在沙海中疾速穿行。

在沙漠中赛骆驼确实很刺激，但也是充满危险的项目。因为，骆驼高

第一部分　传统与现代化的撞击——阿拉伯人生活方式的变迁 | 35

大的躯体在奔跑时大幅度颠簸，它的两条左腿和两条右腿分别同步着地，此起彼落左右摇摆，赛手们若掌握不好平衡随时都会有生命危险。在石油资源开发之前，赛手们基本上都是本地青年人，他们把参加骆驼比赛的胜利看作是最高的奖赏和荣誉，陶醉在观众的欢呼和少女们脉脉含情的目光里。如今，阿拉伯世界由于石油业的发展，一些国家已经非常富有，阿拉伯人也早已不再是"昨日的吴下阿蒙"，尽管喜欢赛骆驼的程度丝毫未减，但已很少再有阿拉伯人亲自参加比赛、做那玩命般的角逐了。现在参赛的选手多是那些来自异域他乡的外国打工仔，特别是印度人和巴基斯坦人。

实际上，在那些参加骆驼比赛的印度人、巴基斯坦人中，有不少是十几岁的孩子。孩子的平衡性要好于成年人，容易控制飞奔的骆驼。所以，专门饲养用于比赛的骆驼的人，为了在比赛中获胜，常常训练和培养年幼的小骑手骑赛驼（最小的从四五岁就开始参加训练）。他们左手执缰绳，右手持鞭子，骑在驼背上，用狂热尖利的叫喊刺激骆驼，奋勇向前飞奔。这些骑士大都是从印度和巴基斯坦农村买来的苦命孩子，他们的父母也知道赛骆驼的风险，然而为生计所迫，不得不把亲骨肉交给人贩子，希望有一天自己的孩子能最终成为竞技场上的英雄并衣锦还乡。但是，在现实生活中，小骑士们能够荣归故里的是少数，更多的不是摔死，就是摔伤残。

阿拉伯人与阿拉伯马

阿拉伯人对马的爱好和培养源于战争的需要。长距离的、迅速的军事转移需要精良的马匹，阿拉伯人也与阿拉伯马结下了不解之缘。在阿拉伯历史书籍中，关于马匹的记载可谓汗牛充栋。历史上。纯种阿拉伯马匹的驯养和繁殖培育在阿拉伯人的生活中占据了相当重要的地位。阿拉伯历史上曾出现过许多著名的马匹驯养者，他们与阿拉伯文学家、诗人以及地理学家一样，受到当时人们和后人的崇拜和尊敬。

阿拉伯人精通骑术，在伊斯兰教的经典《古兰经》和《圣训》中，在史诗、散文、悬诗、诗歌、故事中，到处可以看到人们对骑手们精湛骑术的赞美。宗教的影响在阿拉伯马的发展史上也留下了不可磨灭的痕迹，相传先知穆罕默德登霄时乘骑的就是一匹白色的阿拉伯良驹。进入现代社会后，阿拉伯纯种马在世界著名的赛马锦标赛上更获得了无数的荣誉。

◆ 阿拉伯纯种马的特征

阿拉伯纯种马和其它马匹相比，有自己的独特之处。很多阿拉伯人善于识别阿拉伯良马，相传哈里发欧麦尔曾经带着一群马到著名的相马大师苏来曼那里，请他鉴别马的品质和血统。苏来曼叫人打来一盆清水放在地上，然后让马群一匹匹地上前饮水，并指出凡是屈膝而饮的便是杂交品种，而不屈膝的就是阿拉伯纯种马。苏来曼的解释是，杂种马的脖颈较短，只有屈膝才能喝到水，而阿拉伯纯种马的脖颈较长，所以不需屈膝。

阿拉伯纯种马的颜色分白、黑、栗和黄色四种。阿拉伯人认为白色象征高贵、典雅，因而阿拉伯白色纯种马最受欢迎；黑色马剽悍、性格暴烈，适合战争中将军们骑用；栗色的马匹深受宫廷女士的喜爱，在王宫里养殖的阿拉伯栗色纯种马主要是公主们的宠物；黄色马则被认为是阿拉伯纯种马中档次最低的，但普通百姓仍以能拥有一匹黄色阿拉伯纯种马而感到自豪。

阿拉伯纯种马在外貌上有一系列特征：头呈圆锥型，额头宽阔，头颈的鬃毛光亮如丝；鼻梁骨深陷，鼻孔宽大，双眼大而有神，黑色的睫毛长可达到10厘米左右，耳朵小而尖并总是朝前耸立；马身平直与马颈成钝角，马背宽大，尾巴高翘远离身体，光滑的皮毛上血管隐约可见。

◆ 贵人与马

阿拉伯人嗜马者甚多，特别是许多贵为国王、王子和大臣的达官贵人，对阿拉伯纯种马的嗜好简直到了如痴如醉的地步。在这些超级"马迷"的娇惯下，马的日常生活，包括如厕等事情都要由专门的侍女负责照顾。更有甚者，一些王公贵族为了不让自己的宠马受委屈，常常不愿让仆人们去碰自己的坐骑，而要亲自侍弄。这正好应验了一句阿拉伯谚语，它说"高贵的人绝对不能慢待父亲、尊贵的客人和自己的坐骑"。阿拉伯人对马的钟情程度由此可见一斑。

第一部分　传统与现代化的撞击——阿拉伯人生活方式的变迁

阿拉伯人对阿拉伯马的热爱竟然被以色列情报机关摩萨德作为了间谍工作的突破口。据报道，上世纪60年代中期，以色列摩萨德向阿拉伯大国埃及派遣了一名精通马术和马匹饲养的间谍。这名以色列间谍在短短几个月内，就凭借自己精通马术和驯马知识的有利条件，与埃及军政和情报机关的首脑及高层官员建立了良好的私人关系。在爱马如痴的高级官员的推荐下，这名以色列间谍竟作为贵宾参观了埃及高度机密的导弹基地和空军基地等单位，轻而易举地获取了对以色列生死攸关的绝密情报。据说，这名以色列间谍获得的情报在以色列赢得第三次中东战争方面起了"关键的作用"。

◆ 赛马场上的阿拉伯王子

在21世纪的今天，阿拉伯马仍然是阿拉伯人普遍津津乐道的话题，阿拉伯人对赛马也始终充满浓厚的兴趣。在许多阿拉伯国家，特别是海湾阿拉伯国家，赛马俱乐部非常普遍。在一些阿拉伯国家的国家级运动会上，赛马项目还常常成为比赛中的焦点，观者如云，欢声雷动。

自古以来，阿拉伯的统治者们就有酷爱阿拉伯纯种马匹的传统。科威特埃米尔贾比尔就是有名的"爱马癖"，而阿联酋迪拜的酋长马科吐姆家族更以驯养阿拉伯名马"享誉全球"。在过去30多年中，赛马活动还迅速成为海湾阿拉伯王子们非常喜爱的一项运动，其中迪拜酋长马科吐姆家族的小马科吐姆、汉姆丹、穆罕默德和阿赫迈德四位王子以及沙特阿拉伯的哈立德·阿卜杜拉亲王还成为世界赛马场上的风云人物。

每年的六七月份都是世界性的赛马季节，在英国和爱尔兰等地都要举行一系列重要的赛马盛会，而几乎在每一次这样的盛会上，人们都可以看到来自阿拉伯的王子的踪迹。迄今为止，身为迪拜国防部长的穆罕默德王子在一系列的世界重要比赛中已多次赢得冠军称号。阿拉伯王子们驯养的阿拉伯纯种马更是在世界赛马场上领尽了风骚。据说，王子们常常派出多达数百匹阿拉伯纯种马参加在英国等地举行的各种国际比赛，赢得不计其数的冠军和数以百万英镑计的奖金。1993年，沙特亲王阿卜杜拉的名为"总司令"的良驹赢得全英最具盛名的赛马会——Derby的冠军。

阿拉伯王子们的成功不是偶然的,他们在驯养和确保阿拉伯赛马的"纯度"等方面投入了大量的、一般人难以想象的钱财和精力。据报道,在过去20多年中,马科吐姆家族已经投入数亿美元用来购买和培育阿拉伯种马,其中1983年穆罕默德和他的兄弟曾一次性以4 300万美元的价格购买了24匹尚未经过训练但品质极佳的阿拉伯种马。

在全球赛马界流传着这样一句话,即在赛马场上"阿拉伯赛马王子们几乎没有办不到的事"。的确,从未有人怀疑过这些王子及其阿拉伯纯种赛马的实力。

阿拉伯人与汽车

◆ 什么都不急 就是开车急

阿拉伯人给人最普遍的印象是不遵守时间。中国人自我调侃效率差是"八点开会九点到,十点误不了听报告",我没有听到过阿拉伯人自我调侃的说法,如果有,那大概应是"春天开会夏天到,秋天误不了听报告"。也难怪,出身于沙漠游牧民族的阿拉伯人,其祖先随季节转换、逐水草而居,因此时间概念对他们来说也就是雨季和旱季之分。后来,阿拉伯人虽然到了城市,并成为定居者,但传统的习惯一时尚难改变过来。

大凡在阿拉伯国家待过的人,都会对阿拉伯人的时间观念有较为深刻的印象。阿拉伯人在处理事务时,往往采取不紧不慢的态度,天大的事情也不会让他们着急起来。阿拉伯人有句口头禅叫"卜克拉"(明天再说)、或"哈姆塞代嘎嘎"(5分钟)。初来乍到的外国人在刚与阿拉伯人打交道时,听到这句口头禅常常会在旁恭候或第二天如约而来,但时间一长就会发现,阿拉伯人今天这样说,明天来了也是这样说,后天来了还这样说。但非常奇怪的是,一惯给人慢腾腾印象的阿拉伯人一旦开起车来却像"疾风、闪电",全然是一副不要命的架势。在有关阿拉法特的文章中,几乎所有的作者都会将这位领袖开车的疯狂劲头作为其一大特点来写,以至许多人都知道这位世界级名人在去会见伊拉克总统的路上,竟因执意超车而差点丧了命。约旦前国王侯赛因开车时也几乎没有时速限制的概念，所谓"车子能跑多快，他就敢开多快"。阿联酋总统扎耶德年轻时，曾夸耀自己从阿布扎比到迪拜近200公里的路途只用了55分钟。当然，他们都是幸运者。但贵为叙利亚"太子"的阿萨德长子巴希尔就不同了，1996年他因驾车超速而丧身山谷，使年迈、体弱的阿萨德总统白发人送黑发人，在痛心疾首之余，不得不重新物色新的接班人。

人们也许认为，阿拉伯的贵人们喜欢开飞车是因为他们可以不受交通规则的限制，但实际上，阿拉伯的普通老百姓几乎个个喜欢开飞车。从埃及开罗国际机场到开罗城内的机场路与其说是一条高等级公路，不如说是一个繁忙的赛车场，路上的车辆几乎总是在齐头并进，你追我赶。在也门，从首都萨那到商业城市塔兹是200多公里的盘山公路，在公路边深深的山谷里，到处是废弃的轿车、卡车，据说都是由于弯急车快、来不及刹车而冲到深谷里的。但同样奇怪的是，这些前车之鉴好像丝毫也没有引起后来人的注意，也门人在这条路上开车时的速度依然故我。许多人都有亲身体会，即在同阿拉伯人道别时，往往再见的话音还没有散尽，他们的汽车已经一溜烟跑出上百米了。

总之，与世界上的其它民族相比，将阿拉伯人称为"飞车一族"是一点也不过分的。当然，同样值得一提的是，阿拉伯人的"车德"也非常之好。一般来说，不论你在哪个阿拉伯国家，如果你的汽车在路边抛锚，开车飞快的阿拉伯人会紧急刹车，并热情地下来帮忙，有时甚至会自告奋勇开车几十公里为困难者提供帮助。如果两辆车相撞，车主大多是先下车看一看，然后互相握手问候，商量解决问题的办法，绝对不会大吵大闹。而解决问题的办法，一般也不外乎是各自开车回家，很少会像我们一样事事都要找交警讨个说法。

◆ **阿拉伯人停车一绝**

到过埃及开罗的人都会对开罗人的停车技术感到吃惊。在开罗市区的马路边、广场上、住宅小区，一辆辆的汽车首尾相接，紧紧地码放在一起，使初来乍到的外地人无不对开罗人停车技术之精湛感到赞叹。显然，要在有限的空间内将那么多的车停放得如此"紧密",实在不是一件容易的事。

　　但是,稍过一段时间,你就会发现这种现象实际上是埃及人玩的一个"小花招"。原来,开罗的小汽车实在是太多了,人们常常不得不为寻找一个合适的停车位而发愁。于是,大家相互体谅,约定俗成,即在停车时,大家都不拉手刹,这样当一个后来者想停车而车位又不太够时,只要用自己的车轻轻地把前面的车顶一顶,就会创造出一个合适的车位来。如果地方还是不够,那可以再用自己的车把后面的车向后碰一碰,这样总能把自己的车挤进去。如此一来,就形成了开罗街头停放的大大小小的车辆首尾相接的奇观。

　　当然,埃及人的停车方法造成的最直接后果就是车辆的残损比较严重。在开罗市区,你所见到的汽车几乎前后都有明显的碰撞和擦伤痕迹,这除了埃及人因开飞车而造成的损坏外,他们独特的"碰撞"停车法也是主要原因之一。好在阿拉伯人对此并不太计较,撞了别人和被别人撞了,都是一句"抹来希"(没关系的意思)。但是如果是刮大风的时候,麻烦可就大了,风力推动汽车满街蠕动,等车主来开车时,汽车可能已跑到离泊位几十米、甚至几百米以外的地方了。

第一部分　传统与现代化的撞击——阿拉伯人生活方式的变迁

第二部分

形形色色的阿拉伯人

"阿拉伯老大"——埃及人

埃及是阿拉伯头号大国，人口占阿拉伯世界总人口约四分之一，即每四个阿拉伯人中就有一个是埃及人。埃及不仅有闻名于世的尼罗河、金字塔、卢克索古老建筑、阿拉曼白色沙滩、阿斯旺宏伟高坝等名胜景点，而且也有颇具特色的人文景观。在阿拉伯世界中，埃及人的平均素质和受教育程度均属于最高之列。埃及人在阿拉伯人中可谓是颇具代表性的一族。

◆ 风度翩翩的埃及教授

埃及是阿拉伯世界的文化中心之一，其悠久的文化可以追溯到7000年以前，即使在伊斯兰教迅速征服西亚、北非地区之后，埃及也以其深厚的文化内涵塑造了有别于其它阿拉伯地区的人文形象和特征。在阿拉伯世界，埃及的文化人因历史和传统的关系，在社会上享有很高的地位和声望，教授这一特殊的职业，在埃及不但没有我们传统概念中"教书匠"的寒酸，相反还成为跻身上流社会的通行证。

注意观察埃及人的衣着打扮，其中真有一些不易发现的规矩。埃及妇女的传统装束是一袭长裙，头顶面纱。《古兰经》规定妇女除去"自然露出"的手足之外，其余身体各部位一概不能示于外人。埃及男子的传统服装则是一件长袍，头戴土耳其圆帽。但是几百年西方文化的深入影响和社会的不断进步，西式服装已经被人们广泛接受，妇女们的着装也比其它阿

第二部分　形形色色的阿拉伯人　45

拉伯国家的妇女相对开放一些。一般来说，埃及人比较注重衣着打扮，在节假日里男人们大都西装革履风度翩翩，爱时髦的女人们就更加倾其所有，向人展现自己的绰约风姿。讲究穿着在埃及是尊重自己也是尊重别人的一种不成文的规矩，作为在埃及社会拥有较高社会地位的教授们，对自己的风度倍加珍惜，自然是很好理解的了。

在埃及的所有大学，包括开罗大学、艾资哈尔大学等，凡是有资格登上讲坛的讲师、副教授、教授，全都身着漂亮的西装，一律衣冠楚楚。即使在烈日当头、酷暑难耐的夏天，教师们也依然西装革履，穿戴整齐。据朋友说，这种传统可能与埃及过去是英国的殖民地有关，很多教授曾经在欧美留学，所以绅士派头在为人师表的知识分子中代代相传。但是这种绅士风度可不是装出来的，而是由较高的经济地位和社会地位塑造出来的。

刚毕业的埃及大学生平均月薪为 100 埃镑（1 埃镑折合人民币 2.8 元左右），普通的技术工人或者职员工资约为 200 埃镑，而讲师月工资可以到 600 埃镑，副教授 1 000 埃镑，教授可到 1 500 埃镑，有的甚至超过 3000 埃镑。除固定收入外，教授还可获得数目可观的奖金、稿费、补贴等额外收入。多数教授还在社会上兼职。因此，教授们一般拥有自己的私人住宅和较高档的私人汽车。大学也为教授们配备装有空调或电风扇的个人专用办公室，办公室外随时有女仆或男仆侍候，教授们只要按一下电铃，红茶、咖啡或者清凉饮料马上就到。至于传递书信、借书买报之类的杂事，也不需要亲自操心，自有别人代劳。

哈桑是埃及千年学府艾资哈尔大学的阿拉伯古典文学教授，在没有同他见面前，我一直把他同国内的古代文学教授的形象联系起来，想象他是一位严谨、刻板、戴深度近视眼镜的学究。但是当他出现在我面前时，其别致的八字胡、讲究的礼帽、同雪白西装相衬托的深红领结和斜插在扣眼中的一小朵紫红玫瑰，俨然一副电影明星的气质。就是这样一个人，等听他讲起尼罗河文明、阿拉伯悬诗、伊斯兰文化等专业问题时，那种旁若无人的劲头和投入，那种隐约可现的民族自豪感和荣耀感，使人不得不为之倾倒。我不禁想到，如果中国的教授们不再提篮买菜、蹬自行车奔波时，他们的风度一定比埃及教授们更加光彩。

埃及历届政府，大都重用知识分子，博士教授在每届内阁中都占大多数。开罗大学师范学院教授海卡尔博士，是著名诗人和文学评论家，在纳赛尔时期就出任过埃及文化部长；曾担任总理的西德基博士和前任联合国秘书长加利博士，都曾在开罗大学长期担任教授。大学教授出任内阁部长，部长卸任后回大学担任教授，这在埃及习以为常。因此，教授在埃及享有崇高的政治、经济和社会地位。教授们的西装革履既是知识水平和文化修养的象征，又是社会地位和经济收入的标志。

◆ 热血的埃及青年学生

青年学生热血沸腾，是世界各国的普遍特点，但是埃及青年学生的政治热情，却有自己独具的特点。在埃及开罗大学的学生城里，每天都有学生发表演讲，有时讲得台上台下一片痛哭流涕。讲演的内容都与政治密切相关，如波黑战争、阿以冲突、阿富汗的塔利班等等。住在这里的学生们全部来自开罗以外的省市乡村，大多家境贫寒，对伊斯兰教特别虔诚，他们每天坚持五次礼拜，有时时间紧张，礼拜的地点就在楼梯口的空地上进行。

在大学学生城内的这些活动，有的是自发的，而更多的则是某些宗教组织策划的，如"伊斯兰集团"、"圣战组织"、"穆斯林兄弟会"等就有许多骨干在学生城内活动，一些充满煽动情绪的演讲就是他们组织的。埃及政府对待学生演讲和示威游行的态度比较宽容，只要不发生打、砸、抢事件，对在学生城或者在校园里举行的和平游行，一概听之任之。但是只要游行队伍冲出校园，到了大街上，警察就要强行制止。学生们好像对政府的脾气摸得很透，绝大多数的政治活动都集中在校园内进行，可是这样就苦了一些教授。当教授们辛苦地赶到教室上课时，偌大的课堂也许只有几个学生，搞得教授们很尴尬。

因为青年学生思想偏激、盲目冲动而引发的示威游行或者政治骚乱，在世界各国屡屡发生，但是埃及学生坚持伊斯兰思想观念，维护阿拉伯民族文化传统，抵制西方人权及价值观念的侵入，却不能不引起人们的深思。

第二部分　形形色色的阿拉伯人

◆ 无所不在的埃及便衣警察

埃及警察特别多，这是到过埃及的人们的共同印象。的确，在开罗的大街、小巷、机关单位的门口，不论站岗、巡逻，还是指挥交通，到处都有警察的身影。开罗大学的男学生城（约有5 000人居住），唯一的一个大门竟然有十几个警察把守。各个大学的大门也都是正规的警察把守，出入须凭各大学颁发的学生证。开罗大学的警察总头目的警衔为埃及最高警衔少将。除了这些穿制服的警察外，给人印象最深的是穿便衣的秘密警察。

有两个例子可以说明埃及秘密警察的厉害与无所不在：

有一个中国学生刚到埃及开罗大学留学，热情的埃及学生向他打听中国的宗教、语言、风俗、习惯、经济、政治等情况，这个学生周围的听众越来越多。正当他谈兴正浓之机，突然有一个学生装束的年轻人要他到办公室走一趟。等到了办公室，才发现面对的不是学校的行政人员，而是一名警察中校和几名警察。在遭受了一阵委婉的审问之后，中校规劝这名学生今后不要在公共场合同聚集的埃及学生聊天，以免惹出事端。

1994年埃及发生了针对西方游客的恐怖事件，由于东方游客较少受到袭击，几名中国人决定"冒险"乘火车到外地游览。整个车厢里只有这几个中国人，当火车停在据说恐怖分子集中的一个车站上时，走进了四个穿农民服装的埃及青年，他们一上车就散开坐在车厢的不同部位。其中一个中国人发现这四个埃及青年的胸部鼓鼓囊囊，好像藏着武器什么的，几个同胞顿时感到像掉进了陷阱，一个个头皮发麻，以为碰到了恐怖分子。火车走了两个小时后，有人推门走进了车厢，一看原来是个警察少校，他进来就同四名埃及青年亲切交谈起来。这下他们才明白，让他们心惊肉跳的"农民"，竟然是少校手下的便衣警察。其中一个中国人斗胆问"农民"衣服里面藏的是什么东西，"农民"掀开衣襟，里面竟然是一支西方枪战片里常见的手提式冲锋枪。

◆ 公务员王国话公务员

根据埃及政府的统计，埃及公务人员占总人口的比例高达35%以上。

也就是说，每3个埃及人当中，就有1个是公务员。有人形容埃及家家都有公务员，这可能也算是埃及的一项世界之最吧。

为什么会造成这种现象呢？原因是贫困。埃及以农业为主却常因尼罗河泛滥而歉收，工业落后、失业率（包括隐性失业）高居世界前几位。埃及政府为了解决如此高的失业率所造成的社会问题，只得广纳失业人民为公务员。而许多公务员根本连办公桌都没有，事实上也不用上班，只等领薪水。

为此，埃及政府不得不支付总预算的47％给这支庞大的公务员队伍，这常常使埃及政府财政紧张，拿不出更多的钱来从事各项建设，从而陷入了一种恶性循环之中。

虽然有世界上最多的公务员，但埃及的行政效率却是世界上最差的国家之一。为什么呢？原来，埃及政府的财政一向就很拮据，国库收入主要依赖侨汇、旅游及苏伊士运河等，在维持国民经济发展的同时又要养活上千万人的公务员大军，自然就不可能保证公务员的高工资了。在埃及公务员每月平均只能领到很少的薪水，多半公务员不得不靠兼职才能维持基本的生活。因此，公务员根本无心上班，办公室和上班时间多成为他们休息的场所和时刻。这样在上班时间养足体力后，下班再到第二职业大干一番。这也算是一大奇事了。

◆ 阿拉伯式的儿童教育

在电视上，人们经常可以看到在以色列所占领的约旦河西岸和加沙地带的巴勒斯坦儿童和青少年，光着脚丫子向以色列军警扔石头，然后在以色列士兵发射的催泪弹的烟雾中捂着鼻子逃窜。实际上，这些孩子只是阿拉伯儿童和青少年中的"不正常一族"，因为他们无家可归或"有家难归"。在大多数阿拉伯国家的城市中，孩子们都能受到良好的现代和传统教育，他们和世界上其它国家的孩子一样调皮、聪明、惹人喜爱，而且阿拉伯式的儿童教育还自有其"特色"。

大饼是阿拉伯人的主食之一。在埃及首都开罗的街头，你到处可以看到卖阿拉伯大饼的铺子和被大人们指使、出来为家中购买大饼而满街跑的孩子们。刚刚出炉的大饼烫得没法拿，这些孩子就把买到的大饼一个个摆在尘土飞扬的路边晾着，一边与小伙伴们玩起各种各样的游戏。直到父母等得不耐烦了出来叫嚷，他们才急急忙忙收起大饼，一溜烟跑回家去。有时，孩子们在一起玩弹子游戏，蹲累了就顺便把买来的大饼摞起来坐在屁股底下，显得非常心安理得，而大人们也很少干涉，成为开罗街头的童趣。

家底殷实的阿拉伯城里人非常重视孩子的教育，但是其重视的方法同我们国内大不一样。一般来说，阿拉伯家长们不太注意孩子考了多少分，也不会拼命请家教往孩子们小小的脑瓜中填充知识，而更多地强调的是一种宽容式教育，并且很重视孩子们的品德。所以，人们在阿拉伯国家很少能看到孩子们背着硕大的书包来回奔波的现象。阿拉伯人对男孩和女孩的教育采取不同的方式，男孩子从小要树立男子汉的形象和气质，女孩子则要文静贤淑。有的虔诚的家庭从小就开始训练孩子背诵《古兰经》，培养他们的宗教意识和信仰。

在阿拉伯国家，也许是由于高温的缘故，孩子们每年的假期都很长，低年级学生的假期有的长达5个多月。在假期里，有的家长会给孩子一些钱，让孩子一个人出外旅游。有一份报纸曾经报道过这样一条消息，一个年仅6岁的阿拉伯男孩在家长安排下只身一人坐飞机到沙特阿拉伯观光。因为空闲时间多，所以阿拉伯小孩的玩具也就特别多，这些玩具大多都是进口的，如变形金刚、遥控汽车等等。中产阶级家庭的孩子有上百件玩具是很平常的事，父母也舍得给孩子在这方面投资，用以启发他们的智力和进行早期教育。

在这样的环境下培养出来的阿拉伯孩子，大多数个性都比较强，好表现，并有较强烈的求知欲望和自学能力。

"阿拉伯乡巴佬"——也门人

也门对于中国人来说是一个遥远、神秘的国度。这个伊斯兰古国在很久以前曾经是阿拉伯半岛的粮仓，但是随着时间的推移，也门人远远地落在了时代的后面，其经济、技术发展水平很低，被赫然列在了世界最贫困国家的名单上。别看也门整体水平不行，但国内贫富差距很大，也有很多一掷千金的阔佬。他们住的是豪华的别墅，开的是名牌汽车，经常到欧洲旅游，好像可以为也门人争回一些面子。但尽管如此，海湾国家的阿拉伯人在谈到也门人时，总是爱用"土老帽儿"这个词，言语中有一股很不屑的神气。这是不是因为也门是个传统的农业国呢？答案不得而知。

◆ **用飞机撒钱的大老板**

也门最有钱的人是赛义德。尽管见过他的人很少，但是他的名字在也门家喻户晓。就连初到也门的外国人，用不了一天的时间，也会知道这个也门人的很多故事。

赛义德在也门有名气的一个原因是他的大方、慷慨。也门的两大传统节日是开斋节和宰牲节，过节时有钱人便到医院、贫民区等地去布施，救济穷人。布施时的场面很大，老板们把大把的钱塞给那些生计窘迫的可怜人时，围观的人群往往会发出阵阵的喝彩声。赛义德老板不是花钱买名声的人，他在自己家的门口摆上一长溜桌子，让手下人站在桌子后给慕名而来的穷人们发钱，整个节日期间，天天如此。他的气魄感动了穷人，来领钱的人越来越多，最多时可以排成几里长的队伍。有一年赛义德看见排成长龙的人群，决心用新的办法解决这个难题，于是他租用了一架直升飞机，从天空中向人群撒钱，气魄之大，无与伦比，开创了施舍的新方法。

赛义德是个商人，自然免不了同各路大商人来往，老客户对他的情况早已了若指掌，必是恭敬有余。但是一些新客户在谈判时，有意无意会流露出一些讨价还价的态度，对付这些人，赛大老板手到擒来。有次，赛义德想从德国公司进口一批油漆，在讨论到付款方式时，德国公司的贸易代表提出开具的信用证必须要有第三国银行担保。这对商人间的交易来说本是正常的商业要求，可是赛义德却感到是对他公司的不信任。于是，他转身出去作了安排，一会儿他的两个手下人扛进来一只可装15公斤大米的布口袋，扔在了德国公司代表的脚下。重新开始谈判后，德国人仍坚持原来的条件，赛义德老板笑眯眯地对他们说："请打开你们脚下的口袋！"德国人不看则已，一看吓得差点儿晕过去，那原来是一口袋的金币。

出门旅游碰到一些麻烦是常有的事，赛义德也不例外，可他自有解决问题的妙招。有一次，他到阿联酋度假，带孩子在大街上开车兜风，不小心闯了红灯，警察执意要罚款，赛义德二话没说掏出一个金币递给交通警察，警察当然找不开了，也知道遇上了真正的"大款"，于是连连说算了、算了，但赛义德还是坚持要按规定交罚款。最后，无奈的警察只好驾着警车为赛义德鸣笛开道，将其送回饭店，才摆脱了赛义德的"无理纠缠"。

◆ 持介绍信的乞丐

也门是联合国划定的贫穷国家，但也门人贫富的标准是相对的。这里大部分人都有汽车，彩电、冰箱、录像机等并不是奢侈品，几乎家家都有，连难民营、贫民区的铁皮房子上都安装着电视天线。但是在灯红酒绿的夜晚，当你看到那些不满十岁的儿童坐在路边，眼里暗淡无光，机械地向人们伸手乞讨时，或当你看到成群结队的人拥在也门各军区后勤部等着领取救济的黑面包时，就会知道什么是也门的贫困。

像阿拉伯其它国家一样，也门人一般都乐善好施，这也许跟伊斯兰教规定"天下穆斯林皆兄弟"的训示有关系。可能也正是由于这一原因，也门的乞丐们行乞时大都理直气壮。特别是在斋月、开斋节等节日里，也门宗教事务部会向乞丐们发放一种介绍信，注明某某人生活贫困，请在力所能及的范围内给予必要的帮助等等，并盖上政府的官印。乞丐们持此介绍信，走家串户，挨着门要钱，走进商店即向老板要，得不到钱就站在一边大声叫唤自己的不幸，直至拿到钱为止。

我在也门工作时，住所就常常有乞丐光临，有时深夜传来急促的敲门声，以为发生了紧急事情，一开门却见一只黑手伸进来，吓人一跳，这才知道是乞丐。一开始我还好言相劝，告诉他们深夜打扰别人是不礼貌的，让他们天亮后再来，但是他们得不到钱就破口大骂，并使劲敲门。后来这种情况见多了，便任他如何敲门也置之不理。待安静下来之后，以为已经走了，出于好奇心，想打开门看看，这一开门可就惨了，一只黑脚硬往进挤，人也使劲往屋里钻，嘴里叫着"可怜可怜吧！"原来他们还等在门口呢。

◆ 民主乎！官僚乎！

与许多阿拉伯国家相似，也门也有人民议会，实行民主选举制，但实际上几十年来一直由萨利赫一个人兼任共和国总统、武装力量总司令、人民议会总议长三职。大街上到处张贴着萨利赫的画像，墙壁上、牌楼上刷着他的语录，广播、电视里每天有几次播放他的讲话或者报道他的行踪。萨利赫总统外出时，一队高级的奔驰500轿车，一水的茶色玻璃，前有装甲车、坦克车开道，后面跟着几辆、甚至十几辆卡车，都满载着全副武装的士兵。也门政府机关报《革命报》因每天登载萨利赫总统的消息而变得神圣起来。有一次我抱了一堆《革命报》到小贩那里交换他们用来包东西的新加坡华文报纸，小贩们神色紧张地左右张望，小声告诉我："用《革命报》包东西是要坐牢的，对外国人也是如此。"

由于工作原因，我在也门时同沙达、塔兹、马里布等省的省长和安全机构主席等行政军事长官多次接触过，他们外出虽然不如总统那么显赫，但是每次也有武装卫队前呼后拥。省政府里戒备森严，特别是在沙达，进入省政府要搜身，省长办公室门前有两道岗，由四五个荷枪实弹的士兵把守。办公室里面甚至也有一名士兵，平端着冲锋枪，似乎随时准备射击。同友好的省长们在如此森严的环境下会谈，不亲身经历，是难以相信的。

如此严格的保卫工作，使我以为普通也门人进入省政府是很困难的。但是时间长了，我发现也门人竟然可以自由出入，这着实令我大惑不解。普通的也门人，只要交出携带的武器，便可以随意出入省府，无须登记。若有充足的理由便可以去见省长，更奇怪的是，省长会随时放下手头的公务亲自接待。而充足的理由，有时竟是老百姓家中的一头牛丢失，或者工厂老板没有按时发给他们工资等等。

高级官员们大都比较随和，笔者曾经多次同也门副总统在一起喝茶、聊天、嚼卡特，他丝毫没有副总统的架子。而中下层掌管具体事务的官员则要可恶得多，他们地位不高，官僚作风却十足，贪污受贿很严重，有时明目张胆地向你索要贵重礼品、钱，敲你的竹杠。所以，在也门办事很难，一丁点小事要从上到下划满圆圈，这中间要不惜血本，方方面面都要有所打点。

体育界本来是清水衙门，但是体育官员们也有自己的生财之道。以组织体育比赛的名义向上级申请经费，但实际上举行比赛的规模要比申请的小得多，有时甚至不举办，这笔钱就进了组织者的口袋。至于体育官员们"自食其力"，业余时间搞点副业，也并不以为耻辱。据说，塔兹省青年体委主任就经常出现于小贩们中间。

在也门政府中，官大一级是要压死人的。中国的一家建筑公司为一也门官员建造了一座别墅，完工后有30%的费用收不回来。这家公司利用某次机会向这位官员的上司，也是这家公司的顾问，诉说了此事，第二天这位上司派十个士兵带着公司的经理把这位官员家的两辆汽车拖回来抵偿，那位拖欠费用的官员居然默认了这件事。所以，在也门的外国公司能找到高官作公司的合作伙伴或者顾问，是保证公司利益、或者不受欺负的良策，但这种保障也是用钱买来的，并不是免费服务。

◆ **不避医生的也门女人**

也门是一个较封闭的伊斯兰教国家，女人一般不参加工作，平时也很少出门。虽然，在一些政府机关里有女打字员，银行里有女出纳，医院里也有女护士（专门照顾女病人），但是为数极少，也门航空公司的空姐都是雇佣的外国人。

男人在家里是绝对的权威，妻子是丈夫的"私有财产"，绝对不能接触别的男人，甚至在结婚前男人便有这种占有意识，女友的照片哪怕是再好的男友也不能欣赏。在这样的环境下，也门女人从小就非常讲究"男女授受不亲"，不能与男人同行、同坐。一辆出租车，司机旁边的座位空着，而后排仅仅能坐3人的座位却挤了5、6个女孩子，宁愿受罪也不会有人往前坐，惟恐有"不贞"之嫌。女人出门必须黑袍加身，结过婚的女人的黑袍由黑裙、黑披风、黑面纱、黑脸罩等几部分组成，未婚少女则只有一件长到脚的黑袍加黑包头。很多也门妇女也讨厌穿黑袍、戴面纱，但却不得不迫于习俗和丈夫的压力把自己蒙起来。

脏，是也门留给外国人最坏的印象，也门人没有讲卫生的习惯和意识,大街上纸屑、塑料袋、矿泉水瓶子、牛羊粪便满地。更要命的是也门没有公共厕所,若有需要,撩起长袍就地解决。因此,也门的肝炎很流行,一个个面黄肌瘦。也门女人的病就更多了,她们怎么看病呢?

也门女人从来不避讳医生,相反开放得让人吃惊。据在也门工作过的中国医生介绍,也门女人看病时,有时会把身体任何部位不舒服的情况认真地向医生们介绍,从来不会脸红,有些本来不用脱衣服检查、治疗的疾病,她们也一定再三追问医生是不是要脱,并提醒医生:"不用怕,没关系。"初到也门工作的中国男医生有时被搞得很难为情,因为如果医生不让她脱衣服,她会认为大夫因害羞而没有彻底给她检查,是对她不负责任而不断纠缠。

精明的沙特人

沙特阿拉伯曾经被称为是蒙在面纱下的国家,但是这个国家自1973年以来在国际政治舞台上左右逢源,国际地位一天天上升,确实令人不得不刮目相看。沙特的崛起,除了有雄厚的石油资本作后盾外,国王手下的一批得力干才也是关键支撑。

◆ 大亨、飞行员、大使、政治家

大亨、飞行员、大使、政治家,这四个头衔中的任何一个加在一个人身上,都可令人心跳不已,可是沙特阿拉伯的班达尔亲王却同时拥有这四个头衔。

作为沙特阿拉伯国王法赫德的侄子,班达尔亲王天生就能富可敌国,拥有世人一生奋斗都难以拥有的巨额财富。可他却从小就有雄心壮志,年轻时加入沙特空军,当了一名飞行员,而且一当就是17年。50岁时的班达尔亲王走起路来仍然有一股飞行员的雄姿。亲王在沙特王国的政坛崭露头角,始于他担任驻美国大使之时,而在海湾危机和海湾战争期间他所起的重要作用,更是令人刮目相看。

班达尔亲王在华盛顿有极为特殊的地位。大多数的大使在任职期间,绝大部分时间都花在了各种外交礼仪上，很难接近驻在国真正的权力中心。而班达尔则不同，他曾同美国前总统布什、前国务卿贝克、前国防部长切尼、前总统国家安全顾问斯考克罗夫特等美国顶尖人物建立了十分密切的关系。有人说，班达尔亲王的成功之处在于，他既能同当权者保持良好的关系，同时又与那些有朝一日可能掌握大权的人建立起深厚的私人感情和友谊。

布什是班达尔亲王做得最为成功的例子。布什作为前总统里根的副总统，在1985年前后曾遭到美国新闻界的猛烈攻击，说他仅仅是里根总统既软弱、又无能的一个摆样子副手。对布什，班达尔亲王始终抱有信心。在布什最困难的时候，班达尔亲王一年内同他数次共进午餐。为了宽慰布什，亲王亲自安排请他同去垂钓。在布什遭受攻击最激烈的时候，班达尔又专门为这位副总统在华盛顿举办盛大的宴会，并出巨资邀请著名歌星罗伯特·弗莱克到会助兴。显然，这些工作都没有白费，当沙特阿拉伯面临伊拉克百万大军压境之时，布什曾亲口对班达尔亲王说："我用我的名誉作担保，我将和你们共同把这件事（指将伊拉克赶出科威特）做到底。"美国总统把个人的名誉都押上了，班达尔亲王当时激动得"毛发都竖立了起来"。

作为一个阿拉伯大亨和大使，班达尔对于那些与他的国家有利害关系的个人或者团体可以说无所不用其极，经常为他们举办宴会，并深入到他们的生活中。生活中，班达尔用雪茄、礼品、请柬、信息、甚至一些"不失身份的恶作剧"，在政界、外交界和新闻界周旋，亲王曾经把一个裸体女郎玩具送给一个恪守教规的犹太记者。在政治、外交和新闻的圈子里，他给人的感觉是随和、周到，有时稚气十足，有时又冷若冰霜。

对于他所看不起的事情，班达尔的尖刻也是很有名的。美国前国防部长切尼在其回忆录中曾提到过一件事，有次班达尔和切尼在打高尔夫球时，他突然对切尼说："我去一趟科威特。"切尼莫名其妙地看了看班达尔，班达尔笑着解释说："我习惯于把卫生间叫做科威特（科威特在阿拉伯语中是小茅屋的意思）。"

◆ **阿拉伯的洛克菲勒**

和班达尔亲王不同的是，阿德南出身于沙特阿拉伯的名门望族，而不是王室。但是，他军火商、金融家、企业家的三顶桂冠，以及传说中他拥有的 40 亿美元的资产，使他堪称阿拉伯的洛克菲勒。

阿德南是一名"天生的商人"。他 1935 年出生于麦加，先后在埃及、美国接受教育。在埃及上中学时，他就开始了他的商业生活。当时他得知一名利比亚同学的父亲想购买一批床上用品，而一名埃及同学的父亲正是这种产品的制造商，于是他便从中穿针引线，并由此得到了他生平的第一笔佣金 1 000 美元。在美国加州大学分校就读时，他的父亲曾给他 1 万美元，让他购买一辆汽车并租住一套住宅，可精于算计的阿德南却用这笔钱买了两辆卡车，并以每月 500 美元一辆的价格租给了一家小型建筑公司，几年的工夫就使这笔钱翻了几番。

1953 年，年仅 18 岁的阿德南（当时正就读于加州大学分校）就已成为美国西雅图卡车制造公司的代理商，之后不久他又成了为沙特军队提供卡车的代理商。阿德南的代理生意越做越大，27 岁时他已经是克莱斯勒汽车公司、菲亚特汽车公司、西方直升飞机有限公司和罗尔斯—罗伊斯公司在沙特阿拉伯的代理商，西方国家普遍把这位年轻人作为沙特阿拉伯的一位有影响的人物来看待。阿德南赚钱最多的领域是军火代理。从 60 年代中期开始，他成了美国军火制造商与沙特国防部之间的中间人，并为洛克希德、雷森、诺斯罗埔等美国大军火公司做长期销售代理人，在两国武器交易中获取丰厚的利润。据统计，在美国与沙特早期的军火交易中，他获得了全部佣金的 80%。

1973 年第四次中东战争后，沙特阿拉伯需从美国购进更多的军事装备，阿德南获得的利润更加丰厚。据说，达兰空军基地工程一个项目的金额就高达 14 亿美元，一笔坦克交易的金额也达 6 亿美元。西方报刊曾透露，从 1970 年到 1975 年，阿德南从洛克希德公司一家就获取了多达 1 亿美元的回扣，同期他还从其它公司拿到了数亿美元的佣金。在此期间，他所得到的回扣比例从过去成交额的 2.5%，逐渐升高到 15%。

阿德南的成功还有以下几个例子可以证明。韩国政府鉴于他对该国经济发展做出的贡献，特别授予他首都荣誉市民称号和汉阳大学名誉博士学位；他在苏丹建立了庞大的经济机构，据说几乎可以左右苏丹的经济生活，苏丹政府无奈给予了他和他的公司独有的经济特权，并聘请他担任苏丹政府的经济顾问；他曾经把巨额资金投入赌城蒙特卡罗，结果害得摩纳哥政府为调查他此举的意图而惴惴不安了好长一段时间。

阿德南经常乘他的私人波音专机作环球旅游，并与一些世界级的社会名流、政界要人过从甚密。在他设于纽约的豪华办公室里，赫然悬挂着他同美国前总统里根、前国务卿基辛格、天主教前教皇保罗六世的合影。一些欧洲王族成员也经常是他的座上宾。

阿德南的生意越做越大，但偶尔也有失手的时候，其中"伊朗门事件"就致使他名声、经济都受到了损失。他从1985年4月起即开始为美国与伊朗的秘密军火交易穿针引线，事情败露后美国联邦调查局对他立案审查，从此他的事业开始走上了下坡路。

阿德南生活奢侈，有自己专用的飞机、豪华游艇，在全世界拥有数十座别墅，据说每天的个人开销就达25万美元。1979年他与前妻索拉娅的离婚案曾引起过新闻界的注意，当时索拉娅要求阿德南偿付25亿美元的离婚费，为此官司打了好几年。1986年圣诞节他送给现任夫人拉米娅和前妻索拉娅各一条钻石项链，据说每条价值高达200万美元。

人们对阿德南的成功毁誉不一，有人称赞他是商业奇才，有人则认为他是一个牟取暴利的奸诈商人和世界上头号挥霍者。

◆ **美国人眼中财大气粗的沙特人**

1973年之后的沙特人在世界上确实是要风得风，要雨是雨，连一向眼睛长在额头上的美国人，也不得不小心对待沙特人。美国人莱西为了了解沙特人，特地在沙特国内生活了四年之久，回国后写下《王国》一书，对沙特人的各个方面进行了详细的描述，现摘译其中的一些花絮如下。

——"沙特小商人吓了西方大老板一跳"

1979年8月的一天中午时分，一群外汇交易经纪人在瑞士联邦银行的交易大厅里心神不宁地谈论着什么,据说最近几天他们发现国际货币市场上,不断出现大起大落现象。他们猜测是不是某国政府插手了外汇市场,因为外汇市场的波动实在太大了;或者是哪一家大的银行违背了约定的规则,在进行大额的外汇交易。情况十分不明朗,于是他们与在欧洲其它国家的同行和对手们联系。谁知道,欧洲的伙伴们对国际金融市场上的这种波动同样感到莫名其妙。

几天后,谜底揭开了。原来国际货币市场上的波动是沙特首都利雅得的一个货币兑换商人无意中将他的一部分剩余资金投入国际市场所致。当这些经纪人明白过来时,利雅得的这位商人已经稳稳吃进了一大笔红利。

——有钱能使鬼推磨

1980年2月的沙特首都利雅得,一位美国亿万富翁正跪在地毯上,满头大汗地宰割一头全羊,他的对面坐满了沙特的亲王、商人、沙漠中游牧的贝都因人。大家在一起吃烤全羊。人们纳闷,是什么原因竟然让这位美国阔佬亲自为沙特人割羊肉呢?

据说,这个美国人来沙特是为了筹资从事一件冒险的事业。他想把全世界的白银都买下来,以此操纵世界白银市场,决定世界白银的价格。但是,他虽是美国屈指可数的巨富之一,但要进行这一事业,还需要筹集巨额的资金,于是他来到了沙特阿拉伯。他的努力没有白费,他用伊斯兰教传统的方式款待了沙特人,沙特人也为他慷慨解囊,他在沙特找到了几位手头有十几亿美元剩余资金的投资人。

——欧美人惊呼"狼来了!"

石油价格暴涨之后,在欧洲和美国的书报摊上出现了一本新的畅销小说,使得以詹姆斯·邦德为主角的间谍小说也备受冷落。这本新的惊险小说以国际金融投机为背景,描述国际货币体系不堪一击,被一小撮富得难以置信、而行动又完全不负责任的人所操纵,这些人无一例外是阿拉伯人。据说,这本小说情节相当动人、曲折,迎合了古代西方人对阿拉伯人的恐惧和现代西方人对阿拉伯人暴富的嫉妒心理。在国际货币市场上投机得手的沙特货币兑换商人的实际冒险生涯,似乎正好表明了真实情况就可能和小说里面描写的一样离奇。

——金餐具不是传说

沙特王国某些方面的阔绰富有确实是异乎寻常的。在利雅得市的费萨尔国王医院，病人进餐用的刀叉汤勺都是金制的，医院员工的餐具也是如此，后来只是因为外籍人餐室的餐具开始不翼而飞，沙特当局才停止使用金制餐具。

——用卡车搬运巨款

每星期总有几天，全副武装的装甲车队由伦敦驰向希思罗机场，把货币兑换购买的几百万英镑钞票装入飞往沙特阿拉伯吉达的英国航空公司的保险库。在吉达，沙特的货币兑换商人上机场去取这些英镑时，开的却是敞篷小卡车。他们面对一袋袋的英镑，就像面对着一袋袋的面粉，随手提起扔进卡车车厢内，然后若无其事地开进城里。这些在英国需要有专人持枪看护的英镑，在沙特却不得不可怜兮兮地在卡车的车斗里晃来荡去。

——沙特人的"一方钱"

沙特的银行家们由于经常同沙特巨富们打交道，所以在数钞票时练就了一副好眼力，100万里亚尔（沙特货币名）是长宽高各约一英尺的一个立方体。在吉达国民商业银行的储藏室里可以看到整房间的这种钞票。储户们经常一次送来几十个立方体，于是也就可以经常到地下室去看看，他们放在这里的钱是否还在。他们的这种举动，并不是出于葛朗台式的贪婪，而是由于宗教上的原因，因为这些虔诚的穆斯林存款大多不要利息。

——到处打听存钱的地方

沙特货币局的主管人库莱西负责总额大约1000亿美元的投资。据说，沙特每天平均3亿美元的石油收入是在纽约当场以美元结清的。每天，当日的石油美元结算完毕后，库莱西手下的人都会给纽约各个银行打电话，打听每一家银行对存期一周、一个月或者三个月存款利息的高低。在沙特货币当局没有最后决定这笔钱的用途前，他们就先存放在所选定的银行。他们所选定的银行一般是大通—曼哈顿银行、摩根银行等纽约大银行。

关于沙特石油美元去向的决定通常是在伦敦做出的，因为沙特的货币储备平时多半通过伦敦货币市场处理安排。因此沙特的石油美元一提出纽约，就被转到在伦敦的资产经纪人那里。沙特在伦敦雇佣了大批的投资经纪人。已经倒闭的巴林银行就曾经是为沙特货币当局提供咨询意见的一家伦敦商业银行。罗思柴尔德银行以及同以色列和犹太人有关系的银行从来得不到沙特政府的存款，但据说不少的沙特私人投资者却同伦敦的犹太银行保持着业务往来。

——颇费心思的投资

沙特货币当局的资金一般不投于房地产等不动产，因为他们知道，出于对阿拉伯人要把西方统统买下来的恐惧心理，西方人已经变得对此十分敏感。沙特货币当局往往通过其投资经纪人对西方政券交易所的股票、国债等进行投资。这些经纪人可以自行决定每天买什么和卖什么，不必事事听命于利雅得，但是有一条规矩，那就是沙特货币局的资金决不能达到任何公司表决股份的5％。真是"有钱也有有钱的难处"。为了保持庞大的石油收入的价值，出于通货膨胀的压力，沙特政府也直接贷款给一些国家的政府，如1981年春天沙特就曾向当时的西德贷款20亿美元，并大量购买美国政府的债券。沙特有关人士常常说，当你手中拥有了1 000亿美元时，如何保值就成了一个重要的经济问题，因为有利可图的安全投资场所毕竟是有限的。

——为取得利息也需辩解

沙特阿拉伯地域辽阔，国土面积跟西欧差不多，与"已经建设了可能建设的任何一个项目"的科威特不同，沙特王国本身仍有很多的建设项目要投资。而且，沙特作为"伊斯兰世界的领袖"（伊斯兰教圣地在沙特），沙特国王当然不喜欢依靠利息过日子。因此，沙特人对沙特货币局在海外的投资相当敏感，并且利用一切可能的机会为自己的投资行为进行辩护。他们的解释是："我们是在把稳妥可靠的国家石油变为消耗性的资产金钱，为了保值，我们需要收取利息，因为一袋大米今年的价钱是100里亚尔，明年的价钱可能就是110里亚尔，你要保证到那时候你仍然有能力购买同样多的东西。"

——手头也有拮据的时候

沙特的财政结余主要来源于石油。1978年时,沙特政府曾有一个月左右的时间现金几乎全部用完了,所剩现金只够维持行政机构的运转,重大合同的应付款项均无力偿付。当时,世界石油供应过剩促使沙特的石油产量每天削减100万桶,出口收入因此而减少,而沙特庞大的财政结余都因受存款合同的束缚,而不能随意调动。最后,沙特足足花费了几个月的时间才逐渐恢复了资金流动,并偿付欠账。有了这次教训之后,沙特政府的投资经纪人大多数存放短期和中期存款,而在手中保持较多的现金。沙特是依靠石油出口量来保持它在世界石油市场的支配地位,而一旦石油收入减少,它就需要迅速提取货币储备以应付急需事宜。

——"有钱不敢太张狂"

1976年到1980年间,沙特把其国民收入的6%、即总共200亿美元援助给了发展中国家(其中绝大部分为阿拉伯国家)。1981年5月,沙特曾一次提供给国际货币基金组织95亿美元贷款,据说这是有史以来最大的一次性贷款额。从短期看,沙特是做出了牺牲,但是从长远看,这95亿美元的贷款使沙特进入了可操纵国际货币基金组织的国家行列。

沙特有很大一部分资金投资于美元,其中许多美元来自欧洲美元市场,它对瑞士法郎、英镑、德国马克的投资较少。由于沙特货币局掌握的外汇数量极其巨大,如果它抛出美元,美元的价格就将下跌;如果转购日元,日元的价格就会出现巨大的波动。但是,沙特阿拉伯在国际金融市场上却从来都表现得循规蹈矩,因为沙特人非常明白,一个小的投资人可以通过外汇买卖牟取利润,但像沙特这样大的投资者若在市场上操纵行情,到头来吃亏的还是自己。因此,沙特只能是从长计议,加强同世界上现存的经济体制的融合,使自己的巨额海外资产融入西方经济,所谓一荣俱荣,一损俱损。

无家可归的巴勒斯坦人

巴勒斯坦人在阿拉伯世界里是具有高水准文化背景的一族。千百年来，巴勒斯坦知识分子和商人在阿拉伯世界中颇露头脸。但半个世纪之前，由于巴以、阿以冲突的爆发，巴勒斯坦人的家园被以色列人占领，上百万巴勒斯坦人流落在外，沦为难民。

◆ 阿以冲突的起源和核心

阿以冲突的起源是巴勒斯坦问题，即巴勒斯坦的归属问题。

巴勒斯坦地区地处欧、亚、非三大洲交会处，是人类历史上一片神奇的土地。根据传说和史实，早在约 4000 年前，现代犹太人的祖先希伯来人在其部落领袖亚伯拉罕（阿拉伯人称之为易卜拉欣，据《古兰经》称也是阿拉伯人的先祖）的带领下，由两河流域来到今天的巴勒斯坦地区（当时称迦南，土著居民为迦南人）。在这里，据说亚伯拉罕得到了上帝的启示，说凡他举目四望所能看得见的地方，都永远地赐给他和他的后裔。据此，将巴勒斯坦地区看作上帝"特许"给犹太人的土地，就成为犹太教一个最基本的教义和犹太民族根深蒂固的观念。在 1 000 多年的历史发展中，犹太人或独立建国（常常只局限于该地区的某一部分），或臣服于外来征服者，并曾先后两次在耶路撒冷为上帝修建金碧辉煌、雄伟壮丽的"圣殿"。纪元前后，罗马帝国占领巴勒斯坦地区，犹太人惨遭迫害，开始被驱赶或逃离巴勒斯坦地区。从此，犹太人流散到世界各地，"犹太人的巴勒斯坦"不复存在。公元 7 世纪 30 年代，伊斯兰教在阿拉伯半岛兴起，形成了盛极一时的阿拉伯帝国，阿拉伯人从基督教的拜占庭帝国手中夺得巴勒斯坦地区，并在此定居了下来，与当地土著居民长期融合，形成了今天的阿拉伯巴勒斯坦人。从此，巴勒斯坦地区又很自然地打上了阿拉伯和伊斯兰的烙印。

犹太人离开巴勒斯坦到世界各地定居的历史（史称大流散）是一部充满痛苦和悲惨的历史。在中世纪的欧洲，平均每个世纪都要出现一两起反犹、排犹的浪潮。19 世纪末，欧洲又出现新的反犹、排犹狂潮，严酷的事实使一些犹太思想家得出结论：犹太人要彻底摆脱悲惨命运，必须回归故地（指巴勒斯坦地区），重建犹太人自己的国家。于是，以团结散居在世界各地的犹太人、通过向巴勒斯坦移民最终建立犹太人国家为目的的犹太复国主义应运而生。犹太复国主义得到了当时正觊觎巴勒斯坦及中东地区的大英帝国的支持。1917年英国外交大臣贝尔福发表了所谓的《贝尔福宣言》，公开支持在巴勒斯坦建立一个"犹太人民的民族之家"。一战后，英国对巴勒斯坦实施委任统治，欧洲犹太人开始纷纷涌向巴勒斯坦，阿—犹矛盾不断激化。1947年11月，在美国的操纵下，联合国大会通过了巴勒斯坦分治决议，决定在巴勒斯坦分别成立阿拉伯国和犹太国。当时实际只占有6%土地和三分之一人口的犹太人，分得了巴勒斯坦56%的土地；而占总人口三分之二的阿拉伯人仅得到43%的地域；耶路撒冷和伯利恒则作为国际社会共管下的独立飞地。分治决议遭到阿拉伯国家的一致拒绝。

联合国分治决议的通过和它的具体实施，给阿以关系种下了祸根，使中东地区进入了动荡不宁的漫漫长夜。在以色列国宣布成立的第二天，以色列与阿拉伯国家的战争就开始了。从此，巴勒斯坦问题演变成了以色列与阿拉伯国家的全面冲突。从1948年至1973年，以、阿之间共进行了4次大的战争。其中，第一次中东战争的结果，以色列不仅保住了联合国决议分给它的领土，而且占领了拟议中的阿拉伯国6 222平方公里土地（占分给阿国土地总面积的一半多），其余的巴勒斯坦部分分别为约旦和埃及占领；1967年第三次中东战争，以色列突袭埃及、叙利亚和约旦，在6天内占领了巴勒斯坦的其余部分（即今天的约旦河西岸和加沙地带），以及叙利亚的戈兰高地和埃及的西奈半岛。这次战争后，联合国安理会通过了242号决议，要求以色列从各占领区撤军，有关国家相互承认主权和政治独立。242号决议现已为国际社会和阿以各方所接受，成为中东和平谈判的基础。

对于巴勒斯坦人民来说，1948年和1967年两次战争意味着丧失家园，成为无家可归或有家难归的人，上百万巴勒斯坦人流离失所，逃亡约旦、叙利亚及黎巴嫩等国而成为难民。尽管如此，散居在世界各地（主要是阿拉伯各国）的巴勒斯坦人仍有良好的表现，许多人已经进入所在国家的中上层，成为杰出医生、著名教授或绩优商人。时至今天，阿以冲突——这场20世纪以来持续时间最长、矛盾最为激烈、在国际关系中也影响最大的地区性冲突依然存在。

◆ 加沙地带的早晨

凌晨 5 点，加沙地带成千上万的巴勒斯坦人便排成了长队，准备通过加沙与以色列交界处的埃雷兹检查站进入以色列打工，或等待雇佣零工的以色列雇主来选人。这些巴勒斯坦人静静地等在埃里兹检查站前，依秩将以色列发放的工作许可证交出接受检查，以色列士兵在确定他们在以色列境内具有工作机会、工作证尚未逾期之后即摆手放行。尽管是凌晨，天气仍然湿热沉闷，满怀希望的巴勒斯坦人一个挨一个走向检查的士兵。在边界的另一边，大轿车和出租车等待着将这批睡眼惺忪的人们运往他们所要到达的工作地点。

日复一日，年复一年，埃雷兹检查站前不断重复着前述的一幕。1994 年成为巴勒斯坦自治区一部分的加沙地带，自然条件十分恶劣，一半以上的土地是荒漠和沙丘，气候炎热干燥，水源极其缺乏。由于战争及长期处于以色列的占领之下，加沙地带的经济非常落后，生存环境甚至远远落后于被占领的约旦河西岸。在不足 200 平方公里适于居住的土地上（加沙总面积约 380 平方公里），拥挤着 70 多万巴勒斯坦居民，其中 70%～80%（50 多万）是居住在难民营中的巴勒斯坦难民。巴勒斯坦人口出生率高得惊人，几乎每个家庭都有七八个以上孩子，全家十四五口人都不算多。在以色列统治下，加沙地带工业几近于零，只有一些食品加工及陶器和纺织业，农业由于近年来水位下降而处于萎缩之中。因此，长期以来，加沙地带的居民在经济上严重依赖以色列，至少半数以上的当地劳动力在以色列境内打工。他们大多数从事犹太人不屑于干的笨重体力劳动，拿着不足犹太人工资一半的薪金。一旦以色列经济萧条或封锁加沙地带（近年来以色列动不动就封锁巴勒斯坦自治区），加沙居民的生活立刻就会陷入灾难性的境地。

加沙地带长期以来处于封闭状态，多年来，只有极少数的加沙居民在经过以色列当局极为严格的审查后离开过该地区。加沙地带民风极为保守，妇女在公开场合均捂得严严实实，一般情况下不能外出做工。记得在笔者访问加沙时，与我们同乘一辆出租车去加沙地带的一位妇女，打扮入时，我甚至把她当成了欧洲人，但在车行至接近加沙地带的边界时，这位妇女很麻利地从手提包里掏出一块大纱巾罩在了头上，原来她是一位在耶路撒冷打工的加沙居民。

◆ 加沙难民营

加沙地带的巴勒斯坦人很多都住在难民营中，他们是1948年和1967年战争中被以色列军队赶出家园的巴勒斯坦人及其后代。

"贾巴利亚难民营"位于加沙地带的首府加沙市以北约5公里处。该难民营的入口处有一座原以色列军队的基地，院子内竖立着高达30多米的铁架式瞭望塔楼，在此楼上站定，方圆十多公里内的难民营尽收眼底。该基地现已被用作难民营巴勒斯坦警察局。"贾巴利亚难民营"规模庞大，一望无边，看上去真像一座简陋的城市。这里，巴勒斯坦居民的生活条件极为恶劣，到处是破烂不堪用旧铁皮甚至破纸箱做的"房屋"，当然也有一排排由两层楼房组成的街道。难民营中没有柏油马路，街道的地面上布满厚厚的浮尘，每当汽车过后，到处尘土飞扬，使人甚至看不到街道对面的人。难民营内商店、邮局、瓜果蔬菜摊点倒是应有尽有，联合国和国际红十字会的车辆在难民营入口处不停地进进出出。

恶劣的生存条件使加沙地带成为被占领土巴勒斯坦人起义的首发地和大本营。"贾巴利亚难民营"入口处离原以色列军事基地不远处的一片开阔空地，就曾经是巴勒斯坦青年与以色列军警频繁冲突和对峙的主要场所之一。一位曾数次遭到以色列军警逮捕和关押的巴勒斯坦青年向我们讲起了那些令人难忘的岁月中发生的事情。他说，在那些年月，以色列士兵经常半夜搜屋，动不动就实行宵禁，多数加沙人（特别是上了年纪的人）已习惯成自然，不得不逆来顺受。但诸如他这样的青年和少年却不甘心忍受如此屈辱，往往八九岁的小孩子也能成为巴勒斯坦起义（向以色列军警扔石头）的主要成员。年轻人无路可走，三分之二的男人找不到工作，妇女的境遇就更惨了，每天不得不呆在家中，年轻母亲及少女的健康问题相当严重。生活的压力、情绪的沮丧以及处处受到限制和屈辱等等都逼人发疯，令人愤怒。

"贾巴利亚难民营"中的许多居民，原本来自耶路撒冷的伊斯杜，即今天西耶路撒冷的一个地方。他们在谈到其祖祖辈辈居住的故乡时，总会不厌其烦地向你描述其故居附近的一棵华伞巨张、傲视群伦的无花果树。后来，根据难民们的描述，一位西方记者曾花了几个小时的时间，专门在西耶路撒冷的伊斯杜寻找让众多难民充满眷恋之情的无花果树。真是功夫不负苦心人，这位西方记者终于在伊斯杜一家犹太人购物中心附近发现了它。当然，也许是因为长期失去主人的缘故，这棵无花果树比难民们形容的老迈低矮了许多，身上布满了灰尘，光秃秃的枝条上缠绕着零乱不堪、随风摇曳的电线。此情此景，让人伤感之心油然而生。

◆ 哈马斯组织的夏令营

在加沙地带一处满是垃圾的地方，200多名十几岁的男孩排队走进一个阳光明媚的院子，准备上这一天的电脑课和学习《古兰经》。这是一个为期一个月的夏令营，主办者是加沙的一个伊斯兰社团。在飘扬的巴勒斯坦国旗和伊斯兰旗帜下，这些来自贫穷家庭的孩子，接受着现代化和传统教育，他们在学习之余可以扬帆出海、参观医院或者同加沙的巴勒斯坦警察们一起执勤。

学习结束后，这些男孩可以得到结业文凭，证明他们对电脑的掌握程度。对失业率高达70%的加沙人来说，拥有电脑技术文凭的人无疑将更有机会找到合适的工作。参加这个夏令营的费用很低，包括学员们统一的服装、每天的伙食费及业务培训等加起来，每人总共才收费15美元左右。为什么收费如此之低呢？原来，这个夏令营是哈马斯（即伊斯兰抵抗运动）资助的。多年来，哈马斯等伊斯兰社团组织在加沙地带开展了一系列社会服务及慈善性的活动，他们利用遍布城乡、难民营的分支组织，通过设立幼儿园、孤儿院、体育协会、图书馆、学校、夏令营、医院等各种福利机构，为生活贫困的加沙人提供力所能及的服务。据巴勒斯坦一位著名人士说，哈马斯是一个依靠广大下层群众的团体，它的基层工作做得很好，在被占领的加沙地带为普通百姓提供各种服务（在巴勒斯坦自治政府建立之前），在一定程度上代替了政府的职能。据称，哈马斯的社会服务工作年开支额超过1.2亿美元，大部分的经费来自在海外工作的巴勒斯坦人和其它阿拉伯国家的援助。当然，哈马斯从事广泛社会服务活动的成效，往往由于其所属武装组织制造的流血暴力事件而黯然失色。

◆ 三大宗教的共同圣地

希布伦市是约旦河西岸南部的重要城市，人口约10万左右，这在约旦河西岸是数得着的大城市了。这座城市在中东颇负盛名，但中国普通老百姓却是由于数年前那里曾发生过一件举世震惊的清真寺惨案而知道它的。1994年2月25日凌晨，一名犹太极端分子闯入希布伦易卜拉欣清真寺，用冲锋枪向正在做祈祷的巴勒斯坦穆斯林扫射，打死、打伤数十名巴勒斯坦平民。这一事件就是著名的"希布伦惨案"。

"希布伦惨案"的发生不是偶然的。惨案发生地易卜拉欣清真寺内有伊斯兰教、犹太教和基督教三教共认的先知亚伯拉罕（阿拉伯人称为易卜拉欣）及其子孙的墓葬，因此是三教共同的圣地。历史上，这里曾多次建立过犹太教教堂、基督教教堂和伊斯兰教清真寺，至今在这个被当地巴勒斯坦人称作易卜拉欣清真寺的大型建筑内，仍保留着一个犹太教教堂，犹太教堂与穆斯林祈祷室之间有门相通。据说"希布伦惨案"发生时凶手就是通过犹太教堂进入穆斯林祈祷室行凶的。本来他还想在行凶后原路返回，但由于在教堂内祈祷的犹太人听到枪响，以为巴勒斯坦人要杀他们而将教堂通往穆斯林祈祷室的门关闭，这家伙无路可逃被当场击毙。在耶路撒冷之外，三教圣地高度重叠的情况在希布伦又一次得到了集中的体现。由于圣地之争，近百年来这里犹太人和阿拉伯巴勒斯坦人之间的宗教、民族矛盾一直异常激烈。19世纪末，大批犹太移民从东欧来到了这里，致使民族矛盾开始紧张。1929年，希布伦市发生大规模暴力事件，多数犹太定居者被杀，少数幸存者被迫迁往耶路撒冷。1967年战争中，以色列军队占领了希布伦市，但鉴于该地特殊的情况，以色列政府曾明令禁止犹太人在这里建立定居点，并保留当地人的"圣地"（即易卜拉欣清真寺）管理委员会。但犹太人可以自由出入，以色列军队一天24小时在"圣地"周围设有岗哨。1972年，一批死硬的犹太人经过几年的斗争最终使以色列政府同意，允许他们在希布伦市边缘、离"圣地"约一公里的地方建起了1929年之后的第一个犹太人定居点。犹太人的重新到来再次激起了当地人的愤慨，但坚信这块土地属于犹太人的死硬分子却不满足于居住在市区的边缘，1979年在首批定居者之一利温婕尔（11个孩子的母亲）的带领下，一批犹太妇女和儿童从希布伦市边缘的定居点出发，非法占领（即使按以色列的法律也是非法的）了市中心"圣地"附近的原犹太人医院遗址，并建立新的定居点。希布伦市的犹太人定居点，特别是1979年设立的市中心定居点，犹如巴勒斯坦人海洋中的孤岛。以色列"大卫星"国旗在犹太人建筑上飘扬，犹太定居点周围由以色列军队保护，以军哨所高高设在犹太定居者的楼房之上，居高临下监视着下面的阿拉伯市场及居民区，致使希布伦市成为宗教民族矛盾最为紧张的地区，几乎每天都发生冲突事件。因此，希布伦惨案虽是偶发事件，但偶然中带有一定的必然性。

在"希布伦惨案"发生半年之后，我们访问了这座仍然被以色列占领的巴勒斯坦名城。我们从耶路撒冷乘坐巴勒斯坦人的公共汽车，将近中午时分来到希布伦市中心的车站。一下车，我们就看到不远处的十字路口浓烟滚滚，几只汽车轮胎正在燃烧，几百名巴勒斯坦青年正在向犹太人楼房周围的以色列士兵扔石块、玻璃瓶，不时有几声枪响，催泪瓦斯的烟雾呛得人直流泪，联合国国际观察员身着白装、开着带有联合国标志的车辆静观事态的发展。冲突地点周围的商店暂时关门，汽车绕道而行，但百米开外市民生活一切照旧，人们似乎对此已司空见惯。易卜拉欣清真寺从惨案发生后一直处于关闭状态，以军在其周围布有重兵，戒备森严，任何人不得靠近。从市容看，希布伦市比较繁华，当地人的生活水平也明显比加沙地带高出许多。我们在路边遇到一位名叫阿卜杜拉的巴勒斯坦年轻人，他的观点很有意思。他说他对当地政治不感兴趣，不屑于在街头扔石头，但他对希布伦市以外的政治、如阿以冲突却非常感兴趣。他知道中国的毛泽东，认为阿拉法特建国和毛泽东建国性质是不一样的，因为阿拉法特是以色列人让他回来的。阿以冲突不可能和解，现在不可能，将来也不可能。他称以色列就像一滴水，在阿拉伯的海洋里，它若不融入海洋，那就只能被消灭。他承认现在阿拉伯无力吃掉以色列，但相信终有一天阿拉伯可以

第二部分　形形色色的阿拉伯人

做到这一点。近年来，阿以之间政府与政府的和解进程已经上路，但人民与人民之间的和解尚需要整整一代、甚至几代人的时间才能完成，巴勒斯坦青年阿卜杜拉的观点使我更加深了对这一点的认识。

◆ 约旦境内的巴勒斯坦人

约旦是流亡国外的巴勒斯坦难民最多的国家。约旦河西岸与约旦仅一水之隔——约旦河，而这条著名的、极具历史意义的河流其实只是一条窄浅多沙砾的细流。千百年来，她在这片《圣经》描述的土地上无声无息地流淌。驱车通过架设在约旦河上的艾伦比桥和侯赛因桥，用不了多久就可到达约旦王国的首都安曼。

约旦究竟有多少巴勒斯坦难民？现在，确切的数字已无从统计了，因为约旦政府将全国人民均视为约旦国民，但据说在约旦总人口中巴勒斯坦人要占到60%～70%。海湾战争之后，由于被怀疑同情伊拉克，为数高达30万之多的持有约旦护照的巴勒斯坦人，被迫离开科威特回到约旦。他们别无选择，只有约旦可勉强称为他们的家。

许许多多在约旦的巴勒斯坦人都做出了堪称是辉煌的成就。他们热心学习而且工作勤奋，对约旦经济和社会的发展做出了巨大的贡献，并逐渐在约旦国家整体结构中成为一股强大的势力，特别是在商业、金融、教育等方面。即使是在政治方面约旦巴勒斯坦人也有重要的影响。出生于约旦河西岸巴勒斯坦显赫世家的纳希礼，就曾位居约旦首相之职。

然而，绝大多数约旦籍巴勒斯坦人都仍然心向"巴勒斯坦祖国"。出生于耶路撒冷的社会学家纳希尔博士即是巴勒斯坦人时刻向往"家园"的最好例证。纳希尔博士于1948年战争后随同双亲来到约旦，他说："我们用时间为将来做准备。我们住在离约旦河西岸不远的这里就是表示我们对巴勒斯坦忠贞不移的情感。我们等待重返耶路撒冷家园。"他向来访者保证，其它巴勒斯坦人也抱这种态度。"很多从来没有到过巴勒斯坦的人，却都与巴勒斯坦融为一体，誓死要回到那里。"

◆ 不忘家园

在安曼商业界，到处可以看到巴勒斯坦人的身影，巴勒斯坦人的店铺更是安曼市场的一大特色。自从以色列占领巴勒斯坦的土地以后，不少巴勒斯坦人来到约旦定居，约旦也慷慨地为巴勒斯坦兄弟提供了尽可能的帮助。巴勒斯坦人虽身在异国他乡，但时时刻刻怀念着故土和亲人，他们以各种各样的方式表达这种感情。

在约旦首都安曼，市场上的不少巴勒斯坦人商店是以巴勒斯坦的地名命名的，许多商店陈列着来自巴勒斯坦的工艺品，如加利利的玻璃制品、耶路撒冷的木雕、伯利恒的贝雕等等。在巴勒斯坦人商店的橱窗里，还不时可以看到巴勒斯坦地图，它们有的绘制在金银薄片上，有的则画在来自约旦河西岸的橄榄木上，时时提醒着巴勒斯坦人的家园所在。

在安曼街头，身着巴勒斯坦民族服装的妇女更是引人注目。她们的服装带有精美的刺绣，色彩绚丽。巴勒斯坦每一座城市都有自己的特殊标志和图案，雅法的姑娘们爱在衣服上绣上橘子和柠檬花的图案，加利利妇女的衣服上绣有葡萄枝叶的图案，加沙一带的姑娘们喜欢戴上只露出双眼的面罩，拉马拉的姑娘们则爱穿白色的衬衫。这些传统的民族服装仿佛是一幅幅活的巴勒斯坦地图，使人不由得不想起约旦河西岸那片广阔的土地。

◆ 犹太人定居点

艾里尔定居点位于耶路撒冷以北约 60 公里处，是以色列在被占巴勒斯坦领土建立的最大的犹太人定居点。它座落在一片较高的丘陵上，四周为橄榄树及白杨树环绕，实际上就是一座易守难攻的据点。犹太人传统的红瓦房屋及瞭望塔星罗棋布，出入口更有重兵驻守。据史书记载，这里曾经是中古时代的一个城堡，当时城堡的主人从这里统治着附近的农家村落。目前，类似的许多个犹太人定居点遍布约旦河西岸和加沙地带。在被占领土定居的犹太人多是意识形态方面的"死硬分子"，抱定在"老祖宗的土地上"扎根的信念，并明确声言，不论签署任何和平协定，犹太定居点绝不交还巴勒斯坦人。

具有讽刺意味的是，艾里尔定居点及其它许许多多犹太人定居点的基建工程，大多都是雇用巴勒斯坦建筑工人完成的。当地的巴勒斯坦建筑工人也从来不隐瞒这一事实。当问到他们为什么心甘情愿为其所憎恨的以色列人工作时，他们会一致回答说："逆来顺受吧，我们要活下去啊！"据巴勒斯坦人讲，这里很难找到工作，他们被以色列人雇佣去盖房子只是因为没有任何以色列人愿做这种苦工。

据一位身体健壮、膀大腰圆的巴勒斯坦青年穆罕默德讲，他每天给定居点的犹太人做十几个小时的工，而到了晚上，他和他的伙伴们（也与他一起给犹太人当建筑工人）却要出去骚扰犹太人。他们经常是头天晚上挥舞反以旗帜，并朝以色列巡逻队投掷石块，第二天一起床又去为以色列人建房子。据说，以色列人对此也是非常清楚的，因此他们便经常实施宵禁，限制巴勒斯坦人自由活动，从而造成巴勒斯坦人经济生活的恶化，以此来惩罚巴勒斯坦人。在以色列人实施宵禁或封锁期间，巴勒斯坦人不带身份证就不能跨出家门一步。如果不带身份证被查到，即会遭到逮捕、控诉、审判或监禁。以色列官方一再宣传，除非巴勒斯坦人完全停止暴力活动，免除以色列方面的安全顾虑，否则以色列就须经常封锁巴勒斯坦人居住的地区。

实际上，即使在以色列重兵保护下，居住在被占领土犹太人定居点的以色列人的安全也是不可能得到保障的。他们外出要绕开巴勒斯坦人聚居的地区，走特定的路线，而且一般情况下绝对不敢在中途停车。在邻近阿拉伯人聚居的海巴伦镇的一个犹太人定居点，你可以看到穿着便服的以色列平民手中提着自动步枪在街头巡逻，并随时检查行人的身份证件。当你问他光天化日之下为什么平民还会携带武器检查过往行人时，他会颇为惊奇地对你说："我们是犹太人啊！我们在保护各家各户的安全，以免遭受恐怖分子的袭击。要知道他们就在我们的四周啊！"活脱脱一副惶惶不可终日的样子。

◆ 以色列军人的抱怨

实际上，在巴勒斯坦人面前耀武扬威的以色列军人也有自己的苦衷。

一位以色列年轻军官在谈到以色列人与巴勒斯坦人之间的尖锐对抗时说："你可以走近任何一位巴勒斯坦人，给他一记耳光，他会毫无表情地立在原地一动不动，但你肯定会看到他满腔仇恨，眼睛里闪着凶光。"

这位军官声言："你感到自己凶狠、厉害，但那是被逼出来的。我们可以在深更半夜闯进巴勒斯坦人家，揪出任何一个人予以逮捕，但我不知道这么做有什么意义，也许只是表示我们比他们更厉害而已。现在，已经有很多以色列军人不愿再主动找人家的麻烦了，能避免的尽量避免。"

这位军官在谈到巴勒斯坦人的反抗时称，"他们都很善于投掷石块，而且常常是瞅准了时机来的，以便击中疾驶中的汽车车窗，造成很大的车祸。"他说："这样的游击战，使以色列军人防不胜防，也造成以军士兵的不少误伤。有一次，我的一位部属在巡逻时突然看到街角处有人举枪向他瞄准，于是立即开枪，结果应声倒地的竟是一个13岁的巴勒斯坦小孩，孩子的手里拿着一支漆成黑色的扫帚柄！""我们真是沮丧透了！我们恨透了这种把戏。在战争中你是为某种目的而杀戮，而在这里我们却是在和妇女、儿童作战。"

◆ **同样企盼和平**

实际上，越来越多的以色列人和巴勒斯坦人已厌倦了这场旷日持久的"世纪冲突"。随着中东和平进程的不断向前推进，越来越多的以色列人和巴勒斯坦人加入到化解怨仇、沟通观念的队伍中来。

以色列前总理阿拉伯事务顾问、大名鼎鼎的情报机构摩萨德前任副首脑谭礼达先生就是一位致力于巴以、乃至阿以和解的人。他领导着一个由一批预备役军官、退休高级情报人员和驻外使节、以及学术界研究人员组成的"和平促进会"组织，四处活动促使以色列政府停止扩建被占领土的犹太人定居点，并进而评估成立"巴勒斯坦国"的可行性。谭礼达先生说："大家必须了解，我们和阿拉伯人已经争战了40多年。我们必须明白，任何战争都终有结束的一天，我们迟早还是要和巴勒斯坦人和平相处的。"

当然，类似的组织仍然是很少很少的，在以色列国内也受到了较广泛的攻击，但它在过去是根本不可想象的。有种种迹象显示，以色列人和巴勒斯坦人已经开始拆除分隔他们的障碍：如一个由以色列人所领导的人权组织，和巴籍医生密切配合，在占领区提供紧急医疗及健康服务；不少以色列律师竭尽所能给予受苦受难的巴勒斯坦儿童以保护；在以色列国内的许多社区中，穆斯林、基督徒及犹太人一起工作，以尽量减低邻居之间的紧张气氛和精神压力，等等。愿意和平的人们深信，和睦相处乃是以色列人和巴勒斯坦人的共同利益所在，而通过双方人民的不懈努力，这一天一定会到来。

阿拉伯"九命怪猫"

在阿拉伯世界，已故巴勒斯坦解放组织主席、巴勒斯坦人民的领袖阿拉法特绝对可以称得上是"九命怪猫"了。在其传奇式的一生中，他无数次地躲过了种种劫难，领导着自己的人民一步步迈向重返家园之路。

◆ 沙漠中死里逃生

1992年4月初的一天晚上，西方传媒突然报道，巴解组织主席阿拉法特的座机在利比亚大沙漠的上空失踪，立即引起世界的广泛关注。

其实，在国际新闻界广泛报道阿拉法特失踪消息的同时，这位以命大著称的阿拉伯领导人在历经数十年之久的艰难奋斗后，正又一次面临死神的挑战。据英国伦敦《泰晤士报》事后报道：正在向利比亚首都的黎波里方向飞行的阿拉法特座机——苏制安东诺夫型运输机内弥漫着一片紧张、惊慌的气氛。阿拉法特僵直地坐着，偶尔向窗外瞥一眼由于沙漠风暴而形成的昏暗天空，静静地听着耳机里报告飞机失去航向、油料即将耗尽的消息。阿拉法特的随从忙成了一团，他们将许多条毛毯厚厚地包裹在阿拉法特身上，衷心期望在飞机不可避免地坠毁时，能尽可能减少对他的伤害。阿拉法特忠诚的贴身保镖法第，此时也蜷缩在他的身边，两人一言不发，都陷入沉思之中。突然，座机投射在地面上的巨大阴影在人们眼前一闪而过。几秒钟后，安东诺夫头朝下坠落到利比亚沙漠中，扬起一片尘土，机身断裂为两截，阿拉法特被抛出飞机，摔在离飞机残骸几十米远的地方。他躺在黑暗中，满脸鲜血，无法动弹。法第倒在他附近，一只脚骨折，在痛苦地呻吟着。

阿拉法特渐渐地控制住了自己的疼痛，开始四处寻找生还者并帮着把仍卡在飞机残骸中的伙伴救出。正像阿拉法特的部属们所言，危难时刻的阿拉法特的行为足以成为人们的楷模。他整个晚上都不停地活动在受伤的人们中间，安慰他们，鼓舞他们的斗志。他的贴身保镖法第由于担心脑震荡而心情沮丧，阿拉法特就故意向他提出一些问题，然后安慰他："你看，你回答得有条有理，脑袋绝对没有问题。"

接下来的关键问题就是如何能够在沙漠里坚持足够长的时间，直到巴解组织及有关方面的营救人员发现他们。阿拉法特在事后回忆道："我很担心伤员的血味会引来土狼的攻击，于是在飞机残骸里找出了三把手枪，并下令寻找食物和水。"所能发现的全部食物就是 11 个橘子和半公升水。"阿拉法特说我们可以一天吃半个橘子，"一位生还者描述说，"他还禁止任何人在沙漠中小便，说我们必须找瓶子尿在里面，这样我们就能坚持得更加长久。"就这样，他们在没有任何通讯设备的情况下，等待救援人员的到来。

一得知阿拉法特座机失踪的消息，巴解组织即开始了全面的搜索，并向国际社会请求协助。利比亚总统卡扎菲派出数架飞机以及吉普车循着阿拉法特座机飞行的航线细细搜索。巴解组织还曾计划要求美国利用卫星协助寻找，但这项计划由于阿拉法特一行很快被找到而未付诸实施。

4 月 8 日早上 10 点半，巴解组织驻利比亚首都的黎波里办事处接获一张传真，"飞机找到了！"一位官员立即通过无线电问道："阿拉法特呢？" 15 分钟后，传真机再度响起，证明阿拉法特确实安全无恙。拥挤的指挥室中，巴解组织的高级官员们泪流满面，许多人激动得泣不成声。

阿拉法特立即被送往利比亚的医院，各国电视台直播了当时的场景。"不要亲脸！不要亲脸！"当阿拉法特出现在电视镜头前时，他的一位助理正极力阻止狂喜的人们争相亲吻他。只见阿拉法特左眼瘀青，整个脸都肿胀了起来。当一名热情洋溢的巴勒斯坦同胞终于拥抱到阿拉法特时，他显得十分疼痛。这位巴勒斯坦领导人表示，他将这次死里逃生归功于真主。

刚刚和他结婚才几个月的苏哈也情不自禁地喃喃自语："感谢真主！"

其实，阿拉法特这次大难不死还有飞机驾驶员的功劳。在这次空难中，飞机驾驶室内的正驾驶、副驾驶和机械师全部丧生，而坐在机舱内的9个人却全都生还。据事后调查认定，飞机驾驶员牺牲自己和机组人员的生命换取了阿拉法特等的生还，因为驾驶员在飞机坠毁时有意采取了机头先落地的方式，以使机舱后座上的阿拉法特有更多的生还机会。

◆ 事业为重、四海为家

1994年年中，巴以签署巴勒斯坦自治协议后，在海外流浪了33年之久的阿拉法特终于回到了巴勒斯坦的加沙地带，在他满含热泪亲吻久违了的土地时，有谁能理解这位巴勒斯坦的忠实儿子当时的心情？要知道，这位世界级的风云人物，为了他的国土和全世界近600万巴勒斯坦人的家园，从21岁时就投入了血腥的战斗。

阿拉法特是"天生的巴勒斯坦战士"。早在1956年第二次阿以战争时，他就作为工程兵中尉军官加入了埃及军队，退役后迁居科威特，步入商界。当时石油正在为科威特带来经济繁荣，建筑业非常兴旺，仅仅一两年的功夫，牛刀小试的阿拉法特就成了富翁。他把挣到的钱全部贡献给了巴勒斯坦的解放事业，主动承担了巴勒斯坦地下组织的印刷、出版、联络等费用。后来，当组织安排他去从事武装斗争时，他甚至没有来得及与他的商业合作伙伴结清账目，就匆匆离开了亲手创办的企业。

阿拉法特完全献身巴勒斯坦事业的精神得到了同志们广泛的承认，从1963年开始阿拉法特被委托管理组织的财政事务。面对大笔的捐款和赠款，阿拉法特从来没有起过私心，他精打细算，把每一个铜板都用在了巴勒斯坦解放事业上。埃及最直率的评论家胡利（曾因直言评政而遭纳赛尔政府7次监禁）在对比纳赛尔和阿拉法特时曾有一段意味深长的话："纳赛尔有一个家，并享受着作为总统的物质上的特权，当然他是清白的、廉洁的，他的清白和廉洁在阿拉伯国家中也是罕见的。但是阿拉法特和纳赛尔相比，就是一位圣人了，他一无所有，只有他的事业。我认为阿拉法特有一种阿拉伯人身上少有的生理上的、精神的和道德上的勇气，整个阿拉伯世界总有一天会承认这个事实。"

阿拉法特是一位很富有人情味的人。他没有宫殿，也没有名副其实的头衔，人们可以叫他主席、总统，也可以叫他阿布·阿玛尔（游击战争时的化名）。在阿拉法特的同事们中，不论是比他年长的还是年轻的，经常称他为"老头"。他有领袖人物特有的超人魅力，能在各种各样的群众集会上滔滔不绝地发表感人肺腑的演说。在巴勒斯坦领导层中，对阿拉法特的个人品质和超凡能力是绝对没有异议的，当然有的人说他有些"个人独断"，因为每当做重大决策时，他"总是坚持个人创意，只要他看到一点点希望，就会一直走到底，没有人能改变他的主意"。

◆ 不为人知的一面

——相貌平平

很少有人会恭维阿拉法特的长相：凸起而又快速转动的眼睛，厚厚的嘴唇，鼻子硕大无比，两只耳朵又异常的小，满脸络腮胡子，充满戏剧性的姿势和时刻要同人辩论的神态等等。阿拉法特还是一个小个子，身高不到1.63米。连阿拉法特的密友们也不得不承认，这位领袖的相貌确实是没有什么可称道的。阿拉法特的朋友常常说："当你不了解阿拉法特时，你是不会喜欢他的。"但是，就是这个外表不讨人喜欢的人，在电视、报纸、广播和人们的传说中出现的频率却"丝毫不亚于相貌堂堂的美国总统"。

——头顶已全秃

在人们的印象中，阿拉法特总是戴着阿拉伯传统的花格子头巾，据说头巾上的红色方块代表沙漠、黑色方块代表国家、白色方块代表城市，象征着巴勒斯坦人总有一天要建立自己的国家。但是，不戴头巾的阿拉法特就很少有人能够见到了。原来，这位巴勒斯坦领袖的头顶已经全秃，脑门大得出奇，如果他光着头走出来，很少有人会认识他。

——不肯安静片刻

阿拉法特非常好动。不管在什么地方，不管在干什么，也不管是跟谁在一起，阿拉法特总是不会安宁。他的眼睛前后左右地巡视，手也不停地忙碌，膝盖来回摆动，脚则总发出滴滴嗒嗒的敲打声。他从不喜欢坐在椅子或者沙发上，实在没有办法坐下时，他也会突然提出要求换一个座位。据说，阿拉法特的好动一半是天性，一半也是环境使然。因为他若长时间固定呆在一个地方，就很容易成为暗杀者的靶子，天生的敏感使他随时调换自己的位置和方向，让数十次针对他的暗杀阴谋落空。

实际上，阿拉法特好动的天性、不得安静的性格和总想做点事情的需求等，也是他个人宝贵的财富。阿拉法特充沛的精力是常人难以想象的，在过去的几十年里，阿拉法特一天工作18至19个小时，一周工作7天，一年工作365天。他每天的睡眠时间平均不超过5小时。如果条件许可，这5小时他经常分为两段来用，一段是凌晨4时到7时，一段是下午4点到6点。午夜的阿拉法特精神抖擞，思维和反应最为敏捷。也许正因为如此，他的朋友和敌人都把他看作是一个不平凡的人。

——开车不要命

阿拉伯人对开快车有一种天生的偏爱，这在阿拉法特身上体现得最为明显。1969年1月，阿拉法特要去拜见伊拉克总统，他嫌司机车开得太慢，就让司机在后座睡觉，自己驾车高速行驶。为了超过前面的大卡车，他转动方向盘跑到了逆行线上，而迎面一辆快速驰来的小轿车使他不得不退回到大卡车的后面躲避，结果一下子钻入了卡车的底部，车顶被整个掀开了。但在这场车祸中，阿拉法特居然仅仅受了点轻伤——手指骨折，在医院里住了两天就出院了。

阿拉法特的同事们对他开快车的习惯无不感到毛骨悚然。巴解组织执委会委员希塔就从不愿意和阿拉法特一起乘车旅行，除非阿拉法特答应他开车时以平稳的速度行驶。有一次在从安曼到巴格达的公路上，希塔曾强迫阿拉法特停车，然后换乘别的车辆，因为阿拉法特开车的疯狂劲儿实在是让希塔胆战心惊。

这位领袖一生究竟经历过多少次车祸，已经难以统计了，但令人惊奇的是每一次车祸他都能够幸免，真是令人大感不解。

——一天一次礼拜

按照伊斯兰教的规定，穆斯林每天必须进行5次礼拜。对于常年忙碌、居无定所的阿拉法特来说，要做到这一点显然是不大可能的。但是，他又是一个很虔诚的穆斯林，怎么解决这个难题呢？据说，生活中的阿拉法特对此采取一种现实主义的态度，他每天清晨祈祷一次，时间也略微长一些，于是就等于是把一天5次的祈祷集中在了这一次。这件事情在一定程度上也反映了阿拉法特处理问题的独特的现实主义方式。

——喜欢看卡通

如果时间允许，阿拉法特常常会看电视卡通片作为休息。他的一位同事跟他开玩笑说，看卡通片是孩子们的事情，对巴解组织的主席是不合适的。这时，阿拉法特会一口气举出世界上六七位著名精神病学家的姓名，要求这个同事读读他们的书，说他们的书都认为看卡通片是最好的休息方式。

——"过分"讲究礼仪

当和自己人在一起时，阿拉法特最不讲究形式和礼仪，但是在会见外国国家元首和国际机构的代表等外交场合，情况就会迥然不同。在这些场合，他是一个讲究礼仪和外交礼节的人。他的同事讲了这样一个例子：有一天，阿拉法特在也门首都萨那的办公室里同巴解组织军事委员会的成员们聊天，大家都穿着宽松的休闲服。这时，通讯官进来报告，沙特阿拉伯国王来电话要求同主席讲话。阿拉法特点了点头，起立并开始整理自己的军服，检查了袖口和衣领，然后戴上了军帽。他的同事们都在笑他为接一个电话而整理仪容，可他毫不在乎，仍继续用他的手掸去肩膀上想象中的落发。所有这些，仅仅是为了同沙特国王进行一次电话联系。

——可怕的脾气

据阿拉法特的同事讲，阿拉法特在发怒时脸会胀得像一只充了气的皮球，而他那双凸起的眼睛里出现的"闪光"则是暴风雨即将来临的准确信号。他在脾气发作时，足以让任何人感到恐惧，"他叫喊、咒骂、用食指在空中挥舞"，"就像是钻井的钻头一下子打在了水泥地上"。在一次庆典上，阿拉法特的办公室主任以辞职来抗议这位上司的暴怒，但是两个星期后，这位可怜的主任又回到了阿拉法特身边。阿拉法特暴躁的脾气同其伟大人格和对事业的执着相比，实在是不值得一提的事。

据一些西方人观察，阿拉法特有极强的自控力，因此他的发怒并不是一时的冲动,而是他威胁对手的武器。实际上,阿拉法特平时对普通工作人员的态度要比对高级官员的态度好得多,也宽厚得多。

海外阿拉伯人

目前,除了西亚、北非广阔的阿拉伯地域外,在世界各地还散居着几千万阿拉伯人。我们把这些人称为"海外阿拉伯人"。欧洲是海外阿拉伯人最多的地方,其次是美国和东南亚国家。此外,在以色列境内也存在一个阿拉伯社会,这就是"以色列阿拉伯人"。

◆ 欧洲的阿拉伯人

一个个满脸胡子、身穿长袍的阿拉伯人聚集在清真寺里,"真主伟大"的呼声此起彼伏。这个情景可不是在中东国家的清真寺里,而是一群阿尔及利亚人在巴黎的聚会。在巴黎东区的一个街道上,阿拉伯文书店林立,身着阿拉伯长袍的人们、肉贩及各种教派的阿訇挤满了整个街头,一时间令人宛如置身于中东。专家估计,约有一千多万来自西亚及北非的阿拉伯人,散居在西欧各国,其中法国最多。大部分欧洲阿拉伯人是经由非法渠道进入欧洲的非法移民。这些人由于经济和文化上的原因,很难融入欧洲当地社会,再加上欧洲人对伊斯兰教和阿拉伯人的偏见,因此长期受到孤立和歧视。法国伊斯兰协会负责人曼索认为,"伊斯兰教犹如钉子,你愈用力敲,钉子就会愈往里钻!遭受歧视的年轻阿拉伯人,最容易受到别人的误导,这些年轻人犹如定时炸弹,随时都有引爆的可能。"据说,目前有多个相互敌对的伊斯兰教组织在西欧活动,其中大部分或多或少都受到某个阿拉伯国家的影响,与阿拉伯世界联系广泛。西方国家和当地人对此十分敏感。

欧洲人普遍认为,近年来欧洲的阿拉伯人正在觉醒之中,其中一个主要标志就是,被欧洲人视为"伊斯兰原教旨主义"的所谓要求回到《古兰经》纯朴教义中去的运动正在欧洲阿拉伯人中蔓延开来。而实际上,大多数欧洲阿拉伯人并不是西方人眼中的"伊斯兰原教旨主义"者,他们最主要的要求是改变自身现状、提高待遇和不再遭受歧视。欧洲的阿拉伯人正在逐步组织起来，建立自己的清真寺、穆斯林协会，并积极推广教义，塑造穆斯林正面形象，大声疾呼设立伊斯兰经学院，要求尊重穆斯林生活习惯，提供符合伊斯兰教律规定的饮食等等。欧洲阿拉伯人的要求也逐步获得当地人的认同，有不少欧洲国家已经开始满足当地阿拉伯人的合理要求：如荷兰开设了伊斯兰经学院；英国准许成立私立《古兰经》学校，并允许学校对外募集资金。

◆ 美国的阿拉伯人

美国是一个由移民组成的国家，而组成美国的移民中当然也有阿拉伯人。据资料显示，第二次世界大战后阿拉伯移民大量涌入美国，形成了第一次阿拉伯移民高潮，其中包括因战争而流离失所的巴勒斯坦人。第二波移民潮则发生在 1960 年，当时美国政府放宽了移民政策。近半个世纪以来，阿拉伯人和伊斯兰教在美国均有了惊人的发展。据统计，在第二次世界大战前，全美仅有约 10 万名穆斯林。而截至上世纪末，根据调查估计，美国的穆斯林至少在 600 万以上，共有 1 500 多座清真寺和伊斯兰教中心。显然，伊斯兰教在美国已成为第二大宗教。

在阐述阿拉伯人和伊斯兰教在美国的迅速发展时，一位穆斯林学者说：当 1893 年世界宗教大会在美国举行时，美国只有一个人代表伊斯兰教与会，而 1993 年同样在美国召开的世界宗教大会上，在 24 位主席中美国穆斯林就占了两位。来自亚洲与中东地区的移民已改变了今日美国的宗教风貌，美国人再也不能自称为基督教国家了。的确，目前美国穆斯林已拥有足够的群众基础和遍布全国的团体，并在多种场合显示其全国性的力量：如参加北美伊斯兰世界大会的美国公民就多达 6 000 人之多；以清真寺议会或美国伊斯兰议会为名的组织如雨后春笋般出现；为抗议波黑穆斯林所遭受的暴行，美国穆斯林能够在华盛顿组织起 2.5 万人的大游行。有意思的是，在美国的穆斯林中，黑人占了很大的比例，据说自上世纪七十年代以来黑人纷纷皈依伊斯兰教（包括著名拳王泰森），致使今天黑人在全美国穆斯林中的比例竟占到了 40%。

在美国穆斯林中有这样一种说法,即"伊斯兰教在美国正在趋于本土化",以使自身适应美国社会。美国伊斯兰教研究学者芝加哥大学教授麦克劳举例说,现在有些美国穆斯林妇女以戴棒球帽来代替头巾,多数美国穆斯林还想推广教义中诸如婚姻的重要、性的忠诚、毒品和酒有害身心等的教诲,并积极参与社会公德的讨论。对此,教授认为,伊斯兰教的种种好处,可望对未来的西方社会有所贡献。美国伊斯兰经学院院长侯赛因称:"我们将是美国和阿拉伯世界的桥梁,美国的未来与伊斯兰教的未来密不可分!"

但是,实际上穆斯林在美国仍然遭到相当大的歧视。在纽约世贸大楼遭恐怖分子爆炸后,原本就排斥本身所不熟知的宗教的美国,反伊斯兰教和阿拉伯的情绪曾一度高涨。"9·11"恐怖袭击后,这种情绪达到顶点,美国阿拉伯人的生存环境发生了新的变化。

◆ 歧视与反歧视

据路透社 1996 年秋发自美国首都华盛顿的一则电讯:在弗吉尼亚州,两位母亲在去便利店为孩子买糖果的路上被逮捕了。她们究竟犯了什么罪?罪名是戴面纱。据查实,这两位妇女是美籍阿拉伯人。在由众多民族组成的社会中,阿拉伯裔美国人虽然在经济上越来越富裕,但却仍是不被人理解的一族。美国—阿拉伯反歧视委员会主席马克苏德女士说:"美国人对阿拉伯文化和伊斯兰教有很大的误解。"据她所知,"弗吉尼亚有一项不准戴面纱的法律,这同对三K党的斗争有点关系。在逮捕上述两位妇女时可能就是根据这项法律。警察在事后一再表示歉意。"

美国有数百万阿拉伯人,其中许多是基督教徒。谈起对这些阿拉伯人的忽视与歧视,马克苏德有说不完的故事。她说,在传媒中,阿拉伯人被丑化成魔鬼般的恐怖分子,在电影和连环画中被描绘成恶棍。但是,实际上美籍阿拉伯人中有三分之二是在美国出生的,他们自认为是美国人。他们中有一半以上是叙利亚、黎巴嫩、巴勒斯坦和埃及科普特裔的基督教徒。他们通常都拥有自己的企业,受过良好的教育。当然,较近期的移民则多是穆斯林,如在密歇根州的迪尔伯恩定居的什叶派黎巴嫩人和在芝加哥定居的巴勒斯坦人等等。大多数阿拉伯人都同中东保持着密切联系，支持建立巴勒斯坦国。马克苏德认为，即使美籍阿拉伯人想把中东问题，特别是巴勒斯坦同以色列的冲突忘掉，他们也办不到。马克苏德认为："只是由于发生了1967年和1973年的战争，发生了石油禁运、伊朗问题、黎巴嫩问题等等，美国人才注意到阿拉伯人。这种情况显然被美国犹太人组织利用了，他们极力把阿拉伯人描绘成没有人性的恐怖分子。"据统计，在1995年美国摄制的影片中总共有168个阿拉伯人物，其中148个都是反面人物。

马克苏德认为，阿拉伯人只有在成为一支强大的政治力量后才能得到应有的尊重。而她领导着一个美籍阿拉伯选民登记运动，并同克林顿的白宫建立了密切的联系。她要用选举战略来同这种将阿拉伯人描绘成魔鬼的做法作斗争。她已成功建立了一个阿拉伯裔选民的数据库，正努力使阿拉伯人融入主流的政治进程。因为，"消除歧视、获得尊重的途径就是要取得一点权力"。

◆ 伊斯兰教在进攻美国？

美国是一个24小时播放电视节目的国家，而且每个人平均每天有5个小时坐在电视机前，电视节目对美国人所产生的影响非同小可。从1985年起，一个名为"伊斯兰教一瞥"的新闻服务节目出现在美国洛杉矶电视中。它陆续向美国观众介绍伊斯兰教知识、穆斯林社会的组织、文化和风俗习惯等等。尽管这个节目每周只有微不足道的半个小时，但是却在洛杉矶的一般美国观众中引起了愈来愈多的好奇和反响，许多人在星期日等待着打开电视，迫不急待地收看"伊斯兰教一瞥"新闻服务节目。该节目设有一条供观众直拨的电话线路，详细记录每个观众的意见、评论及建议等等。而且每当新一期节目播出后，都要收到大量的观众来信，要求索取介绍伊斯兰教的相关资料。在这套电视节目中，最受观众欢迎的是介绍世界各地穆斯林社会近况和有关伊斯兰教基本信仰的专题。许多观众来信谈到，他们正是通过收看这套节目才对世界各地穆斯林的情况有了一些了解。这个节目是由一家"伊斯兰新闻服务社"主办的，工作人员都是自愿义务工作的美国穆斯林,他们主要的宗旨是"把真主那宏达的旨意传给世界上更多的人"。在制作节目时,新闻服务社全体成员态度严谨。节目不接受任何广告,这在广告铺天盖地的美国电视节目中无疑是一股新风。该新闻服务社的活动经费来自在当地进行的募捐。据悉,由于节目倍受欢迎,美国许多州都希望复制或转播。

◆ 来历不明的邮件炸弹

1997年新年伊始,在距离美国总统府白宫只有两个街区的华盛顿国家新闻大楼内,发现了数枚藏在信封中的邮件炸弹,给当地欢乐的节日气氛蒙上了一层恐怖的阴影。

第一枚邮件炸弹的收信人是34岁的达纳。达纳是沙特阿拉伯《生活报》驻华盛顿的记者。1月2日上午9点15分,他休假完毕回到办公室,照例翻阅每天的邮件。他拿起一个1996年12月31日寄到的大信封,起初认为它是一个普通的音乐圣诞卡,但这个邮件的重量和摸上去能感到的凹凸不平使他产生了怀疑。于是,他小心翼翼地拿剪刀沿着信封的一边剪开了信封,发现好像是一团塑胶炸药的东西被裹在一层透明的玻璃纸中,一条绿色的导线从中间伸了出来。达纳回忆说,"连一个外行人也能看出这是一枚炸弹"。于是,他叫来了大楼的保安人员并立即报警。警察迅速疏散了《生活报》所在的国家新闻中心大楼11层内的所有人员,并且在达纳尚未打开的邮件中发现了第二枚炸弹。下午3点,在送达《生活报》的邮件中又发现了两个类似的信封,这下子警察如临大敌,对整个大楼进行了疏散,同时关闭了经过大楼门前的街道。经过检查,这两个貌似音乐贺年卡的信封里面装的也是炸弹。据说,当天在华盛顿东北区的一个邮局里和堪萨斯州的一个监狱中也发现了类似的邮件炸弹。

从邮件炸弹信封上的邮戳看,所发现的炸弹都是寄自埃及的亚力山大,信封用阿拉伯文和英语书写,但是没有寄信人的地址和姓名。通过X光检查,所有炸弹都是月塑胶炸药制成,并有类似的结构,但制作手法不像是出自专业人士之手,当然如果炸弹爆炸,其杀伤力还是足以致人死命的。美国方面表示,这可能是恐怖分子的一种报复行为。由于涉嫌策划和参与纽约世界贸易中心大楼爆炸案，有多名埃及人被扣押在美国的监狱。但是，埃及政府明确否认美国发生的邮件炸弹事件与自己有关。埃及声称，美国在世界各地到处都有敌人，而邮品的邮戳是随处都可以仿造的。

贺年卡炸弹在华盛顿地区引起了相当大的震动。事件发生后当地警察接到了很多报警电话，但是没有再发现更多的炸弹。警察局警告人们，不要随便拆阅来历不明的信件，并加强了对阿拉伯国家驻美使馆、美国政府各部门的安全保卫，中东地区邮件进入美国的主要口岸肯尼迪国际机场也加强了邮检。

◆ 以色列阿拉伯人

1948年以色列建国及随之而来的第一次中东战争后，大批巴勒斯坦人逃离家园，成了流落他乡的难民，但也有不少人不愿离开故土而留了下来。在1949年第一次中东战争结束时，以色列境内的巴勒斯坦人大约有16万，占当时以色列人口的11％左右。他们后来都获得了以色列国籍，成了以色列阿拉伯人。由于阿拉伯人的出生率很高以及1967年战争以色列对整个巴勒斯坦的占领，到上世纪末，以色列的阿拉伯人口已将近100万，占以色列全国总人口的比例接近五分之一。

出于谨慎的原因，以色列官方在谈到国内阿拉伯人时，往往不把他们作为一个整体来看待，而是进一步按宗教信仰把他们划分为穆斯林、基督徒、德鲁兹人，甚至还将穆斯林人口划分为居住在加利利地区的切尔克斯人、在沙漠中游牧的贝都因人等等。以色列当局对这些"不同类型的少数民族"实行不同的政策，所谓"分而治之"。其实，从历史、文化、生活习俗等方面来看，这些人都属于阿拉伯人。他们都讲阿拉伯语，都自认为是整个阿拉伯世界的一个组成部分，只不过有不同的宗教信仰或不同的生活方式而已。

在以色列，人们常常会听到来自亚非国家的东方犹太人的抱怨，说他们在以色列是二等公民，受到来自欧美的西方犹太人的歧视。实际上，以色列的阿拉伯人在这个国家才是不折不扣的"三等公民"。在长期的阿以对抗中，以色列对其境内的阿拉伯人一直怀有戒心，把他们视为对以色列安全构成潜在危险的"第五纵队"。在建国后相当长一段时间里,以色列当局对阿拉伯人聚居的地区实行军事管制,限制他们的行动自由。在每个公民都必须服兵役的"全民皆兵"的以色列,阿拉伯人没有参军的权利,当然以色列的阿拉伯人也不愿意拿枪去打自己的同胞兄弟。由于不服兵役,以色列阿拉伯人的许多与兵役制度紧密相连的社会福利和经济权利都被剥夺,在就业、升学、医疗保险、社会保障等方面都不能享受与犹太人平等的权利。此外,以色列阿拉伯人的平均受教育程度普遍低于犹太人,以色列政府在市政建设、基本设施投资等方面也优先照顾犹太村镇,因此以色列阿拉伯人和犹太人之间的经济差别是非常明显的。

虽然"同为一个国家的公民",以色列阿、犹两族之间却基本上没有什么交往,他们互相保持着强烈的戒备之心。双方在价值观念、宗教信仰、语言、生活方式上的差异,也使他们各有自己的教育和商业服务体系,有自己的社会和宗教机构。普通犹太人极少到阿拉伯人的村镇中来,阿拉伯人无事也不到犹太人的城镇里去。在以色列北部的加利利地区有一个犹太人集体农庄——基布兹,与两个阿拉伯村庄比邻,从犹太人这边望去,阿拉伯村民出出进进都看得十分清楚。但据该基布兹的犹太居民讲,这里的犹太人与对面的阿拉伯人很少有往来。他在此已生活了40多年,只到阿拉伯村庄去过两次,而不少人一次都未曾去过。阿拉伯人也极少过来。这情形颇有些"鸡犬之声相闻、民至老死不相往来"的味道。耶路撒冷圣城举世闻名,面积仅1平方公里左右,内分阿拉伯人、基督徒、亚美尼亚人和犹太人四个区,其中阿拉伯人区面积最大,也是著名的阿拉伯传统商业中心。在圣城的阿拉伯区内购物,不仅货色纯正,而且价格便宜,与犹太人商店内同类商品的高价格形成鲜明对比。因此,这里的商品对犹太人也是很有吸引力的。许多犹太人,特别是新到以色列经济状况不太好的移民,都禁不住诱惑常要去"冒险"走一遭。据一位随父母从叙利亚移居以色列的犹太女青年说,她常常罩上白头巾去圣城阿拉伯人区采购,并情不自禁地称赞那里的东西物美价廉。也难怪,这位出生于叙利亚的东方犹太姑娘,从长相到穿戴实在看不出与阿拉伯姑娘有什么区别。

以色列阿拉伯人在政治上有选举权。如果按照在以色列人口中占近五分之一的比例来算，他们在 120 个席位的以色列议会中应该占有 20 多个席位。但实际上，以色列议会中的阿拉伯议员人数从未超过 10 席。这主要是因为处于"三等公民"地位的以色列阿拉伯人普遍对政治缺乏兴趣，很多人根本不参加投票。而且，阿拉伯人的通病——不团结在这里也表现得非常明显，小政党林立且各自为阵，多数小党的得票率不足以进入议会。结果，长期以来，以色列阿拉伯人对以色列政治的影响不大。

除了在以色列国内受到不公正对待外，以色列阿拉伯人还经受着一层更深的痛苦，这就是与整个阿拉伯世界的隔绝。他们身为穆斯林，却不能履行宗教义务到伊斯兰教圣地麦加去朝觐。即使他们到了国外，也常常会被其它阿拉伯人怀疑为以色列的间谍而得不到信任。1992 年就发生过两名以色列阿拉伯人（父女二人）在埃及被当作特务遭逮捕的事件，后来证明他们是无辜的。在以色列国内是处于社会底层的"三等公民"，到了国外又得不到其它阿拉伯兄弟的理解和关心。他们与约旦河西岸和加沙地带的阿拉伯人之间的隔阂也是明显的。本来，他们曾是生活在一起的同胞骨肉，难民营中有许多人原本就是他们的邻居。1948 年第一次中东战争时他们曾经历生离死别的一幕，但当 1967 年由于以色列对约旦河西岸和加沙地带的占领使他们得以再次相见时，他们发现彼此之间已经疏远了。现在，双方的身份已经不同了，一方是以色列公民，而另一方是以色列占领下的"无国籍居民"。而且，以色列阿拉伯人的生活水平明显高于被占领土的阿拉伯人，他们多多少少已接受了一些以色列人的生活习惯，不少人还会讲希伯来语。他们也不像被占领土的阿拉伯人那样仇恨以色列。随着巴以《奥斯陆协议》的实施，巴勒斯坦自治正逐渐向整个约旦河西岸扩展，一个实实在在的巴勒斯坦国家终将出现。所谓"血浓于水"，以色列阿拉伯人也盼望着这一天早日到来。但是，另一方面，出于经济考虑和对故土的依恋，他们中绝大多数人并不愿意迁移到新的巴勒斯坦国中去。有些人甚至还担心，这样一个国家的出现可能使他们在以色列国内的处境更加尴尬。

第二部分　形形色色的阿拉伯人

第三部分

兄弟阋墙
——阿拉伯内部关系透视

第一次世界大战结束后，处于分裂状态并分别被奥斯曼帝国、欧洲列强统治的阿拉伯地域开始出现一个个独立的阿拉伯国家。从1918年也门摆脱奥斯曼帝国统治到1971年阿联酋宣布独立的50多年中，阿拉伯世界先后出现20多个独立国家。阿拉伯独立国家的纷纷出现，使阿拉伯民族统一和复兴的呼声日益高涨，一时之间在阿拉伯普通民众中，那种重温辉煌的阿拉伯大帝国旧梦的情绪油然而生。1945年，泛阿拉伯组织——"阿拉伯国家联盟"由埃及、沙特阿拉伯、外约旦（今约旦）、伊拉克、叙利亚、黎巴嫩和也门等七个阿拉伯国家创始成立。虽然"阿拉伯国家联盟"的宗旨是促进各成员国之间的密切关系和合作、维护阿拉伯国家的独立和主权、全面考虑阿拉伯国家的事务和利益，但成员国却各有各的盘算。1948年以色列国成立，阿拉伯国家组成阿拉伯联军群起攻之，但终因内部不统一、利益不一致而遭惨败。以色列国的出现和阿拉伯国家在第一次中东战争中的惨败，大大刺激起阿拉伯人民要求民族统一的呼声，"以色列因素"从此也就成为推动阿拉伯民族团结和统一的首要因素。从20世纪50年代开始，在阿拉伯国家中间出现一股股旨在最终实现阿拉伯统一的双边或多边合并浪潮。然而，正如一些阿拉伯学者自己所说，在阿拉伯国家间不时掀起的合并、"联邦"的热潮，恰似一阵阵"不成熟的喧闹"，代之而起的是矛盾、仇视、敌对和冲突，直到1990年爆发海湾危机这样的悲剧。

　　目前世界上有22个以阿拉伯人为主要居民、人们称之为阿拉伯国家的国家。在这些阿拉伯国家中，每一个政权和国家领导人都毫无例外地在口头和行动上将自己的国家视为阿拉伯统一世界的组成部分。从来没有一个阿拉伯国家公然违反过这种假定，也很少有哪个阿拉伯国家的领导人在理论上将自己国家的主权与一个国际法下的"主权国家"的法律地位相提并论。如今，阿拉伯统一的理想虽与一盘散沙的现实渐行渐远，但迄今仍未见有哪一个阿拉伯国家的领导人胆敢藐视或否定这种说法。大多数阿拉伯国家政权都仍然在名义上保留着所有阿拉伯人均属于一个阿拉伯祖国（NATION）的传统准则。

阿拉伯人的这种在民族和国家问题上的观念，常常使阿拉伯世界以外的人感到困惑不解，同时也给阿拉伯世界、特别是阿拉伯国家间的关系带来数不清的烦恼和难题。半个多世纪以来，在阿拉伯世界曾断断续续上演着一幕幕悲欢离合的"悲喜剧"。阿拉伯世界最大的报纸——埃及《金字塔报》前主编海卡尔先生，曾对阿拉伯人及阿拉伯国家间的关系做了很精彩的论述，他说："我们一会儿愤怒，一会儿冷静，我们动不动就拔枪相向，然后又互相握手拥抱，似乎什么事情也没有发生过。"

阿拉伯民族还是阿拉伯国家

其实，阿拉伯国家领导人坚持这种"大民族重于小国家"的态度并不是偶然的。因为在东起伊拉克、西至摩洛哥这一辽阔的阿拉伯地域内，无论哪一个国家、哪一个阶层，绝大多数人心目中都广泛存在着阿拉伯"大一统"的信念，相信终有一天所有的阿拉伯人都将重新生活在一个阿拉伯祖国之内。据上世纪70年代末在科威特、卡塔尔、也门、约旦、巴勒斯坦、黎巴嫩、埃及、苏丹、突尼斯和摩洛哥等十个阿拉伯国家所作的一项民意调查显示：约80%的成年人认为自己是阿拉伯人，属于一个统一的阿拉伯国家。这些人在这样一种阿拉伯民族的共同的信念下生活，使用一种共同的语言，有着共同的宗教信仰（阿拉伯世界绝大多数居民信奉伊斯兰教）和生活方式，承受着与以色列战争失败所带来的共同的痛苦感。他们中的绝大多数人向往阿拉伯实现政治上的统一，当然只有少数人认为阿拉伯的统一能够在短期内实现。多数人相信伊斯兰教是一步步迈向阿拉伯统一国家的关键因素。

与此同时，世人也很自然地把阿拉伯世界看作是一个自成体系的文化区域或社会单元。阿拉伯学者沙德·艾丁·易卜拉欣曾将阿拉伯人的自我认同感与欧洲人和美国人作了一个比较。易卜拉欣认为，作为一个阿拉伯人，他的民族观和国家观正好介乎于西欧人和美国人之间：一方面，阿拉伯人生活在若干个具体的国家里，西欧人也生活在若干具体国家里，但阿拉伯人比西欧人具有更多文化上的相似性。因此，同样身处国外，一个意大利人或一个法国人肯定谁都不会认为自己是一个欧洲人，而只会非常自然地称自己是一个意大利人或法国人，但绝大部分阿拉伯人（不论他出自哪个国家）因拥有共同的文化、价值和道德观念，甚至相同的政治和法律形式等，却会当然地认定自己是一个阿拉伯人。另一方面，阿拉伯人分布在众多的具体国家中，美利坚合众国名义上也有五十个独立的"国"(STATE)，但阿拉伯人在政治上的联合却远远不能望美国人的项背。因此，一个身处国外的美国人几乎肯定不会将自己看作是一个"德克萨斯人"、"加利福尼亚人"或"纽约人"什么的，而阿拉伯国家的国民却又会很容易地把自己看作是"埃及人"、"叙利亚人"或"也门人"等等。

由于有政府和人民普遍存在阿拉伯民族和阿拉伯人同属于一个"大国家"的信念作基础，阿拉伯国家的政府和舆论在历次中东战争期间总会表现出"团结一致的喧闹"。那些由于石油价格暴涨而突然致富的阿拉伯产油国也很自然地认为，自己有道德上的义务和政治上的利害关系帮助阿拉伯世界的其它国家。阿拉伯产油国纷纷成立基金，用于援助那些"贫穷的兄弟姐妹国家"的经济建设。然而，即使阿拉伯产油国、其中特别是沙特阿拉伯从自己的石油年收入中拿出相当比例的数额（最高时为 GDP 的 5％，而联合国规定的发达国家援助发展中国家的比例为 0.7％，包括美国、日本在内的绝大多数发达国家均未达到过这一规定的比例）给予发展中国家，其中主要是阿拉伯穷兄弟，但许许多多的阿拉伯人仍然认为，这些产油国所作的努力离他们"应该做的"相差甚远。

阿拉伯国家间的兄弟情谊还体现在国际舞台的方方面面。例如，除"阿拉伯国家联盟"在联合国等国际机构和世界各主要国家设有常驻代表处外,阿拉伯各国在诸多国际机构和一些主要国家的使节还常常组成非正式的"阿拉伯国家大使委员会",随时协调兄弟国家之间在国际事务中的立场。在亚洲体坛,人们对"人多势众"的阿拉伯国家的表现留有深刻的印象。1996年底,在阿联酋举办第十一届亚洲杯足球赛决赛期间,亚洲奥林匹克委员会投票决定第十二届亚洲杯足球赛举办国。据说,原申办国和地区曾有五方,即中国、韩国、马来西亚、中国香港和黎巴嫩。结果在投票前一天,阿拉伯国家奥委会开会后公开宣布,阿拉伯方面将一致支持黎巴嫩主办第十二届亚洲杯。鉴于以往阿拉伯"兄弟作风"的经验,韩国、马来西亚和中国香港三方在正式投票前均退出了申办者的行列。果然,投票结果不出所料,阿拉伯国家黎巴嫩以绝对多数赢得主办权。大家都明白,黎巴嫩主办亚洲杯,几乎完全是出于政治和经济重建考虑,但在经历十多年内战破坏后,黎巴嫩其实不具备主办这样一次亚洲杯的硬件环境。为保证第十二届亚洲杯足球赛不至因场地无着落而落空,亚足联特意将中国列为后补国家,即一旦黎巴嫩无法如期主办,则由中国方面"保底"。

阿拉伯民族的"觉醒"

公元七世纪,随着先知穆罕默德创立伊斯兰教,阿拉伯人在阿拉伯半岛上迅速崛起。先知穆罕默德去世后,阿拉伯人在前几任哈里发(伊斯兰世界政教合一的领袖)的统率下,"一手持剑、一手拿《古兰经》",走上了对外扩张、建立阿拉伯大帝国的道路。在短短一个多世纪中,阿拉伯人所到之处,通过与当地被征服者共同生活及相互联姻等途径,阿拉伯语和伊斯兰教得到了迅速而广泛的传播。作为征服者的阿拉伯人和被征服的当地土著居民在民族融合的基础上,最终形成了现代意义上的阿拉伯民族。

阿拉伯大帝国从一开始就是一个容纳诸多民族的混合体。由于伊斯兰教影响的迅速扩大,伊斯兰教的概念大大超越了阿拉伯民族的概念,在尊奉伊斯兰教的前提下,许多地方割据政权实际掌握在非阿拉伯人手中,帝国管理层也逐渐形成非阿拉伯穆斯林占主导地位的情形。16世纪初,奥斯曼土耳其人占领了广大的阿拉伯地区。作为征服者的土耳其人接受了被征服者阿拉伯人的宗教——伊斯兰教，奥斯曼帝国的君主将阿拉伯地区划分为若干行省，并利用伊斯兰教的名义号令天下。于是，阿拉伯人在伊斯兰教的旗帜下心甘情愿地认奥斯曼土耳其人的哈里发为"主子"，稀里糊涂地被奥斯曼帝国统治了400年。在这400年中，处于被统治地位的阿拉伯人的民族主义被伊斯兰主义所掩盖，许多阿拉伯精英分子甚至为拯救日趋没落的奥斯曼哈里发的统治而绞尽脑汁。很难想象如果没有伊斯兰教因素，阿拉伯人会心甘情愿地在奥斯曼土耳其人的长期统治下默不作声。

阿拉伯民族主义的"觉醒"开始于奥斯曼帝国的末期。在奥斯曼帝国的异族统治下，阿拉伯人由来已久的形形色色宗教秘密团体不断地培植着阿拉伯民族主义的精神。随着西方民族、民主主义思想的不断传入和奥斯曼帝国专制统治的日益残酷，阿拉伯知识分子开始"觉醒"，普遍渴望恢复阿拉伯人的历史荣耀。20世纪初，旨在"救亡图存"的奥斯曼帝国在青年土耳其党人的主政下祭起"泛突厥主义"大旗，以颁布第一部宪法的形式企图在其帝国内强制推行各民族"土耳其化"的政策。奥斯曼帝国的"泛突厥主义"政策无异于给其统治下的阿拉伯人以当头一棒，也大大促进了阿拉伯民族意识的复活和增长，使阿拉伯精英们不得不认真思考阿拉伯民族何去何从的问题。1904年，阿拉伯思想家纳吉布·阿祖利发表《阿拉伯民族的觉醒》一书，首次号召阿拉伯各行省脱离奥斯曼帝国，在阿拉伯半岛的希贾兹设哈里发，建立独立、统一的阿拉伯国家。第一次世界大战爆发后，奥斯曼土耳其加入同盟国向英、法等国宣战。随着第一次世界大战战事的推进，奥斯曼帝国就像一艘破损漏水的船，行将寿终正寝。英、法等协约国乘机鼓动奥斯曼帝国统治下的阿拉伯人起来造反，并对他们许下种种诺言。1916—1918年，麦加谢里夫（即伊斯兰教圣地掌管者）、先知穆罕默德的嫡系后裔侯赛因·本·阿里（约旦国王侯赛因的曾祖父）自称"阿拉伯人之王"，并发动"阿拉伯大起义"。

第一次世界大战临近结束时，英、法等西方列强背信弃义，大肆瓜分阿拉伯地区，并发表《贝尔福宣言》，支持犹太复国主义。在一战后的巴黎和会上，侯赛因之子费萨尔曾要求建立东至伊朗西部边界的统一的西亚阿拉伯国家，遭到英、法等国的冷遇。在列强的瓜分下，广大的阿拉伯地区被分割成十多个国家和地区，从此阿拉伯人的民族解放斗争大多以各自为政的形式进行，阿拉伯统一的民族主义不可避免地被阿拉伯"地方主义"所替代。第二次世界大战前后，阿拉伯人在受到犹太复国主义严重威胁的情况下，于 1945 年由埃及、叙利亚、黎巴嫩、伊拉克、外约旦（今约旦）、沙特阿拉伯和也门七国成立"阿拉伯国家联盟"。阿拉伯联盟的出现是阿拉伯人理想与现实相矛盾的产物，它既适应了阿拉伯国家加强联合的需要，也使阿拉伯人的分裂现实合法化。

伴随着阿拉伯国家的纷纷独立和阿拉伯民族主义运动的高涨，现代阿拉伯民族主义的理论也应运而生，其代表人物是被誉为"阿拉伯民族主义精神之父"的伊拉克人萨堤·胡斯里和阿拉伯复兴党创始人叙利亚的米希尔·阿费拉克。胡斯里提出，阿拉伯语及共同的历史经历是构成阿拉伯民族和民族主义的基础，因此"凡是讲阿拉伯语的人（即以阿拉伯语为母语的人），不论他愿意与否、承认与否，都是阿拉伯人"。胡斯里从不承认阿拉伯国家之间的"人为边界"，并终身为阿拉伯的统一奔走呼号，大声疾呼阿拉伯人"为建立一个统一的阿拉伯国家而奋斗，使之成为一个强大的现代民族，恢复昔日的光荣，步入先进的民族行列"。阿费拉克则把欧洲的"国家社会主义"与阿拉伯民族主义结合在一起，提出"统一的阿拉伯民族的不朽使命是实现阿拉伯民族的复兴"。为此，阿拉伯民族必须实现三大目标：统一——被殖民主义分割成许多国家的"阿拉伯祖国"必须统一；自由——阿拉伯民族必须能够自由支配自己的财富和命运；社会主义——阿拉伯人必须重新分配阿拉伯世界的财富，在全体公民中建立一个保证公正和平等的经济基础。

1948 年 5 月 14 日，以色列根据联合国巴勒斯坦分治决议正式建国，翌日五个阿拉伯国家——约旦、埃及、叙利亚、黎巴嫩和伊拉克即向以色列宣战。从此，阿以冲突就成为加强阿拉伯人之间的团结和民族统一的主要因素。20 世纪五六十年代，埃及、叙利亚、伊拉克等阿拉伯国家纷纷发生革命，以埃及前总统纳赛尔和叙利亚复兴党领导人为代表的新一代阿拉伯领导人走上政治舞台，阿拉伯民族统一的实践一浪高过一浪，两个或几个阿拉伯国家实现合并的事件层出不穷。正像一位历史学家所讲，第二次世界大战后的阿拉伯世界几乎每隔十年就会出现一位政治强人,他们都以复兴阿拉伯及消灭以色列为号召。阿拉伯国家的现代历史好像恰恰印证了这种说法:在五六十年代埃及纳赛尔之后,七十年代利比亚的卡扎菲风光一时,八十年代叙利亚总统阿萨德驰骋阿拉伯政坛,九十年代则有使世界震惊的伊拉克总统萨达姆。

阿拉伯雄狮纳赛尔

伴随着第二次世界大战后阿拉伯民族主义理论和实践的发展,20世纪50年代初在阿拉伯世界出现了一颗耀眼的民族主义巨星,这就是埃及前总统贾麦尔·阿卜杜勒·纳赛尔。

纳赛尔于1918年出生在埃及艾斯尤特省一个中产阶级家庭,父亲是政府职员。中学时期,纳赛尔就表现出很强的组织和领导才能,曾作为学生联合会主席组织和领导当地中学生的反英示威,并为此而数次被捕入狱。1938年,20岁的纳赛尔以优异成绩从开罗皇家军事学院毕业。第二次世界大战期间,纳赛尔曾随英军开赴苏丹战场。战后,纳赛尔进入开罗军事参谋学院深造,并参加1948年第一次中东战争,因作战勇敢、指挥有方而获得"法卢加之虎"称号。1950年,纳赛尔出任由其在二战结束初期秘密筹建的"自由军官组织"的执行委员会主席。1952年,埃及"自由军官组织"在纳赛尔等人的领导下推翻了法鲁克王朝,纳赛尔出任革命指导委员会委员兼武装部队行政秘书,不久出任埃及共和国副总理兼内政部长、总理等职。1954年11月,纳赛尔接替纳吉布担任总统及革命指导委员会主席,并在1956年埃及颁布宪法后通过公民投票当选为埃及历史上第一位民选总统(兼总理)。

纳赛尔是一位得到阿拉伯世界公认的阿拉伯民族主义政治家。在周围一批知识分子精英(包括创立了阿拉伯世界最大报纸——埃及《金字塔报》的海卡尔)的协助下,他发表了《革命哲学》、《埃及的解放》等著作,在前人的基础上大大发展了阿拉伯民族主义的理论。他认为,埃及以其阿拉伯世界、非洲和伊斯兰世界"三个圈子"中心的地位,堪当阿拉伯民族复兴天然领袖的重任，并提出：阿拉伯人的民族统一要与反帝、反殖、反犹太复国以及各阿拉伯国家政治上的独立和经济上的发展相结合；阿拉伯人的民族统一应从一个国家内部首先实现团结、到两个或几个国家实现联合、再到阿拉伯全民族实现统一。纳赛尔还将自己的阿拉伯民族主义理论付诸实践。1956年7月26日，纳赛尔作出惊人之举，宣布将苏伊士运河收归国有，并于同年10月领导抗击英、法、以发动的"苏伊士运河战争"（即第二次中东战争）。苏伊士运河事件使纳赛尔在阿拉伯世界的威望和影响如日中天。在此之后，纳赛尔为谋划和具体实施阿拉伯民族的统一采取了一系列步骤。

◆ 阿拉伯统一的尝试

从上世纪50年代开始，阿拉伯国家进行了数不清的阿拉伯民族统一的实践活动，纳赛尔和叙利亚复兴党建立的"阿拉伯联合共和国"（简称阿联）被认为是阿拉伯统一实践的第一次尝试。

1958年，埃及和叙利亚两国合并组成"阿拉伯联合共和国"，埃及总统纳赛尔任联合共和国总统。不久阿拉伯也门也加入阿联。这次联合是叙利亚阿拉伯复兴党人与埃及的纳赛尔总统共同促成的。1956年苏伊士运河战争爆发后，阿拉伯复兴党确认纳赛尔的埃及所追求的方向和原则与己相近，并认定埃及是阿拉伯统一实践的基本力量，于是决定全力促成埃、叙联合，以最终实现阿拉伯的统一。在运河战争期间，已经加入叙利亚内阁的叙复兴党领导人阿费拉克访问埃及，与纳赛尔总统谈及两国联合事宜，并为叙利亚政府代表团访埃正式进行联合谈判做准备。当时纳赛尔对联合所持的态度是谨慎的。他担心埃、叙没有共同边界，担心习惯于搞军事政变的叙利亚军人不服，同时也对联合将引起帝国主义的干预存有疑虑。但形势的发展不允许纳赛尔多想。当时，叙利亚国内局势混乱，党派纷争，军队分裂，美、苏都极力利用叙利亚国内亲自己的势力以图夺取对叙的控制权。客观形势加速了两国合并的步伐。1958年2月1日，埃、叙合并协议经双方公民投票通过，"阿拉伯联合共和国"宣告成立。

埃、叙合并给阿拉伯联合的理论和实践留下诸多值得总结的教训和经验。埃、叙两国实际情况相差很大：在政治上埃及是高度集权，叙利亚则是多党制；经济上埃及实行计划经济，叙利亚则是市场经济。此外，两国军队的地位也迥然有别，埃及军队只听命于中央，而叙利亚军队则与各政党关系密切、频频干政。因此，埃、叙两国要实现真正的统一绝不是一件容易的事情。但是，在两国合并前尚存满疑虑的埃及总统纳赛尔在阿联成立后，出于尽快消除埃、叙两国差异，迅速实现两国政治、经济一体化的考虑，完全不顾当时的现实，强行将埃及本国实行的政治、经济体制照搬到叙利亚。在政治上，纳赛尔宣布取缔叙所有政党，清洗与党派有关系的军官并禁止军队干政，重用总统个人代表、安全机构人员等采取高压手段实行统治；经济上，将几乎没有公地可分的埃及的土地改革照搬到拥有大量公有耕地的叙利亚，同时将叙的所有银行及大公司等收归国有，并进而准备统一货币和税收等等。纳赛尔主观上加速统一的政策产生了适得其反的结果：合作伙伴叙利亚复兴党人因对处于无权状态不满意而全部辞职，被取缔的叙利亚各政党纷纷转入地下活动，广大的叙利亚老百姓则担心生活水平由于统一而大大降低。结果，1961年叙利亚发生军事政变，早已对合并深恶痛绝的叙各政党、甚至复兴党的部分高级领导人联名表示支持，纳赛尔苦心经营三年之久的"阿拉伯联合共和国"毁于一旦。

◆ 欲速不达

纳赛尔素有强国富民、以埃及为中心统一阿拉伯世界的雄心。将苏伊士运河收归国有，耗费巨资修建阿斯旺水坝工程，宣布实施阿拉伯社会主义等等，处处都体现了他急于求成的主观心理。但埃及资源贫乏、国家落后的现实又常常使他陷入一种尴尬的境地。他不得不四处求人，特别是依靠苏联的支持，这又使他在很大程度上受到苏联人的牵制。因此，如何充分利用阿拉伯自己的资源来配合完成他团结、统一阿拉伯世界的宏伟大业，自然成为他头脑中时时刻刻考虑的问题。1962年秋，纳赛尔看到"从后门获得沙特阿拉伯巨大石油财富的机会"，于是他迅速行动起来。

1962年9月26日，北也门发生推翻巴德尔封建王朝统治的革命，这是阿拉伯半岛上首次爆发的反对封建统治的革命。效法纳赛尔的也门革命领导人恳切呼吁纳赛尔给予支援。纳赛尔很快进行军事干预。于是感受到巨大威胁的沙特王室与埃及的关系一下子紧张到了极点。纳赛尔的宣传机器一再攻击沙特阿拉伯当时的实际主政者费萨尔亲王，并试图煽动沙特王室内部以及王国军队中受过高等教育的年轻军官起来造反。费萨尔则断然决定断绝与埃及的外交关系。当年底，埃及空军甚至空袭了沙特阿拉伯与也门边境上的若干城镇。出于石油利益考虑并担心亲西方的海湾阿拉伯君主们的王冠落地，美国肯尼迪政府从一开始就鼓动沙特和约旦等支持也门保王党的叛乱，并直接派遣空军到沙特首都利雅得和夏都吉达显示力量。外部势力的介入使也门内战蔓延，战事旷日持久一直持续到1965年夏天。埃及与沙特的对峙也长期陷入僵局。纳赛尔对也门的军事干预最终不仅没有能实现其"从后门获得石油财富"以供埃及发展之需的目的，而且在实际上还损害了阿拉伯民族统一和团结的理想，使许多阿拉伯国家的领导人对纳赛尔抱有很深的戒心。

◆ 阿拉伯雄狮之死

的确，纳赛尔曾代表了阿拉伯人的希望。他处处提倡阿拉伯主义，不懈地追求阿拉伯统一，初步唤醒了阿拉伯人民的民族意识和民族情感。他在阿拉伯世界的影响是深远的，这一点可以从1970年纳赛尔逝世在阿拉伯世界引起的强烈震动中得到印证。

1970年9月28日，阿拉伯世界的政治巨星陨落了。当埃及政府宣布年仅52岁的纳赛尔总统逝世的消息时，整个埃及和阿拉伯世界都震惊了。这怎么可能呢？在埃及首都开罗，人们悲痛难忍，纷纷走出家门，在暮色苍茫中涌向尼罗河畔的埃及国家广播电台。自古以来，埃及人在表达感情时就总是奔向尼罗河的。慢慢地，尼罗河边的人越来越多，几百、几千、几万、几十万，只见尼罗河两岸人山人海，黑压压一片，国家广播电台门外挤得水泄不通。妇女们尖声哀鸣着："雄狮死了！雄狮死了！"这一呼声传遍埃及城市、乡村，在整个埃及回荡。在当天夜里及以后的几天中，人们开始从埃及各地向首都开罗涌动，据说开罗城内至少来了1000万人。由于大开罗食品供应日见紧张，也没有更多的地方供人们住宿，政府不得不停止了火车的行驶，但人流仍然源源不断涌来，人们有的乘汽车，有的骑毛驴，有的甚至步行。

"雄狮死了！"的呼声也同样响彻其它阿拉伯国家。在约旦首都安曼，正在互相厮杀的约旦皇家军队和巴勒斯坦解放组织的游击队停止了战斗，约旦军队的坦克卸下了大炮，而巴解游击队队员们则从战壕中走出来，高喊着纳赛尔的名字；在黎巴嫩首都贝鲁特，悲痛的人们向天空鸣枪致哀；在利比亚首都的黎波里，"桀骜不驯"的利比亚领导人卡扎菲上校，把自己反锁在房间里痛哭不已，直到第二天才走出房间；在叙利亚，阿萨德总统痛哭流涕，"我们都像孩子，经常犯错误，只有他才能纠正我们的过失，使我们不至于造成恶果"；在阿拉伯半岛也门贫瘠的土地上，人们也痛感失去了一位伟人，当地人史无前例地自发举行了规模宏大的追悼会……与此同时，成千上万的阿拉伯人从各自的国家纷纷赶到开罗。一时间，埃及首都开罗变成了人的海洋，悲痛的海洋，痛苦的哀叫声与开罗清真寺响彻了千年的"宣礼"声遥相呼应。为维持秩序，埃及政府调集 5 个师的军队紧急开赴开罗，但人潮汹涌，几万名士兵顷刻之间即被巨大的人流全部冲散。人们的感情实在没有办法约束，盖在纳赛尔灵柩上的埃及国旗曾三次被悲痛欲绝、想要一抚领袖棺木的人群揉碎，人们怎么也不能相信"阿拉伯昔日的雄狮"已经躺在了灵柩里。拥挤的开罗使许多国家的领导人没有办法参加纳赛尔的葬礼，连当时的苏联总理柯西金也是不得不坐船从尼罗河上绕道才赶到葬礼现场的。

◆ 其它流产的合并

在纳赛尔的影响下，上世纪五六十年代，阿拉伯国家间还进行了许多不成功的联合和合并的尝试，其中较有代表意义的是"阿拉伯联邦"和"阿拉伯邦联"：

——1958 年 2 月，约旦和伊拉克两国宣布组成"阿拉伯联邦"并立即实行合并，由同出于哈希姆家族的伊拉克国王费萨尔担任联邦元首。但该联邦实际只存在了短短的 5 个月，同年 7 月因伊拉克发生军人政变，伊哈希姆王朝被推翻，"阿拉伯联邦"自动解散。

——1963年4月,伊拉克、利比亚和埃及签订《开罗宪章》,宣布分阶段成立邦联。但是,该邦联计划尚未实施,三国国家关系即出现紧张,"阿拉伯邦联"计划流产。

上校卡扎菲

1970年6月,北非沙漠之国利比亚宣布收回美国在该国的军事基地。这个军事基地曾是美国经营多年、在海外最大的军事基地之一。这一震惊世界行动的总策划人是奥马尔·穆阿迈尔·卡扎菲——利比亚前国家元首、革命指挥委员会主席兼武装部队总司令,军衔上校。卡扎菲是"阿拉伯统一的狂热斗士",自称是"至死不渝的统一主义者"。他一向热衷于同阿拉伯国家搞联盟,常常说:"为了阿拉伯统一,我们向各个方向活动,看见有门开着,我们就敲。"

◆ 屡有惊人之举

卡扎菲出生于利比亚费赞省锡尔特地区的一个贝都因人家庭。他的祖父、父亲和叔叔在反对意大利殖民者的战争中或牺牲或受伤,因此他从小就对西方殖民主义充满仇恨。中学时代,卡扎菲开始深受纳赛尔及其思想的影响,并积极投身于政治活动。1963年他21岁时进入班加西军事学院,第二年即在班加西军事学院仿效纳赛尔组织了"自由军官组织"。1969年9月1日,年仅27岁的卡扎菲领导"自由军官组织"发动军事政变,推翻了利比亚伊德里斯封建王朝。

卡扎菲——这位可能是世界上非经世袭上台执政的最年轻的国家元首——几乎在每一个方面都有惊人之举:

——他喜欢用夸张的戏剧性行动来表达他的思想和政策。从1973年开始他宣称要在共产主义和资本主义这两种社会制度之外,寻找第三条独特的中间道路,即他的"世界第三理论"。从1976年1月到1979年3月,他陆续出版三册绿皮书,从民主问题、经济问题和社会问题三个方面阐述他的理论。卡扎菲思想理论的核心内容是"统一的阿拉伯民族主义",他认为：人类社会的发展动力是宗教和民族主义；权力归于人民，利比亚的人民代表大会和人民委员会是实现人民权力的唯一办法，其它任何政体都是不民主的；人人共同参加生产，公平分配财富；从阿拉伯湾到大西洋的阿拉伯祖国的大统一是历史的必然，为实现阿拉伯统一而斗争是利比亚天赋的权利。他强调全世界穆斯林统一的基础是《古兰经》，而唯一能正确解释《古兰经》的就是他的"世界第三理论"，因此他的理论不仅要在利比亚推行，还要在全世界推行。

——1977年3月2日，根据卡扎菲的理论，利比亚宣布取消各级政府，进入人民直接掌握政权的时代。为了防止官员们的懒惰，卡扎菲下令所有办公室一律不许设置椅子。在对外政策方面，卡扎菲认为只有实现阿拉伯联邦才会形成阿拉伯民族的力量，因此他先后同苏丹、埃及、叙利亚、突尼斯、阿尔及利亚、摩洛哥等国搞统一，结果当然是一事无成。

——在上世纪八十年代里根政权时期，美国曾几次大规模空袭利比亚。在一次美国空袭后，卡扎菲在记者招待会上声称，在两天的空袭时间里，利比亚防空部队击落了28架美国飞机，而美国五角大楼则声明仅仅损失了一架飞机。好刨根问底的西方记者向卡扎菲提问："被击落的飞机在哪里？飞机驾驶员在哪里？""驾驶员死了，他们被革命的群众杀死了。"卡扎菲不假思索地回答。"那他们的尸体呢？"西方记者紧紧追问。旁边卡扎菲的一位助手赶紧接过话茬说："他们没有死，4名驾驶员跳伞后，化装成利比亚人逃跑了，但是一群狗正在追赶他们。"据说第二天，记者又问卡扎菲的助手，"追击的狗是否找到了驾驶员？""什么狗？"助手显得非常迷惘，显然他早已记不起这件事了。

◆ 七次失败的合并

统一阿拉伯世界曾经是埃及前总统纳赛尔的理想，他曾设想以两三个主要阿拉伯国家为核心，逐步实现阿拉伯统一。卡扎菲崇拜纳赛尔，自命为纳赛尔思想的真正继承人。从1969年9月当政以来，卡扎菲曾先后七次与阿拉伯国家搞合并或联盟，付出了许多心血，耗费了无数石油美元。当然，他所有的努力都毫无例外地以失败告终。

——1969年12月27日：利比亚同苏丹和埃及签订《的黎波里宪章》，三国拟建立一个"松散的联邦"。1970年11月27日，叙利亚在时任总统阿萨德接管政权两周后加入该宪章。但"联邦"从未真正成立。

——1971年4月17日：利比亚、埃及和叙利亚三国决定建立阿拉伯共和国联盟。但这个联盟一直停留在理论上。

——1972年8月2日：在埃及驱赶苏联顾问两周后，卡扎菲和埃及时任总统萨达特决定利、埃两国实行全面联合。由于埃及总统萨达特对埃、利联合兴趣不大，1973年7月，早已迫不及待的卡扎菲发动堪称史无前例的"人民大进军"，在事先未征得埃方同意的情况下，组织3万多利比亚人越过埃、利边界，或乘车或徒步向埃及首都开罗进发，准备到开罗共和国广场静坐，以抗议萨达特总统"对抗两国合并的行动"。在卡扎菲的力促下，1973年8月29日，一个准备"分阶段"建成但未规定明确期限的联盟宣布成立。1973年中东战争之后，萨达特在中东问题上的立场引起卡扎菲不满，利、埃两国于1973年12月1日断交，联合宣告破产。

——1974年1月12日：卡扎菲和突尼斯时任总统布尔吉巴在突尼斯的吉尔巴岛宣布利、突决定合并。两天之后，布尔吉巴解除这次"合并"的主要筹划者、突外交部长马斯穆迪的职务，并抛弃利、突合并计划。

——1980年9月1日：卡扎菲提请利比亚全国人民代表大会赞成利比亚与叙利亚合并，成立联盟。阿萨德总统立即做出反应，称卡扎菲的号召在叙利亚人民中间得到响应。但阿萨德当年底访利时拒不同意联盟受利比亚人民委员会和利人民代表大会制约。结果联盟计划没有下文。

——1984年8月13日：卡扎菲和摩洛哥前国王哈桑二世在摩乌季达市会晤，签订关于建立摩、利国家联盟的《阿拉伯—非洲联盟条约》。8月31日，条约分别获得利全国人民代表大会和摩公民投票通过后宣布生效。1986年8月28日，哈桑二世致信卡扎菲，称前一天阿萨德访问利比亚后，利、叙两国发表联合公报，谴责哈桑二世同以色列时任总理佩雷斯会晤是对阿拉伯事业的"背叛"，摩对此不能接受，因而宣布废除摩、利联盟条约。事后，卡扎菲称摩宣布的废除不合法，摩、利联盟条约仍然有效。

——1989年：苏丹巴希尔政府上台后，利比亚和苏丹于第二年签订

"一体化协议"。但没过多久，利比亚就停止该协议的执行，并在1996年陆续驱逐近4万名苏丹侨民。

◆ 狂人末路

2011年，所谓的"阿拉伯之春"暴风骤雨般席卷阿拉伯世界，卡扎菲统治下的利比亚当然也未能幸免。在2月11日埃及穆巴拉克倒台4天后的2月15日，抗议和示威首先在东部城市班加西出现，并迅速在首都的黎波里以及米苏塔拉等城市蔓延，仅仅一周之后，又演变成一场全国性的内战，以至于包括中国在内的多个国家启动了规模浩大的撤侨行动。但对其统治充满信心的卡扎菲并没意识到自己的末路已临近，还在"一拳打落美国飞机"的雕像下慷慨陈词："我是利比亚和利比亚人民永远无法放弃的荣耀！卡扎菲代表着历史、反抗、自由、荣耀和革命！这是我的国家！卡扎菲不是要下台的总统，而是带领人民革命到最后一刻的领导者。"

然而，形势的演变极速而具戏剧性，2月下旬利比亚反对派在东部城市班加西建立了"全国过渡委员会"，与卡扎菲分庭抗礼。22日，阿盟中止利比亚的会员国资格。在以美国、法国为首的西方国家和一些阿拉伯国家的推动下，联合国安理会先后通过第1970和1973号决议，对利比亚实施制裁，并划定"禁飞区"。随即，在设立"禁飞区"决议的背景下，西方国家以北约的名义对利比亚发动了名为"奥德赛黎明"的空袭行动。以北约的空袭为转折点，利比亚局势惊天大逆转，本已推进到班加西郊区的政府军受重挫，一路被压缩回的黎波里。2011年8月下旬，"全国过渡委员会"攻克首都，之后虽然在卡扎菲的故乡苏尔特战事有所拖延，但卡扎菲上校的存在也只延续了短短两个月。

在最后的日子里，卡扎菲藏身苏尔特，当时境况非常恶劣，其护卫队在轰炸中兵员锐减，一行人东躲西藏、食不果腹。据维基解密透露，卡扎菲本人当时已完全陷入傲慢和妄想之中。10月20日，沦陷的苏尔特也不再安全，卡扎菲决定撤离到他出生的那所房子，也许冥冥中他已经预见到死亡。但车队刚刚移动就被发现了，在遭到美国无人机和法国战机的猛烈轰炸后，卡扎菲一行乘坐的汽车严重受损，上校及其贴身护卫不得不藏身公路下的涵道中，直到最终被发现。

事后看来，因 2011 年所谓"阿拉伯之春"倒台的独裁者中，卡扎菲的遭遇最惨。突尼斯总统本·阿里在第一时间逃到了沙特阿拉伯，可谓安然无恙；黯然下台的埃及总统穆巴拉克虽经历一轮轮法庭审判，但终于否极泰来，军方掌握政权后至少已生命无虞；也门总统萨利赫虽因总统府被炸差点身残，后还在沙特等威逼利诱下交出了政权，但自己在军队中的实力得以保存，在也门局势突变后的今天仍保有相当的发言权；叙利亚总统巴沙尔·阿萨德时至今日则仍然在顽强坚持。即便是伊拉克前总统萨达姆，仍然在被判死刑前有在法庭上雄辩的机会。而被称为狂人的卡扎菲呢，神情恍惚间被从高速公路的涵道中拖出，饱受拳打脚踢凌辱——抓头发、扇耳光，最后在混乱中被枪击，甚至据说被用木棍捅穿了下体。抓捕和凌辱他的人炫耀着上校的黄金手枪，卡扎菲满是血迹的赤裸尸体在网络上流传。

2011 年 10 月 25 日，在尸体被展览 5 天后，利比亚人才将开始腐烂的卡扎菲上校依伊斯兰教的规定草草处理，埋藏在利比亚南部一望无际的撒哈拉大沙漠中的无名之地。在中东、非洲，特别是阿拉伯世界叱咤风云一生的卡扎菲，就这样黯然走完了人生路。据说，他被捕时说的最后一句话是：这是怎么了？实际上，卡扎菲的一生并非没有闪光点，他终结腐朽的利比亚伊德里斯王朝，建立共和国；赶走美国军事基地，实现石油国有化；领导利比亚脱困成为非洲首富；终生倡导阿拉伯世界联合和统一，反对帝国主义和霸权主义。但他治下的利比亚高度集权和专制，血腥镇压反对派，社会财富分配不公，42 年的统治并未找到一条稳定、发展和繁荣之路等等。今天，卡扎菲已归为尘土，但利比亚却也走上分裂和混乱之路，成为恐怖主义和极端主义肆虐的"大本营"，原先安定和相对富足的利比亚如今已成往事。利比亚人在卡扎菲身后得到的远不如他们料想的那么多，而失去的却远远超出了他们的预想，人们可能不禁要发问：这是怎么了？

叙利亚狮子阿萨德

阿萨德，在阿拉伯语中是狮子的意思。在叙利亚首都大马士革街头流传着一则关于狮子的笑话，说叙利亚时任总统阿萨德禁止上演美国米高梅电影公司的电影，因为这家公司的电影片头上总有一只咆哮的狮子，而在大马士革已经有一只狮子了，一山自然容不下两只狮子。实际上，人们都说在大马士革也确实没有地方可以放得下另外一只狮子了，因为在电线杆、卡车、教堂、清真寺、商店、办公室、沿街的墙上，到处都贴有阿萨德及其儿子的画像。在当地每天的报纸上，阿萨德是出现次数最多的"演员"，他指示助手从不同的角度拍摄照片，或沉思、或微笑、或挥手、或烦恼，他总是很关心他在每天的报纸、电台、电视上出现的情况。阿萨德在新闻媒介中的称呼也是五花八门的：从领袖、总统、将军、领导、同志、历史性的领导人、矫正运动的英雄、叙利亚的阿萨德、我们永远的统帅等等。

阿萨德也是一位以阿拉伯的统一为己任的阿拉伯民族主义者。他心目中英雄和偶像是12世纪战胜十字军的萨拉丁和当代埃及的纳赛尔。据说，当听说纳赛尔逝世的消息时，阿萨德这条硬汉子竟嚎啕大哭起来。阿萨德办公室的墙壁上悬挂着描绘萨拉丁1187年希廷大捷的巨幅油画，他也多次在萨拉丁逝世纪念日于大马士革的萨拉丁陵墓主持纪念仪式。叙利亚还专门发行印有萨拉丁侧身像的纸币，阿萨德出生地卡尔达哈附近的一座十字军城堡也被重新命名为萨拉丁堡。与纳赛尔、卡扎菲等人一样，阿萨德也对阿拉伯的复兴和统一如醉如痴。他有一句名言，"我宁愿做一个统一的阿拉伯祖国的普通士兵，也不愿做一个分裂的阿拉伯国家的元帅！""我没有任何个人野心。对我来说，我们的首都在巴士拉、在摩苏尔、或者在霍姆斯，没有什么区别。"

◆ **高深莫测**

阿萨德高高的个子，唇上留着短短的胡子，前额饱满，经常穿一套深色的西服,"看上去就像一个普通的中学教师"。但是会见过阿萨德或者同他打过交道的政治家、外交官、记者,都认为他是一个很难对付的人,即使对他怀有偏见的人,也不得不承认他的为人与领导才干。

阿萨德个人生活简朴,喜欢听西方古典音乐、读书、游泳和打乒乓球。他在家中是个好父亲、好丈夫,但在办公室里却是一个强有力的铁腕政治人物。他深色的眼睛里闪动着坚定敏锐的光芒,举止沉着威严,稍微有些沙哑的声音说起话来犀利果断,很少带有感情色彩,善于用最少的话表达清楚自己的观点。他倔强、自负,有着钢铁般的意志,十分善于自我控制。阿萨德为人孤僻寡言、高深莫测,对对手和敌人冷酷无情,但同时也注重实效,善于随机应变、谨慎行事,以至于连他身边的工作人员也很难摸透他的心思。

老布什描述阿萨德是"天才",卡特也称赞他是一个高明的人,基辛格则说他是"中东最让人感兴趣的人物"。阿拉伯世界的著名新闻记者海卡尔曾经评论说:"阿萨德理解这个世界,并且知道自己应该干什么和如何干。"在谈判时,阿萨德像使用探雷器那样小心翼翼,总是事先考虑三四步棋。基辛格说他敢于要价,轻易不松口,像一个精明的赌徒一样,直到相信已经迫使对手做出最后一点可能做出的让步才会罢休。一位黎巴嫩新闻评论家说:"阿萨德弱小时不退缩,强大时也不会忘乎所以。"总而言之,阿萨德在观察事物时有战略眼光、敏锐的洞察力和清醒的历史感,是一位阅历丰富的政治家,一个驾驭局面的能手,一位顽强而又极其善于抓住时机的谈判对手。

◆ **长袖善舞**

叙利亚领土总面积18万平方公里,人口两千多万,实在不能算是一个国际或地区大国。但是总统阿萨德却长袖善舞,能够在国际上,特别是中东地区以"强人"的姿态出现,备受国际社会的尊敬,这是为什么呢?实际上,阿萨德能"在中东一些事务上举足轻重",主要凭借的是其手中的两张牌——即激进势力和阿以矛盾。

据美国中央情报局掌握的情况,叙利亚总统阿萨德手中控制着相当一部分阿拉伯激进势力,这是他手中拥有的一笔"宝贵资源"。正是由于阿萨德手中拥有这笔"资源","以色列和西方国家才对他长期保持高度的敬意",因为他们总是希望阿萨德能够在抑制恐怖主义、挽救西方人质等方面施加影响、居中调停或提供帮助。为达到这一目的,西方国家的政府常常尽量淡化传媒中关于阿萨德支持恐怖主义活动的报道,而阿萨德也确实常常"伪装善意","向西方输送真诚",并曾自告奋勇帮助被绑架的西方人获释。

阿萨德手上的另一张王牌则是阿以矛盾。冷战结束后,美国从其全球战略利益考虑,需要中东地区的和平与稳定,因此加速推进用政治手段解决阿以矛盾的中东和平进程。美国认为,没有埃及的参与阿以之间就不会有战争(上世纪70年代末埃、以已经单独媾和),但没有叙利亚的参与阿以之间也不会有和平。因此,从马德里中东和会再次启动中东和平进程后,美国就竭力推动叙以和谈。阿萨德深深明白叙利亚在冷战后阿以和平进程中的关键作用,并充分加以利用。

◆ 阿萨德的联合

阿萨德一直想借助阿拉伯国家共同反对以色列的侵略、扩张来实现阿拉伯民族的统一。起初,他曾打算与埃及联合,在对以色列的战争中达到以叙、埃为中心的阿拉伯统一。1970年他上台执政后旋即于1971年4月宣布与埃及和利比亚统一,成立"阿拉伯共和国联盟"。1973年10月他与埃及总统萨达特共同发动第四次中东战争,阿拉伯世界扬眉吐气,广泛支持叙、埃。第四次中东战争后,为防止埃及总统萨达特单独行动,1973年11月阿萨德在阿拉伯首脑会议上提出加强阿拉伯国家与埃、叙团结,试图以叙、埃联合紧紧拉住埃及。在阿萨德的敦促下,1974年10月阿拉伯首脑会议上通过了向埃、叙等前线国家提供援助等决议。此后,阿萨德又再三要求萨达特维持埃、叙联合,共同对付以色列和美国。然而,萨达特最终还是走上了与以色列和平的旅途,阿萨德以叙、埃联合统一阿拉伯世界的希望破灭了。

但是,阿萨德仍然对阿拉伯的统一,至少是某一部分的统一深信不疑。早在担任叙利亚国防部长时，阿萨德就曾有建立一个包括叙利亚、伊拉克和约旦三国的"东部战线指挥部"的计划。1973年10月第四次中东战争中，应阿萨德的邀请，伊拉克军队曾出兵戈兰高地，伊拉克军队与叙利亚军队并肩作战。战争之后，阿萨德在怀疑萨达特有意议和的同时，开始主动与伊拉克加强联系，并提出两国合并建议。在阿萨德孜孜不倦的追求下，叙、伊终于在1978年签署《联合行动宪章》，并成立最高政治委员会和统一政治领导机构。但遗憾的是，此后不久两国关系即出现裂痕，1980年两伊战争爆发后，叙利亚同伊拉克断交，转而支持伊朗。

◆ 子承父业

小阿萨德全名巴沙尔·阿萨德，是哈菲兹·阿萨德的次子。本来，他的人生应该是一番风顺，吃穿不愁，但在其兄不幸车祸身亡后，不得不承担起重任，经历家族的悲剧、政治的洗礼和困局的煎熬。

巴沙尔于1965年出生在首都大马士革，幼年时期被送进法式小学读书，1982年高中毕业后，他进入大马士革大学医学院学习，此后专攻眼科，并于1992年赴英国深造。在他人生的前29年里，作为次子，他不需要担负太多的重任，可以按照自己的想法平淡和安逸地成长。可命运并未曾放过他。1994年，他的长兄巴希尔在前往机场的车祸中去世，巴沙尔不得不中断在英国圣玛丽医院的实习，回国奔丧。可让他没有想到的是，他的医学人生路至此走到了尽头，在父亲的要求下，巴沙尔留在叙利亚，填补其兄留下的空白，成为老阿萨德重点培养的接班人。

老阿萨德立即将巴沙尔送入霍姆斯军事学院学习，后又送入参谋指挥学院深造，帮助他了解叙利亚的军队，建立人脉关系。同时，老阿萨德将巴沙尔带在身边，言传身教参与叙利亚政事和中东地区事务，又把黎巴嫩问题交给他管理。这样一来，不管是军界、政界还是在叙利亚有特殊分量的叙黎关系问题，巴沙尔都得到了历练。要扶植儿子"继位"，只有锻炼是不够的，还需要造势。为此，老阿萨德在全国上下、大街小巷到处张贴巴沙尔的照片，与自己并列，还配以标语：巴希尔是榜样，巴沙尔是未来！当然，确保巴沙尔"继位"还有更重要的一步，就是清除国内挑战者。为此，叙利亚政坛的三位元老：副总统里法特、总参谋长谢哈比和副总统哈达姆相继被解职，大批跟随老阿萨德多年的军队和安全部门官员离任。取而代之的是与巴沙尔关系密切的中年和青年军官和官员。2000年3月，叙利亚又进行了一次大规模的政府改组，新政府中半数以上的部长被更换，新部长们多半是经巴沙尔推荐的。随后，15年未曾召开的复兴党全国代表大会准备召开，要将巴沙尔选入复兴党核心，以便继任总统。就在大会召开前7天，老阿萨德心脏病突发与世长辞。人民议会立即开会修改宪法，将总统候选人最低年龄降到34岁（巴沙尔时年34岁），复兴党也召开紧急会议提名他为唯一候选人。在随后的全国代表大会上，他理所当然地被选为党的总书记，议会随即推举他为唯一总统候选人并举行全国投票。7月10日，巴沙尔以97.29%的高票当选叙利亚新总统，"子承父业"，顺利接掌权力。

巴沙尔当选新总统，面临的却是一个问题颇多的叙利亚。其父在位期间的高压政策虽然维持了社会安定，但反对势力这股暗流并未消失，还因为老阿萨德的去世而涌动不止；叙利亚的经济以农业为主，工业基础薄弱，市场缺少活力，失业率居高不下；政府官僚气息严重，体制僵化，结构性腐败根深蒂固已成顽疾。为应对国内外危机，巴沙尔许诺修改法律、振兴私有部门、提高人民生活水平、打击腐败实现良治、削弱偶像崇拜、特赦政治犯与放松言论管制，一时间，人民将他带来的新气象称为"大马士革之春"。但没过多久，"大马士革之春"即在政治上受到复兴党上层、元老派和新起的反对派数面夹攻；经济增长成果有限，社会贫富分化加剧，民众生活水平不增反降；外交上叙黎、叙以、叙美关系起伏不定，退让多收益少，改弦更张的同时并未能开创新局面。作为中东非君主制国家中唯一子承父业者，巴沙尔是稚嫩的、柔弱的，他的统治根基浅、包袱重、经验少，因此，在进退两难之间，巴沙尔不得不中断延续两年的"大马士革之春"。加之9·11事件后中东地区力量失衡，结构性变化加速，诸多内外因素陈陈相因，巴沙尔的改革更难进行。在其子承父业10年后，一场突如其来的风暴"阿拉伯之春"吹来，巴沙尔陷入人生最严峻的生死考验之中。

第三部分　兄弟阋墙——阿拉伯内部关系透视

2011年3月15日起，叙利亚境内出现大规模的反政府游行示威。美国总统奥巴马明确提出要巴沙尔下台，海湾阿拉伯国家紧随其后摇旗呐喊，撤回驻叙大使，中止叙利亚阿盟成员国资格，并向叙利亚反对派提供经济乃至武器援助，并不断地把多年流亡海外的反对派人士送回叙利亚。事实上，叙利亚的动乱和利比亚有着两个共同的外因，其一是西方国家的干涉和破坏。在这一过程中，传统殖民国家如法国、意大利都冲在最前线，美国则在幕后。其二是海湾诸君主国的介入，推翻两国政权是诸君主国一直以来的梦想，在熬过"阿拉伯之春"运动的首轮冲击波后，他们为两国反对派提供各种支持和援助，并在国际社会上制造压力，塑造舆论。

时至今日，叙利亚已深深陷入内战模式，政府只控制包括首都大马士革在内的西部几个人口相对密集的城市，国家辽阔的地域则成为包括"伊斯兰国"、"胜利阵线"在内的形形色色反对派的领地，北部库尔德人聚集区基本处于自治状态。经历4年多的险恶斗争，巴沙尔虽然艰难地维持住了政权的生存，但无论如何要想"收拾旧河山"都成为不可能的事情。叙利亚国家走向何方，巴沙尔最终命运如何，还需拭目以待。

"对抗之母"萨达姆

萨达姆在阿拉伯语中是撞击、对抗的意思，从名字就可以看出此人的性格。这是一个注定要使世界震惊的人！

◆ 历经磨难

1937年，萨达姆·侯赛因出生在巴格达附近农村的一个贫困农民家庭。萨达姆是一个遗腹子，出生前父亲就去世了，出生后母亲改嫁，贫寒的家庭条件从小就使他养成倔强的性格。10岁那年，萨达姆为了求学，只身一人来到巴格达投奔他的舅舅。在舅舅的资助下，他进入著名的埃尔卡克学校读书，几年后就成为该校反对当局的学生运动的核心人物。从此，他开始了充满磨难的政治生涯。1958年，萨达姆一边从事政治活动，一边还在巴格达大学法律系就读。当年，血气方刚的萨达姆积极参与推翻时任总理卡塞姆的秘密行动,他同 10 名同学一起在巴格达街上袭击卡塞姆的汽车,但刺杀没有成功,萨达姆因腿部中弹而被捕。在监狱中,他咬紧牙关硬是用小刀将腿上的子弹挖出来后越狱逃跑。为了躲避追捕,他骑着一头毛驴,昼伏夜行,冒险穿过茫茫无际的大沙漠,历经千辛万苦只身到达叙利亚,随后又流亡埃及。

当时的埃及总统纳赛尔非常欣赏萨达姆的才能和勇敢精神,特别安排他在埃及完成学业。在纳赛尔的关照下,他于 1960 年进入埃及开罗大学学习。在此后的三年时间里,他接受了纳赛尔的阿拉伯民族主义思想,更加坚定了推翻伊拉克卡塞姆政权的决心。在埃及期间,他与在开罗的复兴党组织取得联系,并成为该组织的一名领导成员。1963 年 2 月,伊拉克复兴党发动政变推翻卡塞姆政权,萨达姆随即回国,主持复兴党内的情报工作,同时继续在巴格达大学法律系完成学业。后来,伊拉克复兴党发生内讧,萨达姆被捕入狱并再次越狱成功。萨达姆的传奇经历使他在党内的声望日隆,被推选为伊拉克复兴党的临时总书记。随着伊拉克政局的变动,萨达姆的地位也不断上升,1974 年在他 37 岁时,已经成为伊拉克的第二号人物。1975 年,萨达姆更成为实际代行总统权力的副总统,不久后还获得上将军衔。1979 年 7 月,萨达姆出任伊拉克复兴党总书记、革命指挥委员会主席、共和国总统、武装部队总司令,集党、政、军大权于一身。

◆ 联合还是吞并

萨达姆是一名强烈的阿拉伯民族主义者,并素有充当阿拉伯世界领袖的野心。早在 1978 年,他就曾借埃及总统萨达特与以色列总理贝京达成《戴维营协议》的机会,在巴格达召开阿拉伯首脑会议。在这次会议上,萨达姆充分施展政治和外交手腕,影响会议做出了中止埃及阿盟成员国地位、将阿盟总部从开罗迁往突尼斯的决定,从而使自己头上罩上"阿拉伯新盟主"的光环。从此,萨达姆处处以阿拉伯世界的代言人自居,并于 1980 年 2 月发表著名的《民族宣言》(亦被称为《民族宪章》),声明:阿拉伯世界反对一切外国军队和军事基地在阿拉伯领土上的存在;反对阿拉伯国家间互相使用武力;阿拉伯国家对外将严守中立,不卷入任何国际性的冲突和战争；阿拉伯国家间将开展积极的经济合作，最终实现阿拉伯一体化等等。由于《民族宣言》有利于阿拉伯世界的安全、稳定和发展，因而受到阿拉伯各国的普遍欢迎，被阿拉伯人视为《民族宪章》，萨达姆在阿拉伯世界的地位再上台阶。但是不久后爆发的两伊战争大大牵扯了萨达姆的精力，使之不得不暂时从阿拉伯世界的政治舞台中心离开，结果将"出风头的机会"让给了叙利亚总统阿萨德。

与纳赛尔、卡扎菲、阿萨德等不同的是，萨达姆非常强调经济和军事实力在阿拉伯民族统一进程中的作用。他曾说：阿拉伯民族在当今世界上要实现统一，"最重要的步骤之一就是要拥有一个不受外部环境影响的民族经济；另一个重要步骤则是要拥有一支强大的军队"。尽管伊拉克并未在两伊战争中占据明显优势，但在 1988 年两伊战争以"平局"而告结束时，萨达姆手中却确实拥有一支他所说的"强大的军队"。1990 年 4 月，萨达姆再出惊人之举，公开打出"以武力消灭半个以色列"的大旗，"阿拉伯民族主义顿感扬眉吐气"。但是，这时的萨达姆其实更多考虑的是如何迅速摆脱两伊战后伊拉克"军事上强国，经济上跛子"的尴尬处境，如何通过一条捷径迅速提高"不受外部环境影响的民族经济实力"。当年 8 月 2 日，即萨达姆声称要用武力"消灭半个以色列"之后不到四个月，他竟挥师南下，违背自己 10 年前制订的所谓《民族宪章》，公然占领了在两伊战争中给伊拉克提供巨大援助的兄弟国家——科威特。

◆ 萨达姆鸣枪庆祝布什落选

海湾战争后，伊拉克总统萨达姆对美国前总统布什一直怀有刻骨的仇恨。在萨达姆的眼中，如果不是这位美国人，他现在可能已经不可阻挡地行进在阿拉伯民族统一的征途上了。试想，如果伊拉克与科威特"合并"成功，萨达姆的手中将握有世界四分之一的石油储量和数不清的财富，他还有什么样的目的不能达到呢？因此，萨达姆实在不能原谅布什这个美国佬。有趣的是，海湾战争的胜利者布什在政治上并没有海湾战争的失败者萨达姆更长寿。1992 年 11 月，当得知布什在美国总统大选中败给民主党总统候选人克林顿时，萨达姆喜不自禁，对空鸣枪，庆祝布什竞选失败。

伊拉克国家电视台播出了萨达姆庆祝布什落选场面的实况：身着陆军元帅制服的萨达姆面带笑容，接受伊拉克人舞蹈、鼓掌及歌唱等形式的欢迎。突然，他取出手枪对空射击，以阿拉伯人、也是伊拉克人庆祝胜利的传统形式表达心中的喜悦。

◆ 暴君之死

1991年3月31日，美国总统老布什在白宫举行记者招待会，当被问及对海湾战争结束的看法时，他不无遗憾地说：我们要对付的萨达姆依然还在伊拉克掌权。的确，美国自上个世纪90年代以来一直想要推翻萨达姆政权，将这个反美的政治强人送上断头台。尽管美国和联合国对伊拉克的制裁导致伊拉克民生凋敝，但并没有出现期望中的伊拉克民众起而反抗的局面。美国人明白，他们需要一个名正言顺的机会自己动手，铲除萨达姆这个"眼中钉，肉中刺"。

机会终于来了。9·11事件给了美国时任总统小布什一个千载难逢的机会，让他可以完成其父未完成的夙愿。恐怖袭击事件后，白宫内的新保守主义派力推将打击的目标定为伊拉克。在白宫和戴维营的激烈争论中，小布什最终标定拉登藏身的阿富汗作为首个打击目标，但伊拉克并没有被他忘记，被排在了第二位。在2001年10月11日的记者招待会上，小布什说：这是一场针对恐怖活动的持久战……毋庸置疑，伊拉克领导人是一个邪恶的人。毕竟他曾经对本国人民使用化学武器。我们知道他已经和正在发展大规模杀伤性武器。小布什在恐怖袭击的第二个月就开始公开偷换概念，拿大规模杀伤性武器替换恐怖主义，把对伊拉克的打击拉入公众视野。"欲加之罪何患无辞"，萨达姆的"英雄末路"已在眼前。战争、抓捕、审判，这是萨达姆人生最后的三部曲，却也是惊心动魄、异常曲折的。

为打击伊拉克，美国提出两项罪名：拥有大规模杀伤性武器和支持恐怖主义。整个2002年，小布什和他的高官们都在宣扬萨达姆的威胁已经严重到不能花费时间去调查和评估，战争必须立刻进行。作为一代枭雄的萨达姆，也本能地感觉到这次暴风雨非比寻常。2002年11月，萨达姆罕见地服软，接受联合国第1441号决议，几乎是敞开大门允许联合国武器

第三部分　兄弟阋墙——阿拉伯内部关系透视

核查人员前往大学、军事基地、总统宅邸、私人住宅等检查。在接受美国记者唐·拉舍的采访中,萨达姆说:伊拉克已经接受了1441号决议,伊拉克没有任何大规模杀伤性武器……没有人有权把伊拉克搞得支离破碎。在被问及威胁美国时,他回答道:伊拉克用什么东西威胁了美国?伊拉克从来没有对美国采取过侵略行动……在伊拉克,没有一位官员,没有一个人说过美国是我们的敌人,或者我们必须与美国作战之类的话。萨达姆还提出要与小布什进行电视辩论。联合国的调解是成功的,核查未发现明确证据证明美国的指控。萨达姆的服软和柔性舆论宣传也在国际社会起到了良好的效果。俄、法、德、中、阿盟以及世界上绝大部分国家和全球各地民众都反对对伊动武。但此时的美国已经箭在弦上不得不发,于是代号为"斩首行动"和"震慑"的空中、地面军事行动最终在伊拉克时间2003年3月20日展开。伊拉克战争爆发!

伊拉克战争是短暂的,军事行动到4月15日就已结束,美英联军占领伊拉克全境,而萨达姆本人则藏匿了起来,萨达姆的时代宣告终结。据被俘的副总理阿齐兹回忆,萨达姆一直以来非常努力地保守着他实际上没有大规模杀伤性武器的秘密,希望借以震慑美国和周边敌对国家。虽然他一直用激烈的言论反击国际社会、尤其是美国的指责,但其实多年来他一直都在遵循联合国决议行事。以弱抗强的退让使他自负和骄傲的心备受煎熬,反过来刺激他进行更激烈的言辞抗争。所以,事实上的妥协并未给伊拉克赢得更多,反而使自己变得更加被动。不仅如此,萨达姆在最后的时刻还对美国发动军事打击行动一事心存侥幸:在军事行动开始前的几个星期,萨达姆仍然认为美国不会出动地面部队…他太过自信了…他不是没有得到情报,电视上已经有过大量报道,实际原因是他不了解国际关系。是的,萨达姆很可能真不了解国际关系,就像他入侵科威特时对美国做出战略误判一样。萨达姆的手下都知道这场战争的目的就是为了结束他的统治,而萨达姆在2002和2003年还坚信伊拉克人民会揭竿而起,保卫巴格达,保卫他的政权。2003年12月12日,美国第4步兵团的600名士兵发动代号"红色黎明"的抓捕行动,在萨达姆的故乡提克里特搜捕萨达姆。在之前的近9个月里,他成功躲避了美国特遣队——一支由特种部队和中情局特工组成的精英队伍的抓捕。最后,在提克里特南部的道尔镇,美军发现了萨达姆。萨达姆的安全屋是一个 48 平方英尺的地洞,在一家农舍的旁边。在那里,可以看见萨达姆在家乡为自己修建的华美宫殿官邸。地洞里只有一盏灯和一台换气的电风扇。另外还有一只手枪,两只 AK47 冲锋枪、75 万美元现金、一些衣物和书籍。角落的厨房里还有正在腐烂的水果、土耳其软糖和午餐肉罐头等。农舍旁停靠着一辆供萨达姆往来各处安全屋的交通工具。在其被捕前的最后一段日子,他都是在家乡部落和亲族的庇护下周旋于附近 20—30 处安全屋,做着最后的挣扎。当被从地洞拉出来时,萨达姆衣衫不整,头发凌乱,目光茫然,他对美国大兵说:"我是萨达姆·侯赛因,我是伊拉克的总统,我要求谈判。"

萨达姆被捕是意料之中的事,他藏身的区域平坦开阔,便于监控,同时完全处于美军占领下。这与恐怖大亨本·拉登早年藏身山区完全不同。只是出乎阿拉伯民众意料的是,萨达姆没有像他的儿子们那样奋起反抗,而是束手就擒。人们多少希望看见一个坚决反抗而战死的英雄,而不是末路的逃亡者被异族异教徒逮捕。接下来等待他的就是公开的审判。

对萨达姆的审判可谓是"世纪大审判",各方争议颇多。第一,战俘身份:美国将萨达姆宣布为战俘,但实际上他并非武装人员也没有在冲突中被俘,不符合国际法对战俘的规定。第二,审判地:美国最初想把他押回国内,但萨达姆的罪状,不管是发动战争罪还是反人类罪,都和美国没有直接关系,不管是在主权国家内审判或者送交国际法庭,都与美国无关。为确保审判合意,参与审判的法官和检察官均受到联合国的培训,而培训费由美国支付。不仅如此,在巴格达的美国大使馆里还有一支美国法官队伍坐镇,幕后指挥。

2005 年 10 月 19 日,在巴格达的绿区,伊拉克特别法庭正式公审萨达姆。表面依然强势的萨达姆再显枭雄风范,当庭自辩,显露出他应有的"豪气和霸气"。第一次开庭审理时,他断然打断主审法官阿明的发言,说:"我是伊拉克民选总统萨达姆,你是谁?"在各次审判中,萨达姆都要说:我哀叹,我不得不和我的一个孩子对簿公堂;孩子,别打断我;我不是为自己辩护,而是在保护你们,希望你们能成为反抗敌人的枪和剑;这个游戏不能再继续下去了,如果你们想要萨达姆·侯赛因的脖子,拿去吧。为审判萨达姆,伊拉克最高法庭组织了 250 人的团队,包括 48 名法官和 12 名检举人。但因为历史久远,当事人多半身亡和逃亡等,对萨达姆的 500 项指控中只有 12 项有确凿证据,且这些指控都是美国提出的。辩护律师遇害,主审官辞职,围绕审判的刺杀和恐怖袭击此起彼伏,审判实际上并非针对个人,而是对历史的梳理和一场尖锐的政治斗争,因此它自然显得太过匆忙,准备不足,缺少公正和透明。虽然萨达姆的抗争让法官气短,但并不能改变他的命运,经历 2 年的关押和审判后,萨达姆于 2006 年 11 月 5 日被判处死刑。他的遗体被埋藏在出生地奥贾村。

2006 年 12 月 30 日,萨达姆被处以绞刑,绞刑视频在互联网上全程播放。行刑者戴着头套,对萨达姆怀有刻骨仇恨。阿拉伯世界的民众普遍认为这一处罚是在羞辱萨达姆,羞辱伊拉克,实际上也羞辱了阿拉伯世界和阿拉伯人。除了科威特和伊朗这两个死敌,其他国家基本上都对死刑保持沉默,情势耐人寻味。总部设在美国的"人权观察"对绞刑表示谴责,欧洲国家也对死刑和恢复如此野蛮的行刑方式表示不满。萨达姆是死了,但伊拉克和伊拉克人民的悲剧仍在继续。

硕果仅存的也门统一

两个也门的合并和最终统一为一个国家,可能是第二次世界大战以来不断出现的阿拉伯国家间的合并行动的唯一成功例子。

◆ "一国两制"

也门位于阿拉伯半岛西南部,西、南两面濒海,北靠沙特阿拉伯,东与阿曼为邻。也门历史上就是一个统一的国家,有 3 000 多年文字记载的历史。1839 年也门南部沦为英国殖民地和保护国,英国将亚丁港作为其在阿拉伯半岛的重要据点。由于英国的着眼点主要在亚丁港,因此未将也门北部列入保护地范围,北也门由政教合一的也门巴德尔王朝统治。第二次世界大战以后,英国殖民势力衰落,阿拉伯民族独立的呼声高涨,埃及总统纳赛尔先后宣布苏伊士运河国有化、与苏联签署协议修建阿斯旺水坝以及同叙利亚、也门成立"阿拉伯联合共和国"。在埃及纳赛尔及苏联的影响下，也门社会发生动荡，国民分裂为保王党和共和党两大派。在萨那的也门王室被推翻后，在山上建立据点，并联合也门各大部落势力，抵抗以纳赛尔为背景的共和党人。沙特阿拉伯王室在面临巨大威胁的情况下，不惜以大量金钱和武器支持也门保王党势力。也门内战持续长达12年，直到1967年第三次中东战争后方告结束。

上世纪60年代后期，英国决定从苏伊士运河以东撤退，并在也门扶植"本土化"势力以对付纳赛尔的泛阿拉伯主义。但事与愿违，1967年南部也门宣布独立，成立"也门人民民主共和国"，成为冷战时期阿拉伯世界出现的受苏联严重影响的"唯一社会主义国家"。与此同时，北也门也成立"阿拉伯也门共和国"，南北分裂，"一国两制"，边境不断发生流血事件。七十年代中期，北也门提出南北合并建议并受到想藉联合将南也门拉回阿拉伯世界的大多数阿拉伯国家的支持。南也门为争取主动也做出积极呼应，其领导人甚至声称愿意以总统职位相让，并以北也门首都萨那为合并后的也门首都。一时间，两也门合并之声骤起，合并的努力也在公开和私下加紧进行。

显然，两也门的合并威胁着作为两个超级大国之一的苏联的战略利益，克格勃奉命出面制止。1978年6月，在南也门总统鲁拜伊的特使赴萨那面见北也门总统迈希米时，装有南也门总统关于合并事宜亲笔信函的手提箱爆炸，北也门总统迈希米当场身亡。无独有偶的是，南也门总统鲁拜伊也于同一天被害。一天之内杀死两位总统，可能也就是克格勃能做出这样的"大手笔"！

◆ 合并——内战——统一

上世纪80年代末，在东欧解体、苏联衰落、冷战即将结束的背景下，经阿拉伯兄弟国家的不懈努力，南北也门的领导人萨利赫和比德在亚丁签署由"也门统一宪法委员会"起草的《也门统一宪法》草案。1990年5月21日，北、南也门议会同时通过该草案，并决定在半年内对《也门统一宪法》草案进行全民投票，此举标志着两也门的正式统一。统一初期的也门由五人组成的总统委员会治理，原北也门总统萨利赫任统一的也门共和国总统委员会主席，原南也门总统比德出任总统委员会副主席。1990 年 12 月 30 日，也门总统委员会发布命令，部署全民公决事宜。1991 年 5 月，也门全国就新的统一宪法进行全民投票，结果绝大多数人赞成新宪法，也门统一得到有力保障。1993 年，也门举行了统一后的首次大选，萨利赫的"全国人民大会"赢得大选，获得 301 个议席中的 121 席，比德的也门社会党则只得 56 席，主要权力掌握在总统萨利赫的手里。

统一后的也门不仅南、北两部分存在诸多差异，而且军权也没有统一。南方的军队仍多留驻在南部的基地中。1994 年 4 月，在统一后的国家政治中日感失势的比德社会党集团以保存在也门南部的力量为基础，图谋夺取政权，结果导致也门再次发生南北内战。参加叛乱的也门社会党内部虽确有分裂分子，但大多数人反对分裂，真正意图只是想罢黜萨利赫总统并取而代之。因此，发动叛乱的社会党人选定的首要攻击目标就是萨利赫的总统府。在起事之前，社会党人将准备使用的武器隐藏在总统府附近的店铺内，但萨利赫总统早已有所防备，将治安部队部署在总统府及首都各重要地段，并在获得确凿证据后先发制人，使社会党人措手不及。在遭到沉重打击后，也门社会党领导层曾想公开打出分裂旗号，但由于党内陷入了严重分裂，许多重要成员甚至纷纷逃往外国，因而延误了时机，等发表《独立宣言》并寻求国际支持时，其所控制的地区已经很小。萨制赫政府坚持其仍为整个也门之宪法政府，高举军事讨伐大旗，并威胁将与任何视南也门为独立国家者断绝外交关系，因此虽然有些阿拉伯国家出于各种各样的原因同情南也门方面，但也难有作为。1994 年 8 月初，即在比德等起事后仅仅三个多月，也门内战就以总统萨利赫为首的北方的胜利而告结束，比德等社会党领导成员流亡国外。也门的统一在经历了内战的洗礼后终于得以保持。

◆ **重新走向内战的也门**

2015 年开年之初，也门即牵动了国际社会的目光。1 月 17 日，也门北部的什叶派胡塞武装因不满新宪法草案对国家行政区划的设计，绑架了总统办公室主任、全国和解对话委员会秘书长穆巴拉克。这引发了穆巴拉克在南方各省的支持者的不满，他们发起示威游行、封锁连接也门南北的高速公路并威胁停运石油和天然气。次日，事态进一步升级，胡塞武装与政府军在总统府附近爆发冲突，双方使用了坦克、装甲车等重型武器，首都萨那陷入自2014年9月停火协议以来最紧张的局面。之后，总统府被胡塞武装完全占领，美国使馆车辆在安全检查站遇袭；英、法、芬兰等多国使馆关闭；也门政府与胡塞武装的谈判破裂，总统、总理和内阁集体递交辞呈；联合国随即发声谴责胡塞武装"蓄意发动政变"，呼吁各方"信守通过和平方式解决分歧的承诺"。

实际上，自2011年所谓的"阿拉伯之春"爆发以来，也门政局就一直处于混乱之中。虽然按照西方的看法，前总统萨利赫下台标志着独裁政治的结束和民主转型进程的开启，但4年来其国内权力斗争从未停止，经济持续衰退，失业率高企，财政连年赤字，半数以上人口挣扎在贫困线上。当前的冲突正是也门转型期各种矛盾集中爆发的结果，它更像是一面多棱镜，折射出也门政治的方方面面和前世今生。

事实上，也门国内政治四分五裂的情况相当程度上是长期历史遗留问题积累的结果。1990年，亲西方的阿拉伯也门共和国与亲苏联的南也门人民共和国合并。南也门虽然面积较北也门更大、战略位置更重要、自然资源也更丰富，但由于受冷战末期苏联崩溃的消极影响，在统一后的新国家中处于被边缘化的位置。这不仅体现为国家政治权力的分配不成比例，政府和国家事务主要由原北部领导人主导，而且体现为经济收益分配的不均衡。一方面，也门的石油和天然气主要集中在南方各省，但是能源出口的大部分收益却被由北方势力把持的政府所垄断；另一方面，统一后南也门亚丁湾地区的商业审批权被中央政府收管，导致港口贸易明显衰退，经济环境严重恶化。1994年，南方势力发动内战，虽然军事冲突在两个月后以南方军队失败、国家得以维持形式上的统一而告终，但南北双方的矛盾并没有从根本上得到解决，南部要求自治的政治诉求和离心倾向从未减退，众多分裂主义势力、安萨鲁运动、南部和平运动等亦不乏追随者和同情者。

此外，也门传统部落势力强大，较大的部落或部落联盟通常拥有独立军事力量；胡塞武装组织自2004年与政府矛盾公开化以来，一直处于与政府军无休止的武装冲突之中；盘踞在南部的"基地"组织阿拉伯半岛分支，利用2011年以来也门政局动荡、经济发展停滞之机招兵买马，壮大实力，并将影响力向周边国家渗透；也门军方亦有强硬派自立山头，不完全听从政府指挥。这些"割据力量"相互间亦有矛盾，关系错综复杂，但并没有哪一方具有压倒性优势，也没有哪一派能够取政府而代之，前总统萨利赫正是在各种势力间"巧妙地维持着平衡"。因此，也门虽然名义上是一个统一国家，但国家权力的整合从未真正实现。各派力量并无强烈的国家认同，也缺乏达成政治共识的必要基础，往往为维护或扩大自身利益而轻率地诉诸武力。

目前，作为也门国内冲突的主要参与方，胡塞武装通常被标注以"什叶派"或"叛军"的标签。2014年9月胡塞武装组织占领也门首都萨那之后，伊朗议员卡扎尼声称，萨那是"中东地区（继贝鲁特、大马士革和巴格达之后）第四个由什叶派控制的首都"，兴奋之情溢于言表，这引起了沙特等海湾逊尼派国家的高度警觉，担心胡塞武装最终会像黎巴嫩真主党一样在也门北部地区建立一个由什叶派控制的"国中之国"，于是加大了对南部逊尼派的支持，致使也门国内冲突更难平息，什叶派与逊尼派之间的教派矛盾进一步激化。

事实上，胡塞武装与哈迪政府的矛盾焦点主要集中在国家权力的分配上。胡塞武装希望能够借助政治转型、组建新内阁之机，通过合法的途径在政府中占据有利地位。在2014年9月23日与哈迪政府签订的停火协议中，它要求得到更多的政治权力并参与未来军队的整编和改革；在围绕新宪法草案提出的各种建议中，它支持南北两个联邦的方案，希望能借此巩固在北方的权力根基，并获得更大的空间去经营以萨达省为中心的"大本营"，反对哈迪政府提出的"将也门划分为六个州（北方四个，南方两个）"计划，其中关键原因在于这一计划将萨达省纳入首都管辖范围。而且，在2015年1月23日新一轮冲突爆发后胡塞武装与哈迪谈判停火的过程中，胡塞武装又提出苛刻条件，要求哈迪必须任命胡塞武装成员担任副总统，同时对总统办公室主任、国家检察总长、中央监督委员会主席、各部委副部长、国家石油公司总经理等重要职位提出要求。2015 年 2 月下旬，哈迪从首都萨那被软禁的总统府出走，一路南下逃到了亚丁，这立即招来了胡塞武装的大举南进，此举引起沙特阿拉伯的严重不安。沙特是逊尼派掌权的君主国，一向视也门为其势力范围，历史上曾多次直接干预过也门事务。2011 年，也门前总统萨利赫的"和平交权"就是沙特一手促成的。把哈迪扶为总统后，沙特在也门又进行了重大的投入，因此被认为与伊朗有千丝万缕联系的胡塞武装如此扩展势力，沙特无论如何是不能容忍的。于是，3 月 26 日，在国内王位继承事宜告一段落后，沙特迅速组织阿拉伯多国武装，发动了针对也门胡塞武装的大规模空袭行动。

目前，也门正处于陷入新的大规模内战的边缘，加上地区内大国（沙特阿拉伯和伊朗等）和地区外大国（美国和俄罗斯等）直接或间接的介入，也门危机的前景充满了变数。

"窝里斗"的根源

在阿拉伯世界范围内，广泛存在着阿拉伯统一祖国的信念，而随着油价暴涨、阿拉伯产油国轰轰烈烈的经济建设以及随之而来的人力资源的空前大流动，在增强这种传统信念的同时，也扩大了阿拉伯世界范围内对兄弟国家间贫富不均的深深不满。

◆ 石油使阿拉伯世界秩序颠倒

在上世纪七十年代世界石油价格暴涨前，阿拉伯世界中的发达国家是东地中海沿岸的非产油国，如埃及、叙利亚、黎巴嫩、伊拉克等等。这些国家在阿拉伯世界中文化发达，历史悠久，人口相对较多，经济结构也比较完整。其中，埃及是阿拉伯头号大国。而当时的最贫穷落后国家正是现在盛产石油的海湾国家和利比亚。据统计，1958 年时沙特阿拉伯的国民生产总值仅仅是埃及的 36.4%，随着石油收入的增加，1970 年上升到 53.5%，1982 年则一跃而为埃及的 581.8%，人均国民生产总值达到 1.6

万美元，为埃及的 23.3 倍。1982 年，伊拉克、阿尔及利亚、利比亚和阿联酋的国民生产总值也都超过了埃及，人口仅为埃及百分之一的科威特国民生产总值也接近埃及。

◆ 阿拉伯世界的贫富悬殊

阿拉伯世界的两极分化非常严重，国与国之间贫富差距极为悬殊，大致呈现出三个明显的层次：第一个层次——阿拉伯主要产油国，包括阿拉伯海湾六国和利比亚，其主要特点是人口稀少、石油美元丰富、人均国民生产总值在阿拉伯世界遥遥领先，其中阿拉伯联合酋长国、科威特、卡塔尔三国人均国民生产总值超过 5 万美元（2014 年）；第二个层次——阿拉伯中型国家，包括伊拉克、叙利亚、阿尔及利亚、黎巴嫩、突尼斯、约旦和摩洛哥等七国，其主要特点是人口较多，经济结构较完整，有的国家还有一定的石油资源（如伊拉克、阿尔及利亚和叙利亚等），其中伊拉克因石油资源比较丰富实力最强；第三个层次——阿拉伯贫困国家，包括埃及、科摩罗、吉布提、毛里塔尼亚、索马里、苏丹、也门以及巴勒斯坦等八国，其中埃及虽然综合国力在阿拉伯世界属于第一，但人口众多，人均国民生产总值仅三千多美元，其它国家则全部处于最不发达状态，索马里人均国民生产总值 348 美元（2012 年）。

◆ 不是不出血

每一个阿拉伯产油国都通过设立各种基金和金融组织，向兄弟的阿拉伯非产油国家提供各种赠款、援助和贷款，其中尤以沙特阿拉伯为最。沙特阿拉伯的对外援助规模占其国民生产总值的比例居于世界首位，即使是绝对值也名列前茅。据 1997 年初公布的阿拉伯联盟经济和社会年度报告统计，仅海湾六个阿拉伯产油国从 1970 年至 1995 年的 25 年中，对贫穷国家提供的援助总额即达 1 030 亿美元，其中沙特阿拉伯一国的对外援助总额就高达 659.2 亿美元，科威特 165 亿美元，阿联酋 113 亿美元，平均占其同期国民生产总值的近 5.5%，大大超过联合国贸发会议关于"发达国家向发展中国家提供援助应不少于其国内生产总值的 0.7%"的规定，更远远超过美国等西方国家实际向发展中国家提供的占其国内生产总值不足0.2%的援助比例。在高达千亿美元的援助款项中,绝大多数都流入了阿拉伯非产油国,其中埃及、苏丹、也门、叙利亚、约旦和巴勒斯坦是主要受惠国。埃及获益最大。伊拉克虽榜上无名,但实际接受援助也不在少数,仅在两伊战争期间,沙特阿拉伯为援助伊拉克,就曾在其出口石油中每天拿出30万桶,以伊拉克的名义出售,收入的美元由伊拉克使用。除了正式的援助之外,沙特阿拉伯等海湾阿拉伯产油国的各类民间组织和机构,还不时地向遭受自然灾害的阿拉伯国家提供数额巨大的无偿捐助。

◆ **有趣的辩论**

在阿以战争中首当其冲的阿拉伯国家（如埃及）认为,他们之所以遭受人力物力上的巨大牺牲,是为了整个阿拉伯国家的利益。他们声称,石油价格之所以能够蹿升数倍,也是他们进行战争并获得胜利的成果。这种"石油美元"对所谓"石油流血"的争论,从七十年代中期起即在被石油财富所分隔的阿拉伯世界的两边展开了。参加辩论的人包括新闻记者、知识分子以及国家军政大员等。

拥有石油美元财富的一边辩称,他们之所以获得财富有多方面的原因：首先,正如《古兰经》中所说,"真主给予他要的人,也拒绝给予他要的人"；其次,在经济方面多数产油国除石油外再无其它的资源,由于石油资源终将用尽,因此他们应用这些收益来确保他们的国家在将来没有石油后的生存和发展；第三,他们业已提供了数额巨大的援助、贷款和赠款,一年多达数十亿、上百亿美元,比超级大国每年的外援额还多,如果那些阿拉伯受援国能够整肃贪污腐败、提高经济效益等,他们的境况本来应该比现在好得多,而产油国本身可能还会给予或投入更多的资金。

没有石油财富的一边的反驳理由更加充分。除了国家的、政治的和经济上的理由外,兄弟交情和阿拉伯责任感是最常被提到的论点。首先,他们认为,几个贫困的阿拉伯国家（如埃及、叙利亚、约旦）以整个阿拉伯世界的名义与以色列进行战争,而结果却导致他们自己的国家负债累累；其次,在石油纪元开始之前,阿拉伯今天的富国恰恰是那时的穷国,而现在的穷国也正是那时的富国，正是"现在的这些穷国"时常派遣各种各样的援助团（如教育、卫生等）到"现在的富国"去，免费帮助这些"姐妹国家"。现在风水轮回，世道正好颠倒了过来，富裕的一方却不再热心帮助贫穷的兄弟；第三，贫穷的阿拉伯非产油国在政治和社会问题上所潜伏着的不稳定因素，对包括阿拉伯产油富国在内的整个地区都将产生不利的影响，因此产油富国一方的援助实际上也是在维护自己的稳定；第四，阿拉伯产油国从阿拉伯非产油国大量输入人力，但却并没有给予合理的补偿，从阿拉伯贫穷国家来的打工仔远远不能与当地人同工同酬；第五，从经济上讲，阿拉伯产油国一年提供给阿拉伯穷兄弟的援助，与他们存放在西方国家银行里的款项以及在西方国家因每年的通货膨胀、货币贬值而损失的款项比起来，显然是一个小数目。实际上，在贫穷的阿拉伯国家的投资风险，未必就大于存放在西方国家银行中所经受的金融风险，这种风险在历史上可谓屡见不鲜。

非常有趣的是，在这场争论中，辩论的双方都认为阿拉伯财富的分配问题是一个"正当而合理的辩论议题"，没有任何一方以"国家主权"为由来论证是否应该分享石油财富。类似的争论通常应该发生在一个国家范围内富裕与贫穷的地区之间，但这场大规模的辩论却是实实在在地发生在阿拉伯主权国家之间。通过阿拉伯世界各国的大众传媒，几乎每一个阿拉伯人都知道这场辩论的情况。更为有趣的是，在那些赞成更公平地分配阿拉伯财富的人中，有许多是来自阿拉伯产油国的公民。

◆ 阿拉伯人普遍的心态

一项在十多个阿拉伯国家进行的民意调查显示：53％的人相信，贫穷的阿拉伯国家希望从任何可能的阿拉伯统一过程中获得物资上的好处；69％的人表示，他们个人也将从中受益；多达82％的人认为，他们的子女会从阿拉伯统一中得到更多的好处；66％的人认为，无论是穷国还是富国均将从统一中有所收获；只有5％的科威特人和极个别的卡塔尔人认为，阿拉伯的政治统一对他们个人的利益会有所损害。综合这项调查可见：在阿拉伯世界，包括在阿拉伯富有的产油国，只有极少数人对阿拉伯的统一问题持悲观的态度。

从调查中还可看到一个只有阿拉伯世界才有的奇怪现象：多数阿拉伯人认为，他们从任何阿拉伯国家的任何阿拉伯企业获得好处都是合理合法的。这一调查结果使我们更容易地理解，为什么许多阿拉伯外籍劳动力在阿拉伯产油国内会有被歧视的感觉，因为同是阿拉伯人，他们觉得自己在任何阿拉伯国家都有权获得同样的权利——即他们在非阿拉伯国家里将不会期盼的那些权利。当然，越是受过较好教育的阿拉伯外籍劳力，对在地主国受到的歧视待遇越是感到不能容忍和痛苦。

海湾战争的另一面

由伊拉克入侵阿拉伯兄弟邻邦——弹丸之地科威特而引发的海湾危机和海湾战争早已尘埃落定，萨达姆政权在2003年被美国推翻，萨达姆本人也命丧绞索。萨达姆吞并科威特，失道寡助，理应受到国际社会的制止，但海湾危机和海湾战争还是有其不为人知的一面。

◆ 萨达姆的"充分"理由

在海湾危机前后，伊拉克时任总统萨达姆充分利用了阿拉伯人普遍存在的希望阿拉伯民族强盛和民族统一的心态，在外交活动中打出了"几张非常有分量的牌"，获得了相当一部分阿拉伯人的同情。萨达姆虽然失败了，但他在普通阿拉伯人心目中则"虽败犹荣"。

萨达姆手中挥舞的第一张牌是阿拉伯世界贫富悬殊牌。伊拉克在入侵科威特之后，立即开动宣传机器对科威特国内存在的所谓"暴发户"式的腐朽生活进行攻击，矛头所向直指海湾阿拉伯各国的君主们。伊拉克新闻媒介指责科威特埃米尔是一个"昏庸腐败、挥霍无度的君主"，是"帝国主义和以色列的代理人"、"石油埃米尔"，王室成员更是一群"只知道挥霍享受、糜烂腐败的财主"，有的王室成员一人就拥有80亿美元的私人存款。伊拉克还攻击科威特王室家族、沙特国王及其王室、阿联酋总统扎耶德等是"阿拉伯民族的罪人"，他们在整个阿拉伯世界存在严重贫困的情况下，宁愿把巨额财产投资到美国和西方，而不愿意投资到阿拉伯国家。萨达姆对海湾君主们的攻击，迎合了阿拉伯世界穷国对石油富国的妒嫉心理，在阿拉伯世界赢得为数众多的民族主义者、穷人、青年以及激进分子的同情和支持。在整个海湾危机期间，尽管多数阿拉伯国家的政府公开对萨达姆的行为进行谴责，但普通百姓的内心大都是向着伊拉克一方的。在此期间，埃及首都开罗的普通老百姓说得最多的是这样一句话："总算有人出来收拾这些海湾土财主了！"

萨达姆手中的第二张牌是宗教和民族主义牌。萨达姆将西方在沙特阿拉伯等国的驻军描绘成新的西方基督教徒的"十字军东征"，竭力试图唤起阿拉伯人对历史的记忆，号召穆斯林对西方军队进行圣战，保护伊斯兰教圣地麦加和麦地那的圣洁。"保护伊斯兰圣地"的口号"几乎打动了所有阿拉伯人的心"，包括参加多国部队的埃及人、叙利亚人，以及本国驻有美国等西方国家军队的沙特阿拉伯人、阿联酋人，流亡在外的科威特人在内，几乎没有一个阿拉伯人赞成西方国家在海湾地区长期驻军。非常有意思的是，在科威特光复的第二天，科威特城的大街小巷就打出"美国佬滚出去"的标语，萨达姆的宗教、民族牌切中要害由此可见一斑。

萨达姆的第三张牌是阿以冲突牌。海湾危机期间，萨达姆提出一个著名的"四撤军方案"：即美国撤出海湾、叙利亚撤出黎巴嫩、以色列撤出巴勒斯坦被占领土、伊拉克撤出科威特。萨达姆的这个建议巧妙地把阿拉伯人几十年的悲欢荣辱糅合在一起，看上去确实不失为一个彻底解决中东问题的最佳方案，因而赢得普通阿拉伯人的普遍好感，萨达姆也因此成为阿拉伯人心中的"英雄"。实际上，萨达姆的"四撤军方案"还着实让美国的布什政府手忙脚乱了一阵子，因为当时的苏联正在戈尔巴乔夫"新思维"的指导下，大力鼓吹召开中东和平会议解决阿以冲突；法国等欧洲国家也公开承认中东地区存在错综复杂的政治现实。为此，布什政府展开了一系列公开和秘密的外交活动，反复向其盟国解释美国坚决反对萨达姆浑水摸鱼、将"几个问题搅在一起"的图谋。

萨达姆的第四张牌是强调阿拉伯事务应由阿拉伯内部自己解决。萨达姆明白，阿拉伯民族一致的原则无论何时在阿拉伯人心目中都有巨大的感召力。根据这一原则，阿拉伯人长期遵守"家丑不可外扬"的信条，自己的问题当然应该在自己内部解决。比如，1976年叙利亚军队突然越境进入正在打内战的黎巴嫩，占领首都贝鲁特，并"抬出一个亲叙利亚的黎巴嫩总统"，将黎巴嫩作为"事实上的从属国"。阿拉伯国家进行紧急协调，在应巴勒斯坦解放组织要求而举行的阿拉伯国家首脑会议上，大家达成了临时停火协议，但叙利亚拒绝撤军。于是，阿拉伯国家开始寻找两全其美的办法，即既要保全叙利亚以及许多阿拉伯国家首脑的面子，又要使问题"得到解决"。解决办法终于找到了，这就是将叙利亚在黎巴嫩的军队当作"阿拉伯维持和平部队"，这是阿拉伯国家为"避免民族内部发生彻底对立和内战而发挥阿拉伯人特有的聪明才智"的典型事例。萨达姆的阿拉伯内部自己解决问题的呼吁，当时确实也打动了不少阿拉伯人的心。

◆ **阿拉伯国家的不同心态**

在伊拉克入侵科威特后，科威特之声电台曾大声疾呼："阿拉伯协议何在？伊斯兰协议何在？执行这些协议的时候到了。""血脉、语言相通，阿拉伯和伊斯兰的兄弟们同我们站在一起。科威特向你们发出呼吁！"但是，阿拉伯国家对此呼吁的最初反应却是足以令科威特人沮丧的。

在伊拉克入侵科威特当天，联合国和美国立即做出强烈反应，严厉谴责侵略行为。阿拉伯世界的所有电台都报道了这一事件，但是只有伊拉克的主要对手叙利亚对此做出谴责，阿拉伯世界其它地方的反应却颇为低调：

在埃及首都开罗，阿拉伯联盟虽然应科威特的要求迅速召开部长委员会会议进行紧急磋商，但做出的决议是要求伊拉克和科威特双方立即停止一切军事行动，通过对话解决争端。而当时的科威特已经没有一枪一卒，伊拉克的百万雄师却毫发未损。

由沙特、科威特、阿联酋、巴林、阿曼、卡塔尔6国于1981年5月成立的海湾合作委员会本来是以联合自强为目的的，但在伊拉克入侵科威特、埃米尔政权流离失所这个节骨眼上，却不仅未采取任何军事行动救援科威特，而且还尽力避免对伊拉克进行公开谴责。海湾合作委员会发表了

"温和、低调"的声明,反对这次"进攻",不承认"进攻"的任何结果,同时要求阿盟采取"一致的阿拉伯立场"消除危机。约旦国王侯赛因警告说:在阿拉伯国家的任何地区的任何外力行动都不会受到欢迎,只有在阿拉伯的大家庭内才能解决问题。

利比亚在当天发表的声明中呼吁阿拉伯国家团结起来,恪守阿盟宪章,防止外国势力对阿拉伯事务的干涉。其它北非的阿拉伯国家,如阿尔及利亚、摩洛哥、突尼斯等国也做出了同样的呼吁,但摩洛哥前国王哈桑二世在内阁会议上谴责伊拉克对科威特的"军事占领"。

伊拉克入侵科威特后的第二天,在阿拉伯联盟理事会上,阿拉伯国家内部在此问题上的矛盾公开化。在21个成员国中,有14个成员国对阿盟要求伊拉克无条件撤军的决议投赞成票,但是巴解、约旦、苏丹、毛里塔尼亚和也门对此有所保留,投了弃权票,伊拉克被禁止参加投票,利比亚则干脆没有出席。这次会议的目的是"寻求在外国势力插足之前找到阿拉伯解决办法",但在会议一开始就陷入混乱。会议是以聚餐的形式开始的,伊拉克全权代表把手中的餐具向科威特外交大臣的头上抛去,打中了他的头部,使科外交大臣身体不适而退场,科威特埃米尔也披上斗篷摔门而去。巴解组织领导人阿拉法特在会议上口若悬河,大谈与议题无关的阿富汗问题和克什米尔问题,致使埃及总统穆巴拉克不得不打断他的演讲。当阿拉法特和也门总统萨利赫建议会议派一个代表团去巴格达时,所有提名的阿拉伯领导人都不愿意前往,连穆巴拉克也不愿意去。会议吵吵闹闹,四分五裂,"常常是两三个人同时发表不同的意见,而另外的人则在谈论别的事情"。

◆ 同情在萨达姆一边

在入侵科威特前夕、踏上"圣战"的征程之前,萨达姆猛烈抨击海湾的阿拉伯君主们,并要求阿拉伯世界结束给予如此一小部分人以这样多财富的"殖民地划分"。萨达姆的这一提示很快"深入阿拉伯人的心田"。在整个海湾危机中,萨达姆都摆出一副"阿拉伯劫富济贫英雄"的架式,拼命利用阿拉伯普通老百姓心中对贫富严重不均的不满情绪。

确实，富有是这样明显，怎么能够掩盖得住呢？日复一日、年复一年，数以百万计的阿拉伯劳工大军不断涌入海湾产油国，怎么能够阻止他们回国后逢人便讲述他们在地主国所经历的堪称"一千零一夜"式的故事呢？正是这些作为外来人的阿拉伯劳工，在海湾各酋长国里修建绝顶豪华的宫殿，擦洗无数辆只因出了一次故障就被丢弃的劳斯莱斯或卡迪拉克高级轿车，维护保养繁盛茂密的花园，也在仅供富人娱乐的富丽堂皇的场所瞥见过富豪们奢侈的生活。

海湾危机期间，也门采取了"两全其美的中立政策"，一方面谴责伊拉克入侵科威特，一方面又反对西方插手，坚持主张在阿拉伯内部自行解决。也门（当时是联合国安理会非常任理事国中唯一的阿拉伯国家）的立场被西方指责为"暗中支持萨达姆"，沙特阿拉伯和科威特等更将之视为背叛。结果，在沙特阿拉伯及其它海湾国家打工的 100 多万也门工人被遣送回国。一连数月，也门首都萨那大十字路口的人行道上，每天早上都聚集着大批的回国人员等待被雇佣。但是，人们没有怨言，如果谁要是希望这些被驱逐的也门人批评他们的政府的话，那可能是要失望的。因为，不论在大街上还是在咖啡厅里，人们见到的都是全力支持也门政府海湾政策的情形。老百姓坦白地承认对萨达姆的钦佩，说伊拉克入侵科威特自然不对，可是美国人做得也不对，萨达姆是英雄，他勇敢地面对了美国人，虽然没赢，但也没输。人们还将愤怒的情绪倾泻到沙特王室身上。

实际上，在阿拉伯世界早有海湾富豪们挥金如土的传闻。一些百万富翁包乘专机赴国外旅行，在世界各地拥有自己的花园府第，在西方国家的大赌场漫漫长夜的豪赌中，一个晚上可以输掉几十万美元。海湾产油国的君主们更是气派，据说沙特前国王法赫德在法国凡尔赛平原有一座占地 40 公顷的丰特奈—勒弗勒花园，一条经法国政府特许、国王私人出资修建的大型立交桥把这座花园与附近的高速公路直接连接起来。阿拉伯人常常形容，在阿拉伯世界存在着"两极"，一极是"一位国王和五位埃米尔"坐在阿拉伯巨大无比的石油宝藏上，统治着千万臣民；另一极则是三亿阿拉伯人生活在相对或绝对贫困之中。萨达姆的野心和行动确实不足以消灭这些君主，但这些石油君主们在阿拉伯人心目中的合法性却再一次被强烈撼

第三部分　兄弟阋墙——阿拉伯内部关系透视

动。正像阿布扎比埃米尔兼阿拉伯联合酋长国总统扎耶德常说的，"真主给了我们石油，但可能又会从我们这里拿回去"。今天，海湾君主们确实有种种理由感到害怕，这就是害怕真主发怒！

◆ 沙特王室的窘境

海湾危机和海湾战争突出了沙特阿拉伯王室的窘境。萨达姆虽然遭到沉重的打击，但他仍然有一支强大的军队，仍然足以从根本上威胁海湾一大批君主们的生存。显然，沙特等国的君主们都非常明白，如果没有美国在该地区的强大军事存在及威慑，萨达姆的报复随时都会到来。石油富国们需要美国的存在，甚至可以说一时也离不开美国的保护。但是矛盾的是，美国对沙特等海湾君主们的作用越重要，沙特等王国内部以及王国外的反美情绪就会越强烈。迄今为止，沙特王室在一定程度上使两个相矛盾的目标暂时保持了平衡，这两个目标是：遏制伊拉克和将美国的军事存在维持在尽可能小的程度。可以肯定地说，这种平衡不可能被持久地保持。

事实上，海湾危机和海湾战争加剧了沙特阿拉伯王国在社会与政治上的扭曲。它不仅使王国大大破了一笔财（对伊拉克的战争使沙特花费了550亿美元用于直接支持盟国部队，其间接开支也不在少数。过去王室可以用这些钱来满足国内外朋友和敌人的需要以"消灾免祸"），而且使以美国为代表的西方世界的影响达到了空前的地步。在沙特阿拉伯和海湾国家，西方的影响主要表现在相反的两个方面，即一方面使王国封闭的社会出现了越来越强的"自由和民主"呼声及势力，另一方面则使社会的传统势力，特别是宗教势力越来越对"社会失衡"感到担忧。1990年12月，还在多国部队大批部署于沙特沙漠之时，法赫德国王就收到过由43位世俗名流和开明宗教人士联署的所谓"世俗备忘录"，要求国王进行改革，开放政治体制，容纳更加多样化的意见。三个多月后，海湾战争刚刚结束，一份由沙特最高宗教领导层发出的"宗教备忘录"也放在了国王的办公桌上，明确表示了对西方影响的存在、裙带关系、王室无限的权力和腐化等的极大忧虑。上述两份请愿书在递交国王的同时也都译成英文透露给了新闻界，后者还在清真寺中广为宣讲。这种"挑衅性"的请愿在沙特王

第四部分

伊斯兰教与阿拉伯人

在西起北非摩洛哥、东至阿拉伯半岛和伊拉克辽阔的阿拉伯地区，伊斯兰教和伊斯兰文化的影响根深蒂固，规范着广大阿拉伯穆斯林的言行举止和日常生活。近几十年来，巨大的石油财富使过去贫穷落后的阿拉伯国家变成世界上最富裕的国家，但是现代化不仅没有改变这些国家浓厚的伊斯兰色彩，反而在某种程度上加强了伊斯兰教在当地的影响。这些国家的人民常常把石油财富和伊斯兰教信仰联系在一起，认为它是真主对生活在荒凉的沙漠地带的阿拉伯人坚守伊斯兰教信仰的一种补偿。

在阿拉伯世界，清真寺无处不在，城市和乡村到处可见清真寺高高的宣礼塔，甚至高速公路上也时时可以看见醒目的"礼拜处"的标志。不论你置身于哪一个阿拉伯国家，都丝毫不会因找不到清真寺做礼拜而烦恼，因为即使是在世俗化程度相当高的现代大都市开罗，也可以轻而易举地找到遍布于大街小巷中的清真寺和礼拜点，而各家旅馆里面都在显著位置悬挂着"礼拜方向"的指示牌。在多数阿拉伯国家，无论是在政府机关、工厂企业，还是在学校、商店，甚至体育比赛进行过程中，只要一到礼拜时间，官员、职工、学生、店主甚至正在进行体育比赛的运动员，都会停下各自手中的活去做礼拜。无论多么重要的事情，都要在礼拜完之后再说。

宣扬伊斯兰教是许多阿拉伯国家的政府及其控制的电视台的主要职责。宗教节目在阿拉伯国家电视节目的播放时间中占据重要位置。在海湾国家，电视中最经常的节目是吟诵《古兰经》和麦加大清真寺内每天5次礼拜的情景。乘坐沙特阿拉伯或海湾国家航空公司的飞机，起飞时广播里播送的是抑扬顿挫的《古兰经》的吟诵声，祈求真主保佑旅客平平安安。

沙特的社会生活中更处处显示伊斯兰教的影响。

伊斯兰教的影响最为外部世界关注的莫过于男女社交生活。在许多阿拉伯国家，女子不能同家人以外的男人交往，出门时必须把自己的身体用面纱和黑袍全部遮盖起来。在沙特等海湾阿拉伯国家，尽管近几十年来妇女获得了同男人一样接受教育等各种权利，但男女社会是完全分开的，全国大、中、小学校都分为男区和女区，大学里的图书馆、教室、实验室也都实行男女隔离。如果没有足够的师资力量，男教师可以为女学生们上课，但是不能进入女生教室，只能通过闭路电视进行。在许多阿拉伯国家，公共汽车也实行男女乘客分开的制度，女乘客由后门上下，坐在车的后半部，和男乘客坐的前半部用不透明的材料挡住。有的阿拉伯国家的公共汽车虽然并没有隔板将前后两部分分开，但乘客们仍然自觉遵守男前女后的习惯。在沙特阿拉伯甚至不能随便照相，因为你可能会将当地妇女拍入照片，那样将会招致警察的干涉，带来不必要的麻烦。

伊斯兰教给阿拉伯世界带来良好的精神风貌，人民普遍遵纪守法，犯罪率明显低于世界其它地区。在沙特等海湾阿拉伯国家，汽车停在街边，晚上不关窗子、不上锁也不会丢失，偶尔的一些刑事犯罪也多是外国移民所为。街上很少见到警察，但人们都自觉遵守交通规则，秩序井然。在一些阿拉伯国家，至今仍保持着传统的惩罚罪犯的形式，即星期五礼拜之后，在市中心清真寺的广场上，按照伊斯兰律法将对罪犯当众执行处罚。

伊斯兰教的基本信仰

随着时间的推移，先知穆罕默德之后的宗教学者把伊斯兰教分为三方面内容：宗教信仰（伊曼）、宗教义务（仪巴达特）和善行（伊哈桑）。这三者统称为"丁"，即阿拉伯语宗教的意思。"丁"作为伊斯兰教的总汇，其中最为重要的就是信仰（伊曼）。伊斯兰教宣扬一切顺从真主（音译安拉）。伊斯兰在阿拉伯语中就是顺从真主的意思，伊斯兰教的信徒称为穆斯林，意为归顺者——即相信"万物非主，唯有真主，穆罕默德是真主的使者"的人。根据伊斯兰教经典《古兰经》的规定，伊斯兰教的基本信仰（伊曼）可概括为信真主、信天使、信经典、信先知和信末日五个方面的内容。

◆ 信真主（"安拉"、"胡达"）

伊斯兰教首要的、最基本的信条是真主独一。这种坚决的、朴实的一神信仰，正是伊斯兰教主要的力量所在。据传说，早在伊斯兰教产生之前，真主曾是麦加居民信奉的一个创造神。穆罕默德创立伊斯兰教时，号召人们摒弃其它神和偶像，信奉唯一的神——真主。伊斯兰教认为，真主没有任何形象或方位，所谓无始无终，但全知全能、无所不在、创造万物、主宰一切。真主不是一个抽象的概念，"他"时时处处无所不在，知晓每个人的行为和思想，知道谁遵从"他"的旨意，谁不遵从"他"的命令。笔者在参加1986年于北京西苑饭店召开的世界伊斯兰宣教大会时，曾听到一位沙特阿拉伯著名伊斯兰学者解释真主的存在："真主犹如空中的无线电波，时时刻刻在你的身边，但如果没有恰当的途径，你就感受不到真主的存在，因此穆斯林只要心中有真主，并认真履行自己的义务，就能感受到真主的存在，并体念到真主的仁慈和伟大之所在。"真主要求穆斯林接受穆罕默德的预言和社会正义，为人诚实、尊重他人、乐善好施，节制各种尘世的欲望以及履行礼拜和斋戒等信仰义务。笃信真主的信条突出地表现在穆斯林时时处处默念的"清真言"中，"清真言"第一句即是"万物非主，唯有真主"。伊斯兰教还认为，信真主绝不能限于口头或书面的表达，而应当发自内心地接受，在自己心灵的殿堂里永远只有真主——这唯一的神存在，而且在实际生活中顺从和遵守真主的法律，做到完完全全地身心统一。

在日常生活中，人们对真主——伊斯兰教信奉的唯一神明有几种不同的称谓，有的称真主，有的称安拉，还有称"胡达"的，这是怎么回事呢？原来，安拉是阿拉伯文真主的音译，"胡达"则是波斯语真主的音译，因此使用波斯语的穆斯林称安拉为"胡达"，我国有些地方的穆斯林也称安拉为"胡达"。对此，汉语一般采用直译法，即真主的称谓。

◆ 信天使

伊斯兰教认为，天使是听候真主差遣的"天神"，是真主忠诚的使者和人类的朋友。天使是真主用光创造出来的妙体，圣洁无邪，没有性别、没有形体，但长有翅膀，飞行神速，变化莫测，穿梭往来于天上人间。天使负责观察和记录人们的言行，待人们死后，把每个人在世上的所作所为奉献给真主，作为末日审判的依据。一般穆斯林所熟知的有四大天使：即专为真主向穆罕默德传授"启示"的迦伯利天使；负责观察宇宙、指挥天兵天将，并专管人间衣食供养的米卡伊勒天使；掌握人生与死命运的阿兹拉伊莱天使（又称"取命天使"）；宣告世界末日到来的伊斯拉菲勒天使。伊斯兰教强调信天使，但又反对和禁止人们敬拜天使，或将天使与真主并列起来，因为只有真主才是唯一可以敬拜的真神。

◆ 信经典

相传，真主曾先后下降过 104 部经典，其中《古兰经》中只提到 4 部：《讨拉特》、《则逋尔》、《引支勒》和《古兰经》。伊斯兰教认为，《古兰经》是真主最后的启示，她证实了以前的经典，改正了人们对以往经典的误解，因而是"先在的和永恒的"，是"真主存在的世间标志"。

《古兰经》是伊斯兰教的经典，是由穆罕默德以"安拉颁降给他的使者"的名义，于 23 年时间内先后断断续续口授而成。最早的一节《古兰经》经文，口授于公元 610 年古阿拉伯历斋月的"卡德尔"之夜，这便是穆罕默德创建伊斯兰教的开始。《古兰经》最后一节经文是穆罕默德于公元 632 年逝世前三个月口授的。相传，穆罕默德每次得到真主的启示时，就立刻传授给面前的信徒。信徒中会写字的，当即把内容记录下来；不会写字的，便将之牢记在心里并反复背诵，然后再传授给不在场的穆斯林。现在，世界通行的《古兰经》（即所谓的"奥斯曼本"）是在穆罕默德逝世 19 年之后由哈里发奥斯曼下令搜集、整理，汇编成书的。《古兰经》在穆斯林的宗教与世俗生活中具有至高无上的地位，是穆斯林一切思想活动和生活行为的最高准则，每个穆斯林均须无条件地信仰《古兰经》并按之办事。《古兰经》共有三十卷，分"麦加篇章"和"麦地那篇章"两大部分。主要内容包括：伊斯兰教的基本信仰和基本功课；穆斯林社会的宗教、政治、经济、社会、军事和法律制度及伦理规范等等。迄今为止，多数阿拉伯国家仍以《古兰经》作为其制定政治、经济和社会文化等制度的主要法律依据或主要法律依据之一。

朗读或吟咏《古兰经》须按照一定的规则。读前先做小净，读时要面向麦加天房方向端坐，恭恭敬敬并排除一切杂念；听读《古兰经》的人也必须平心静气；无论读或听均须专心致志，不能吃东西、喝饮料、抽烟、谈笑，甚至不准说话，尤其不准边听边评论诵读者的声调或读法。朗读《古兰经》不能使用通常的语音和声调，而要用专门的抑扬顿挫的方法，对每个字母的吐字都务求精确。穆斯林对《古兰经》不但要会读能念，而且要倍加珍惜和爱护。《古兰经》不准放在低湿之处，任何书或东西都不准压在《古兰经》上面。据报载，有一次沙特阿拉伯外交大臣费萨尔亲王乘坐的豪华汽车突然紧急刹车，只见这位大臣神情肃穆地走下汽车，缓缓拣起一张旧报纸，并拂去上面的灰尘。事后有人问他，为什么要捡一张旧报纸，他说报纸上登有《古兰经》经文。

◆ 信先知

根据伊斯兰教，真主曾不断挑选和派遣先知、使者向人们布道，如亚当、诺亚、亚伯拉罕、摩西和耶稣等等，穆罕默德是诸先知中地位最高的，是"封印先知"。穆斯林认为，一切信仰和行为准则都是真主通过先知穆罕默德传播于世间的，穆罕默德是真主派到人世间来拯救世人的使者。因此，信仰和服从真主的人也要无条件地服从真主的封印使者——穆罕默德。

1978年，几个阿拉伯国家耗资上千万美元拍摄了一部宣扬穆罕默德创立伊斯兰教过程的彩色宽银幕故事片《使命》。阿拉伯世界的许多优秀演员都参加了影片的拍摄。《使命》生动地描述穆罕默德创立伊斯兰教的艰苦历程。公元6—7世纪初，阿拉伯半岛麦加城的克尔白天房中供奉着众多部族信奉的几百个偶像。当时，麦加是阿拉伯半岛的商业中心。麦加贵族们一味沉迷于控制贸易通道和赚钱,完全背弃传统的道德观念。公元610年前后,先知穆罕默德受真主的启示,开始传播伊斯兰教,号召人们信仰唯一的神——真主,并提出反对高利贷、宽待奴隶和帮助贫民等主张,影响迅速扩大。麦加贵族害怕伊斯兰教危及其统治,于是对穆斯林的迫害日甚一日,包括对穆斯林无端污辱和袭击,拒绝偿还穆斯林债务等等。麦加贵族企图以这种方式迫使早期的穆斯林们改变信仰。在这种情况下,先知穆罕默德率其弟子逃出麦加来到麦地那。穆斯林们在麦地那建立政权,他们扩大生产,招兵习驼,声势大振。经过几次浴血奋战,终于在公元630年攻占麦加,清除天房里各部落崇拜的偶像,只留下黑石作为伊斯兰的圣物。当年穆罕默德救出的一名奴隶爬上天房高顶,高声颂读《古兰经》,神圣的教义在麦加的上空飘荡着,召唤着人们去天房做礼拜。于是,皈依伊斯兰教的人潮水般地涌向天房……

《使命》对先知穆罕默德的处理颇具匠心。在影片中,先知穆罕默德的形象和声音均没有出现。声音用旁白,穆罕默德的活动是用他周围的人物或景象来表现的。他对弟子们谈话时,银幕上只出现弟子们倾听旁白诵读天启的镜头。行军打仗时,则只拍骆驼或众人。总之,观众时时刻刻感到穆罕默德是整个故事的主宰,但又不见其人,不闻其声。《使命》向观众展示的先知穆罕默德是一个凡人:由尘世间的父母所生,也没有创造过奇迹,不善于使任何人返老还童、起死回生,正因为如此,伊斯兰教教义才具有鲜明的人格性,才更富于感召力。先知的使命和成就直接体现真主的旨意,真主的声音正是通过他传给世界上所有的穆斯林。穆斯林坚信先知穆罕默德是真主的使者,但从不说自己是先知穆罕默德的信徒,因为穆斯林崇拜的只有唯一的神——真主。在穆斯林的眼中,先知穆罕默德把真主的旨意像雨露般注入人们的心田,因此先知作为一个感悟者、传授真主启示的先知、领导者、万众师表等等,受到穆斯林世世代代的赞美。

◆ 信末日

末日审判、死者复活、天堂(天园)、地狱(火狱)等等,是穆罕默德早期传教时的要点所在,伊斯兰教经典里对此有着生动逼真的描述。伊斯兰教认为，世界上的万事万物都是真主创造的，到某个时候，真主要使其毁灭，用一个新的比现在更好的世界来代替。人也是真主用血块造成的（《古兰经》说真主用精液和土块造人），是真主给予人生命，因此真主还要使其死亡、复活。在死亡和复活之间，就是所谓的末日（也称"世界末日"）。末日什么时候到来，只有全能的真主知道。在末日到来之时，世界上所有的人，不论种族，不论肤色，不论信仰，都要被带到真主面前，接受真主的审判。真主将根据每个人在现世中的善恶功过进行审判，将异教徒和一部分假信真主的人投入"地狱"，永远受折磨；而敬拜真主、笃信教义并守德行善的人，真主将使之进入"天堂"。按照《古兰经》的叙述，天堂的幸福和地狱的恐怖，包含有肉体上的快乐和痛苦。当然，真主是公正的，也是慈悲的，有罪的人只要忏悔，只要真诚而及时地忏悔，就有可能加入天堂乐园里信徒们的行列，但是如果到可怕的审判之日再忏悔就来不及了，无论谁求情都拯救不了那些违抗真主命令的人的灵魂。信末日被伊斯兰教视为决定穆斯林人生命运的最重要因素之一。在此信仰下，穆斯林们深信，每个人美好的未来都完全取决于其在现世中的言行，而否认末日、否认末日真主的审判、否认后世生活，无疑都将导致对现世恶行的放纵。

伊斯兰教圣地

伊斯兰教创始人、先知穆罕默德的足迹所至，给伊斯兰教留下多处著名的圣地。这些圣地成为千百年来世界各地穆斯林崇敬和向往的地方。

◆ 第一圣地——麦加

麦加是一座具有古老文明的古城。麦加之称，据说来自古代巴比伦语的"麦卡"一词，意为房屋。确实，现在走进麦加，城内依然有中古特征的建筑群和宫殿，街道两边是古色古香的店铺，居民的服装、语言和习俗还保留着公元 7 世纪时的某些风貌。旧城的北部是新市区，那里高楼林立，一派现代化的景象。麦加城的四周群山环抱，伊斯兰教的先知穆罕默德就诞生在这里，城内至今保留着先知穆罕默德的故居。1955年，沙特阿拉伯出巨资对麦加大清真寺进行大规模的修缮，1976年至1979年又耗资近30亿美元在麦加修建机场、道路、旅馆、商店、医院等一系列现代化设施。一些国际性的伊斯兰组织如伊斯兰世界联盟等也设在该城。为保证麦加的圣洁气氛，沙特阿拉伯政府规定，麦加周围15公里以内，禁止非穆斯林进入（另一圣地麦地那也是如此）。伊斯兰历每年的12月，麦加都要举行一年一度的朝觐大典，当朝觐日期临近之时，浩浩荡荡的人流从世界各地涌向这座圣城，如海如潮。所有穆斯林的心中都仿佛响起真主的召唤。据估计，每年前来麦加朝觐的穆斯林都高达200多万，最多时曾达到350万人。

麦加大清真寺又叫做禁寺、圣寺或哈兰清真寺，是世界上最大和最富丽堂皇的清真寺，总面积18万平方米，可同时容纳50万人礼拜。圣寺建筑巍峨宏大，华贵精致，仅巡游广场就达1万平方米。环绕圣寺周围的是一组长拱廊建筑，分为上下两条人行道。圣寺的墙垣是一排圆柱，共有892根，每两根圆柱之间有穹窿拱连接，每四根柱子上建有一个工艺精湛的圆顶。圣寺原来有25道大门，现已增建为64道。每座门的两侧各建有两座92米高的尖塔，尖塔顶端安放着包金青铜新月，从月牙立柱底部直上高达5.6米。清真寺中央的由褐蓝色石头砌成的"天房"是最为神圣的地方，也是麦加最古老的宗教建筑，于公元7世纪成为伊斯兰教的圣地。整个建筑长12米，宽10.1米，高15米，其东门是由286公斤纯金浇铸而成。天房外墙蒙盖着印花丝绸帷幕，用120公斤银丝线绣上古兰经经文。天房东南墙角离地1.5米的地方镶嵌着一块直径30厘米、嵌有银边的黑色陨石。

在麦加的周围分布着众多的圣地和圣迹。麦加城东20公里的阿拉法特山和米那山谷，是朝觐者举行大典、诵经、祈祷、投石驱鬼、宰牲等活动的场所。1980年沙特在阿拉法特山谷新建可容纳50万人的乃米拉清真寺，在该清真寺旁边还有历史悠久的海夫清真寺。在麦加正北5公里的地方，有先知穆罕默德第一次接受真主启示的希拉山洞；城南约6公里处，有穆罕默德迁徙麦地那时为躲避古莱氏人追击而藏身的骚尔山洞等等。

◆ **天房的传说**

在世界上所有穆斯林的心中有一块无比圣洁的地方，当宣礼声响起的时候，穆斯林无论身处何地都会朝着一个特定的方向——麦加天房顶礼膜拜。天房在阿拉伯语中念作"克尔白"，阿拉伯语意为"立方体"。关于天房，千百年来在广大穆斯林中流传着种种神秘的传说，其中流传最广、最富有人情味的还是易卜拉欣与其儿子易司马仪建造天房的传说。

相传，易卜拉欣生长于今天的伊拉克，他的父亲是制作偶像的木匠。易卜拉欣从小就讨厌这些偶像。成年后，有一次他趁着族人都去参加部族庆典活动的时机，把部族庙宇里供奉的偶像统统打碎，只留下一个最大的。众人回来后，发现偶像被毁，怀疑是易卜拉欣干的，而易卜拉欣指着留下来的大偶像说是它干的，并让众人去问这不能言语的偶像。人们很气愤，认为这是对至高无上的众神的亵渎，扬言要把易卜拉欣扔进火里。于是易卜拉欣只得带着妻子莎莱逃往巴勒斯坦。不久，易卜拉欣又来到埃及，当时的法老赐给他很多礼物，其中包括一位名叫哈哲尔的侍女，但要求他们离开埃及。这样，易卜拉欣又返回巴勒斯坦。

莎莱一直未能生育，出于母性的情感，她同意易卜拉欣纳哈哲尔为妾。数年后，哈哲尔生下一个儿子，取名易司马仪。不久，莎莱自己也生一子，取名伊斯哈克。易卜拉欣对两个儿子一视同仁，但心胸狭窄的莎莱不能容忍奴婢的儿子与自己的儿子平起平坐，她要易卜拉欣送走哈哲尔和易司马仪。无奈之下，易卜拉欣只得带着哈哲尔母子俩来到阿拉伯半岛希贾兹地区的一条荒凉贫瘠的河谷，这就是现在的麦加所在地。哈哲尔母子历尽艰辛并在神的帮助下在这里生活下来。后来，易司马仪长成一个潇洒、倜傥、强悍的阿拉伯汉子，并娶妻生子。几十年妻离子散的痛苦，无时无刻不在吞噬着易卜拉欣的心。思子心切的易卜拉欣，曾三次来麦加看望易司马仪，但第一、二次因易司马仪外出狩猎而未能见面。第三次，易卜拉欣在天房附近遇到正在修理弓箭的易司马仪，父子终于见面并畅叙别情。易卜拉欣说："易司马仪啊！主命我为他建座宫殿，并命你助我。"易司马仪虔诚地表示服从。于是父子二人一起动手，率领众人在黑石的基础

第四部分　伊斯兰教与阿拉伯人

上建造天房。当天房造到比人高时，易卜拉欣因年迈而无力把石头举上去，便站在一块石头上向上堆砌。至今，在麦加天房内，人们仍可以看到相传是"易卜拉欣立足处"的遗迹。易卜拉欣父子在天房行将竣工之时，发现它的东南角还差一块石头，父亲便让儿子去寻找石块。易司马仪好不容易才找到一方石头，可是父亲觉得不合适，要他再往别处去找。当易司马再转回时，见父亲已安上了一块黑石，就问道："父亲，这块石头是哪里来的？"父亲说："是迦百勒天使从天上带来的。"据说，天房东南角安放这块黑石，是为了表示这座房子是属于真主的天房，这块黑石也是穆斯林朝拜的方向和环绕天房行走的起点。天房建好后，易卜拉欣命易司马仪照看。从此，麦加地区开始逐步发展起来。早期，麦加天房曾是多神教敬神祭祀的中心，后来在穆罕默德凭借武力征服麦加后，清除了殿内及其周围的多神教偶像，这座圣殿从此便成了全世界穆斯林举行礼拜时朝向的坐标。

◆ 第二圣地——麦地那

麦地那在麦加以北约 400 公里处，其全称叫麦地那·奈比，意思是先知之城。麦地那是伊斯兰教的第二大圣地。相传，公元 622 年 7 月 16 日，先知穆罕默德为躲避古莱氏贵族的迫害离开麦加，在几经险阻后于 9 月 20 日抵达麦地那郊外一个叫"古巴"的地方，并在此建造伊斯兰教历史上第一座清真寺——"古巴寺"。该寺经历代不断翻修扩建后，至今仍然保存完好。先知穆罕默德进入麦地那城后，又亲自动手建造伊斯兰教历史上第二座清真寺——"先知寺"。在麦地那期间，先知及其家人就住在"先知寺"东北一隅的土屋中，并在这里从事一系列重要的宗教及政治活动。总之，麦地那在伊斯兰教历史上有着独特的地位，先知在这里的生活工作留下了一系列重要足迹，先知的足迹受到阿拉伯历代王朝的保护、修缮和扩建，许多都被很好地保存了下来。其中最著名的有先知穆罕默德的陵墓、"先知寺"、"古巴寺"等等。因此，穆斯林们以"和平之城"、"胜利之城"、"巩固的天堂"等十几个美名来赞誉她。穆斯林在麦加朝觐之后，如有可能还一定要来麦地那朝拜。除此之外，伊斯兰教各种经典文献多年来一直都是在麦地那印制的。

◆ 先知"登霄"地

耶路撒冷在伊斯兰教中也具有特殊的意义。耶路撒冷是传说中穆罕默德"登霄"接受"天启"的地方，因而被列为伊斯兰教的第三大圣地。公元638年，穆罕默德的继承人率军进入耶路撒冷，随后开始对其实行伊斯兰化，并根据传说兴建两座宏伟的清真寺——萨赫莱清真寺和阿克萨清真寺。

萨赫莱清真寺座落在耶路撒冷旧城东部的圣殿山（一块高地）上。"萨赫莱"一词在阿拉伯语中是岩石的意思，因此萨赫莱清真寺又被称为"岩石清真寺"。相传，公元621年7月的一天夜晚，先知穆罕默德在沉睡中被真主派来的天使迦百勒唤醒，同天使乘天马从麦加飞到耶路撒冷，踏着一块岩石，登霄遨游七重天，见到古代的先知、天国及地狱的情形，在黎明时又重新回到麦加。之后，穆斯林就把耶路撒冷作为圣地，并在据说是先知"登霄"时脚踏的石头处修建萨赫莱清真寺。萨赫莱清真寺结构严谨，造型美观，具有阿拉伯建筑艺术的优美特色。寺最外边是八角形的墙，墙每面宽20.5米，高9.5米，全部由石头砌成。主体部分的圆顶由分布在同一圆圈上的16根柱子支撑，四角是4根大柱子，所有柱子都用硬木呈拱形连接。圆顶外面用80公斤纯金贴面，金光闪闪。寺内装饰金碧辉煌，圆顶下陈列着一块形状不规则的蓝色岩石——先知登霄石。据记载，该寺在12世纪十字军东征时曾被改作基督教堂，称为"上帝之殿"，1187年萨拉丁收复耶路撒冷后，该寺得到全面恢复。

阿克萨清真寺位于耶路撒冷旧城的圣殿山上，正好与萨赫莱清真寺相对。因"阿克萨"一词在阿拉伯语中有"极远"的意思，故阿克萨清真寺又被称为"远寺"。这座著名清真寺的名字来源于穆罕默德夜游天国的传说，西方历史学家把这座清真寺称为"地球上最豪华、最优美的建筑物和历史遗产"。阿克萨清真寺在历史上曾屡受磨难，先是十字军东征时被改为营房和武器库，后来以色列占领耶路撒冷后又不断拆毁清真寺周围的建筑，1969年8月21日一些犹太极端分子还放火焚烧清真寺。

清真寺拾贝

清真寺是阿拉伯国家的外在象征，阿拉伯国家广大的穆斯林们在这里聆听真主的教诲，净化自己的灵魂。阿拉伯人在清真寺的建筑上倾注了自己最美好的遐想，清真寺成为人类建筑史上一颗璀璨的明珠。

◆ 真主面前人人平等

在古代，哈里发们（意为穆罕默德事业的继承人）每征服一个地方，都要建设新的清真寺。于是，清真寺便成了阿拉伯和伊斯兰世界的外在特征。凡是有穆斯林的地方都会有清真寺。清真寺在不同的地区或豪华或简陋，或宽敞或窄小，视经济实力和条件而有所不同，但在清真寺里面礼拜的穆斯林们在真主面前则一律平等，对真主也是一样虔诚。

清真寺，阿拉伯语叫做"麦斯吉得"。根据伊斯兰教的精神，真主是无所不在的，不仅仅存在于清真寺中，所以清真寺里没有像基督教或天主教那样的圣坛，没有神像，没有洗礼盘，没有塑像，也没有唱诗班的楼厢。清真寺只是真主让信徒们聚集到一起进行集体祈祷的建筑物而已。由于在真主面前人人平等，所以清真寺里没有专为尊贵者留出的位置或座位。来清真寺做礼拜的穆斯林，不分老小、不分贵贱、不分种族，都按先来后到的原则，在伊玛目（领拜人）后面排成一行行队伍，匍匐在全能的真主面前。在这里，真主给每个穆斯林同等的威严和温暖。在清真寺外面，破旧的鞋、军人的马靴和有钱人油亮的皮鞋并排放在一起，并不像他们的主人那样，在日常生活中被巨大的经济和社会鸿沟所隔开。

◆ 千年不变的格式

早期的清真寺，如先知穆罕默德在麦地那亲手建造的"先知寺"是个露天方院，只有一些椰枣树枝遮掩部分院子，遮挡烈日。起初，先知讲演时没有讲坛，他曾用"先知寺"院中的一个椰枣树桩充作讲坛。后来，根据一个穆斯林的建议，先知命人在壁龛（米哈拉卜）侧旁建了一个讲坛。

各地的清真寺尽管规模各异，大小不一，但内部格式却大致相同。按照传统习惯，礼拜者到清真寺时先要大净或小净后方可脱鞋进入，因为这圣洁的地方不能染上尘世的污垢。进入清真寺后，一般都有一个大院子，院内设有一口叫做洗礼钵的"泉水井"，供穆斯林入寺堂礼拜前做大、小净。礼拜堂是清真寺主要的建筑物，每星期五的集体礼拜（主麻礼）和开斋节、宰牲节的节日会礼都在清真寺礼拜堂举行。礼拜堂一般分前、中、后堂，四壁镶嵌着彩色贴片，地面铺设光洁的砖或石板。千百年来，清真寺一直保持着大致类似的格式。

◆ "叫拜"的由来

巍然耸立的宣礼塔是清真寺建筑的又一艺术特色。相传公元622年（伊斯兰历元年），先知穆罕默德带领信徒从麦加来到麦地那城后，与追随者们聚集在一起，商量如何来统一掌握每天五次祈祷的时间。有人主张采用基督教敲钟的办法，也有人提议用犹太教吹号角方式。这时，欧默尔（第二任哈里发）说："还是派个人去呼喊，来召唤人们做祷告吧。"这办法简单易行，当即为先知穆罕默德认可。从此，由宣礼员呼喊"起来祷告……大哉真主……"就成为伊斯兰教的一个固定宗教形式。而宣礼塔虽然以后多有演变，但格调基本相同，成为清真寺十分重要、不可缺少的组成部分。

◆ 散发香味的清真寺

摩洛哥南部的马拉喀什位于沙漠、山地、平原的结合部，是进入世界最大沙漠撒哈拉大沙漠的第一座城市。马拉喀什气候干旱，年降雨量仅仅200毫米，城市房屋多以土坯筑成，故素有"世界最大土城"之称。公元1062年，摩洛哥王朝曾定都于此，至今仍保留着许多古老的清真寺，其中香塔清真寺是最著名、也最令人着迷的一座。

香塔清真寺至今保存完好，清真寺的宣礼塔高67米，据说清真寺建成后，当时的国王害怕王宫里的女人被人窥见，于是绝对禁止臣民登塔，只允许盲人宣礼员登塔"叫拜"。该清真寺宣礼塔下的中心广场一直是马拉喀什市的传统市场，热闹非凡，但每当礼拜时间到来时，全场寂然，穆斯林个个跪在地上，面向东方的麦加祈祷，这时人们总会感到有一股股清香自塔顶悠悠飘来，沁人心腑。据说，当年建筑该清真寺的宣礼塔时，国王曾特命手下人采购了近万袋香料，拌入粘合石块的泥浆中，因此才有"香塔清真寺"之名。当地人说，几百年来香塔清真寺一直散发着阵阵幽香。平时，由于人们忙于日常生计，顾不上理会那香味，但一静下来做礼拜时便会有所感觉了。

◆ 什叶派圣地

距伊拉克首都巴格达市102公里的卡尔巴拉是伊斯兰教历史上颇有名气的古城。在该市市中心的广场上，耸立着两座庄严肃穆的大清真寺，左面的那座就是著名的侯赛因·本·阿里清真寺。据史料记载，先知穆罕默德的外孙侯赛因对当时的暴政深恶痛绝，为推翻专制统治，他号召人们拥戴他为哈里发，拒不承认先知之后的伯克尔、欧麦尔和奥斯曼三位哈里发的正统地位，从而成为什叶派形成的一个重要标志。在卡尔巴拉，侯赛因之部属与逊尼派倭马亚王朝的军队发生冲突，但寡不敌众，侯赛因于伊斯兰历61年（即公元680年10月10日）战死在卡尔巴拉。据说，侯赛因·本·阿里清真寺中埋葬着侯赛因本人及当年与侯赛因并肩战斗、最后殉难的穆斯林们，因此成为伊斯兰教什叶派的圣地之一。

伊斯兰教的功课

念、礼、斋、课、朝是伊斯兰教的五项基本功课。伊斯兰教严格要求穆斯林谨守功课，以此来表达对真主的敬仰和诚意，并净化心灵。《古兰经》说："真主确与你们同在。如果你们谨守拜功，完纳天课，确信真主的诸位使者并协助他们，真主必勾销你们的罪恶，让你们进入乐园。"

◆ 五功之首——念功

作为穆斯林，在其一生首先要反复公开宣读"清真言"，即："万物非主，唯有真主。穆罕默德是真主的使者。"以示立誓信教。其次，就是要念诵《古兰经》。这就是所谓的念功，目的是要穆斯林认识真主，效法圣行，并促进穆斯林的宗教世界观深刻化，自觉地用教义去指导自己的人生。

阿拉伯国家的广播电台和电视台每天都要安排一定的时间，专题播映国内最负盛名的诵读家诵读的《古兰经》，届时虔诚的穆斯林都会静心收听。如果一个人平时工作很忙，没有时间通读《古兰经》，那么他就必须在每年的斋月里通读一遍，据说每天读一册，一个月正好通读一遍。斋月里各清真寺有专门的伊玛目或戛里乌（诵读家）为群众诵读《古兰经》，听经者在听到真主和他的99个美名时要发自内心地小声念"真主慈祥伟大"或"真主至尊"。念经者不能随便停下，在结束时要说"艾明"（意为忠诚），再亲吻《古兰经》并将经本合拢。

念诵《古兰经》的时机和场合是很多的，可以说涉及穆斯林社会生活的各个方面和宗教礼仪活动。据《古兰经》学者说，临战前念《古兰经》，可以振奋军心、鼓舞士气、增强斗志，使士兵们在真主的庇护下去勇敢地夺取胜利；在国际会议开幕时念诵《古兰经》，可以消除分歧、解除误会，互相谅解、增进团结；新政府首脑宣誓就职时，手捧《古兰经》庄严诵读，表示他决心廉洁奉公、忠于职守、为民谋利；法官开庭前念《古兰经》，表示他将执法严明、伸张正义、秉公断案、惩处邪恶；穆斯林内部发生纠纷时诵读《古兰经》，好似真主到了他们的面前，于是战端消弭、息兵罢战、化干戈为玉帛；婚礼喜庆念诵《古兰经》，祝福夫妻互敬互爱、美满幸福、白头偕老；生儿养女念《古兰经》，祝愿孩子少灾无病、健康成长、聪明上进；丧葬忌日念《古兰经》，以示悼念亡灵、缅怀故人，愿死者安息长眠、早升天堂，勉慰家属止悲节哀、奋发图进；工程竣工时念《古兰经》，为感谢真主使工程顺利进展、如期完工；亲人出门远行时恭诵《古兰经》，祝他一路顺风、少担风险、早日平安归来。

《古兰经》内容极其广泛，它包罗万象，无论什么场合，什么事情，都有相应的章节可供念诵。《古兰经》和广大穆斯林的生活息息相关，就好比阳光、雨露、粮食、空气，是他们赖以生存的支柱。

◆ 礼拜

《古兰经》第 4 章第 103 节说："你礼拜吧！礼拜对穆斯林民众来说是受时间制约的天命。"因此，拜功是每个穆斯林必做的课目。他们在礼拜中"面对着至高无上的真主，捧上自己的心。真主仁慈地看着每个信徒，轻轻掸拂着那些蒙在信徒心上的尘土，让它露出真主造物时的本意……"伊斯兰教的礼拜有一整套的程序和规则，主要内容包括：礼拜前的准备、礼拜仪式、礼拜的分类和坏拜及补救等四项主要内容。

《古兰经》要求做礼拜的人不仅要灵魂纯洁，而且要身体洁净，因此在礼拜之前，必须做到包括身体、衣服和礼拜场所的清洁。先知穆罕默德曾告诫追随者，"清洁是信仰的一半"。因此，伊斯兰教明确规定：礼拜必须穿整洁的衣服，必须做大净或小净。大净是指清洁全身，包括要漱口、洗鼻孔。一般礼拜前的沐浴通常是象征性地往身上泼些水，但房事或长期患病后却要清洗全身，会礼、聚礼时也必须进行大净。小净是指洗脸、洗两手过肘、抹头、洗两脚过踝骨。大多数清真寺都有水池或水龙头，可以让做礼拜的人进礼拜堂前先洗手洗脚。先知穆罕默德还吸收了犹太教的做法，允许在没有水的情况下进行"沙净"。沙净是指在没有水或因外伤、有病不能使用水的情况下，用沙土、净土代替水来洗脸及两肘，此法也称"代净"。无论大净、小净或土净，传统的作法都是用左手洗，右手行礼。此外，伊斯兰教还规定礼拜场所必须清洁。礼拜场所一般在清真寺，但也可以在家中，还可以在野外、郊区、船上、车上进行。在清真寺以外的其它场合，穆斯林做礼拜时，通常会随身携带一块约有一米见方的小地毯作垫子。如果条件不允许的话，一块硬纸板、一张干净的纸也可以做替代。但如果没有任何铺垫时，礼拜者必须把准备做礼拜的一小块地盘打扫干净。与此同时，礼拜的时间与方向也均有严格的规定。礼拜时间依礼拜种类的不同而有差异，礼拜的方向则总是面向伊斯兰教圣地——麦加。以上这些条件是做礼拜之前必须具备的，否则就不能礼拜。

在传统的礼拜仪式上，双手以及身体的姿势是有明确规定的。礼拜分站、跪、坐、叩首、鞠躬等一整套动作。其次序是：默立、招手与肩平、念"真主至大"入拜；立站抄手，左手放在右手之上，默念"祈祷词"，《古兰经》首章；鞠躬，念"赞主词"；叩头，鼻尖朝地，叩头二次；跪坐式，分中坐（礼拜在进行时）、末坐（礼拜即将结束时）；向左右道："色两目"旋即"问安"礼拜完毕。整个站、跪、坐、叩首、鞠躬等一套动作都有相应的规定，礼拜者必须按要求来完成。一般来讲，妇女不能与男子一起做礼拜。在一些国家，妇女们在清真寺中特别划出的地方做礼拜；但在多数阿拉伯国家里，根据传统妇女不能参加公共礼拜活动，她们只能在家里祈祷。

礼拜从类别上划分，又可分为五番礼、聚礼、会礼、其它礼拜等四种。五番礼，又叫"五时礼"，指一日五个时辰的礼拜，即晨礼、晌礼、晡礼、昏礼和宵礼。为什么要一日五拜呢？说起来还挺有意思。相传大天使迦百勒向先知穆罕默德传达真主的启示时，为了示范当着穆罕默德的面进行礼拜，曾一天下凡五次。因此，穆斯林们相沿成习，一天五次礼拜。在时间上，晨礼一般是指破晓之后，晌礼是过了中午时分，晡礼是日偏西后，昏礼指黄昏，宵礼则在夜晚。礼拜是根据日出和日落的时间而定的，由于时差的原因每个国家的确切礼拜时间都可能是不同的。在一些大国里，甚至每个城镇的礼拜时间都是不一致的。在阿拉伯国家的报纸上每天都登载着主要城市的礼拜时间表。对于五时礼的拜数，各国也不尽相同。聚礼又叫"主麻礼"或"礼主麻"，是指每星期五的礼拜（穆斯林的礼拜日是星期五）。星期五聚礼的时间一般与每日晌礼的时间相同，所以聚礼后可不行晌礼。聚礼的拜数众说纷纭，并无定论。相传，真主创造万物时经历七天，"七日一拜，以为天地之数"，所以定星期五为聚礼日，每隔七天进行一次聚礼，以感念真主。会礼则专指每年开斋节和古尔邦节两次礼拜。开斋节和古尔邦节都是伊斯兰教的"最贵之日"。会礼通常在清真寺内进行，由伊玛目带领做盛大的集体礼拜。会礼的时间为每年伊斯兰历10月1日（开斋节）和12月10日（古尔邦节），拜数有定制，即各为二拜。除五时礼、聚礼和会礼外，伊斯兰教还有一些其它的礼拜，如圣行拜、五时礼前后的礼拜、自愿礼拜等等。特殊情况下（如旅行者、病人）的礼拜，伊斯兰教也都有相应的规定：病人可以在床上坐着或躺着礼拜，旅行

第四部分　伊斯兰教与阿拉伯人

者可以在野外、乘骑上礼拜等。还有根据情况适当缩短拜数,叫做"短作";礼拜者如果误时,可以进行"赶拜";妇女月经、生孩子或者病人可以不按规定的时间礼拜,但过后要"补拜";礼错拜也要进行"补拜"。对"赶拜"和"补拜",伊斯兰教都有明确规定。

如果在礼拜过程中出现下列事项,就算坏拜,如拜中说话、拜中大笑、拜中吹物、拜中大哭、拜中故意咳嗽、拜中接连移动三次、拜中睡觉、拜中发疯、拜中露羞体(男从肚脐至膝盖,女从头到脚)。补救"坏拜"的唯一办法就是重新礼拜。另外,在礼拜的过程中,严禁口中含物、左顾右盼、头顶上有形象或面对形象物礼拜、打哈欠不闭嘴、摆弄物件、掀撩衣服、挽袖子、束腰等等。

◆ 卡特总统瞬间的困惑

美国前总统卡特对阿拉伯国家穆斯林的拜功有着深刻的印象。1978年1月,美国总统吉米·卡特访问沙特阿拉伯,这是沙特阿拉伯王室主持的一次举世瞩目的外事活动。临近中午时分,卡特总统的座机缓缓地降落在沙特首都利雅得机场,这时,为欢迎他抵达而进行的各项准备工作仍在紧张地进行。突然,高音喇叭里传来了召唤穆斯林做礼拜的"叫拜"声,刹那间喧嚣而繁忙的机场一片肃静。飞机停止轰鸣,军乐队全体放下乐器,人们一片片跪倒在停机坪上,脸冲着同一个方向。晌礼开始,世俗的一切都停止了!对于穆斯林来说此时此刻天地间只有一个主宰——真主,任何一个伟大的凡人瞬间都变得那么微不足道。可敬的政治巨人卡特先生被晾在一边,他脸上常挂着的那种傲慢的美利坚式的微笑荡然无存,真主的神力轻而易举地扫去凡人的狂傲。慢慢地,"卡特的神情由困惑变为崇敬",他那微微翕动的嘴唇似乎也在向真主诉说着他的仰慕之情。对于那些缺乏伊斯兰教知识而又好奇的美国新闻记者来说,这无疑是一个充满诱惑力的绝妙时刻。第二天,美国报纸纷纷刊登出这样一幅照片:卡特总统及其随行人员,在利雅得机场上尴尬地面对着前来欢迎的人群和军乐队,而这些欢迎他的人群全都匍匐在地,脸都朝着天房的方向向真主祈祷。

◆ "天课"

伊斯兰教教义要求穆斯林缴纳"天课"。关于"天课"的规定来源于《古兰经》，目的是避免社会两极分化：一些人忍饥挨饿，另一些人却富足宽裕。《圣训》中甚至规定穆斯林缴纳"天课"的具体细节，例如，每个手工业者和商人的收入不超过五盎司白银，庄稼人收入不过五担椰枣和谷物不需纳税；拥有骆驼五头以下的人不纳税；拥有二十五头到三十头骆驼的人必须捐献一头雌性小骆驼；发现埋葬的财宝的人，应捐献其中五分之一等等。在现实生活中，最常见的做法是缴纳个人一年节余的2.5%，在开斋节——结束每年斋月的节日——每一个有钱人还要缴纳相当于一人一天伙食费的税，使穷人也有饭吃。随着历史的发展，在现代阿拉伯国家，穆斯林的"天课"早已不再由国家来征收，政府也不规定税率，只提倡根据自己的经济状况自愿去帮助不幸者。尽管"天课"制事实上已不存在，但它所倡导的穆斯林扶危救寡、乐善好施的精神却在阿拉伯国家以及世界穆斯林中一代代传承下来。

伊斯兰教学者们认为，"天课"制度对伊斯兰教社会的团结发展起了非常重要的作用。无论是在一千多年前的阿拉伯帝国时期，还是在今日的伊斯兰世界，"天课"制度赋予每一个富有的穆斯林一种不可推卸的责任，即尽己所能去扶助下层贫困的弟兄。也就是说，穆斯林的财富不能完全用来谋求自身舒适生活及奢侈享受，拥有财富的人有责任援助那些应该得到援助的人：穷妇、孤儿、贫病无靠者、虽有谋生能力但缺乏适当就业机会的人，以及虽有良好天赋但因贫穷失学而未能成为社会有用之材的人。富有的穆斯林，如果不承认自己有责任去援助上述需要援助的人，会被视为败类；只求自己金银满箱而不顾无数人饿死或者受失业之苦会理所当然地被视为残忍。

◆ 金钱是何物？

《古兰经》中有这样一个故事，说的是在很久很久以前，先知穆萨（先知穆罕默德之前的先知之一）有一个近亲叫戈伦。他肆无忌惮地胡作

第四部分 伊斯兰教与阿拉伯人

非为，只想着发财致富，他自己披金饰银，得意忘形，而不顾其他人饥饿挣扎、衣不蔽体。人们纷纷规劝他改邪归正，忠告他不要被钱财迷了心窍。人们劝他说："我们不愿意你放弃活在世上的责任。我们并不是不愿让你享受尘世的欢乐，你仍然可以保留你的财产，取你所需，合法享受，但你不能忽视穷困的人，不要忘记那些需求你帮助的人。你要像真主善待你那样善待他们。你只有这样，才能保住已得的恩惠，锦上添花，增加自己的财富。""金钱不过是瞬息即逝的影子，暂时寄存的货物，因此你不会因它的到来而快活，不要受它的欺骗，也不要将它作为实现你在人世间目的的手段或通向未来的道路。我们现在担心真主要夺去你的金钱，或者最后不许你去他的乐园。"但是戈伦已经完全沉湎在增加金钱和聚敛财富的奢望之中，富有使他愈发高傲，忠告他是听不进去的。他认为自己是合理合法的，那些干涉他私事的人是多管闲事。他说："我不需要你们的忠告，我比你们都正确，我见多识广。得到这么多的钱，我心安理得，受之无愧。你们还是收起你们所谓的忠告吧，管好自己的事情就行了，而我的处境比你们的好得多。"戈伦还骑着饰金装银的高头大马，穿着华丽的衣裳，周围簇拥着仆人，趾高气扬地羞辱那些忠告他的人。显然，忠告对于戈伦已不起作用，苦难悲惨的景象不能引起他的同情，连亲缘关系都不能使他产生恻隐之心。于是，先知穆萨严厉地指责他，明确告诉他，他的钱里有乞丐和可怜人的权利，并要他布施金钱，向穷人行善。但是戈伦根本听不进先知穆萨的警告。先知穆萨终于失望了，他向真主祈求惩戒戈伦，以使人们摆脱他的诱惑和煽动。真主答应了他的请求，于是大地下陷，房屋倒塌，在真主面前，没有人帮助戈伦。大地吞噬了戈伦及其钱财、房屋，那些追随他的不争气的人也都随之陷入地下。

◆ **乐善好施**

大道上有一位孤独的老人，他步履蹒跚，踽踽独行。风吹起他褴褛的衣衫，佝偻的背影透着无限的愁苦。他默默地走着，似乎要走到天的尽头。忽然，身后汽车声戛然而止，一位富人从豪华的奔驰轿车上走下来。老人回过头……一双闪着眩目钻石光泽的手中捧着一沓厚厚的钱，没有施舍者的傲慢，没有受舍者的卑微，一声"愿真主保佑"，他们又各自登程。这仅仅是穆斯林乐善好施行为的一个小小镜头。

在一年一度的伊斯兰教斋月里，埃及首都开罗的富人们纷纷解囊，各自视自己的财力，"力所能及"地向穷人布施。有的在广场上大摆宴席，通宵达旦以斋饭招待穷人和路人；有的饭馆老板将店门大开或干脆将餐桌摆到门外，免费接待前来吃饭的人；一些小本经营的摊贩也要"硬撑着门面"潇洒一回，或摆上一桌斋饭，或向社会慈善基金捐一笔款子。

这决不是在讲故事。在阿拉伯国家这样的事实在太多太多。的确，乐善好施是伊斯兰教和真主赋予穆斯林的美德。《古兰经》明确告诫世人，现世的财富只是瞬间的，富裕者有义务对寡妇、路人、孤儿和穷人行善、施舍，将自己的财富与不幸的人分享。

◆ 斋戒

伊斯兰教规定，穆斯林在每年的"拉马丹月"（伊斯兰历九月）要封斋一个月。根据《古兰经》和《圣训》，凡是身体无病、理智清醒的成年穆斯林，都应该在伊历九月封斋；病人、旅行者、妇女来月经或坐月子不应封斋，但在以后情况允许时要补斋；七岁以下的儿童不封斋，七岁至十岁可视情况而定（十岁以上即算成年）；年老体弱，孕妇或哺乳婴儿的母亲，根据具体情况可斋戒也可不斋戒。在斋月内，把斋的穆斯林从每天凌晨破晓到黄昏日落，都要戒除一切饮食，并禁止吸烟和同房，只能一心想真主和"后世"。

伊斯兰教之所以有斋戒的规定，主要是为了"充分表达穆斯林对真主的信仰和敬畏"。封斋期间穆斯林要时时刻刻克制自己的各种欲望，而克制的力量并非来自外界的制约，主要来自内心真挚的信念。穆斯林以这种方式表明真主的法律是至高无上的。一年一度的斋月中，穆斯林们严格自律地生活，不仅锻炼意志，也培养了克服困难的自信心。人们还注意到，封斋还体现了真主面前人人平等的观念。因为穆斯林不论身份地位如何和财富多寡，都必须在同一个月里斋戒，同样接受真主的考验。同时，通过斋戒——这种人为的饥渴——使各个阶层的人都能够亲身体验到人类生存

第四部分　伊斯兰教与阿拉伯人

的最基本需要，使饱汉体会到饥民的痛苦，使富人认识到这个世界上还有饥民，从而使人性中最美好的东西复苏，使所有的穆斯林都像兄弟般亲近。

除了在斋月里凡符合条件的穆斯林都必须遵循的"天命斋戒"外，伊斯兰教还有一些其它类型的斋戒：如自愿的斋戒，包括斋戒人在自愿选择的日子里斋戒、食品不足或单身汉抑制欲望的斋戒以及在伊斯兰历一月和十二月的前十天里的斋戒；在误杀人或后悔失言后欲赎罪的斋戒及许愿的斋戒等等。与此同时，伊斯兰教还有一些禁止或限制斋戒的规定：在伊斯兰教的节日如开斋节、宰牲节和主麻日等，穆斯林不能封斋，违者应受惩罚；已婚妇女没有征得丈夫同意禁止斋戒；穆斯林在"拉马丹月"以外的时间长期斋戒，以及在旅途中斋戒也是不受欢迎的，因为这样做将造成体质虚弱，影响身体健康，并使人懒惰。

有许多因素可以构成斋戒人的"破斋"。首先是胃的因素。凡是吃喝到胃里的东西，包括食品和饮料，都是破坏斋戒的，但用以治疗伤口的膏药水、眼药水、滴耳水及头油、染指甲油等不在此列。皮下注射和静脉注射，如果目的不是为了治疗疾病，而是为了滋补、壮阳、麻醉和镇静等也都算破斋。灌肠不算破斋，因为水分没有进到胃部。过分漱口、灌水洗鼻子、嚼口香糖、抽烟等都被禁止。做饭的人和买食品原料的人可以闻其香、品其鲜，但不许下咽。其次是精神的因素。理智不清醒或有精神病的人不能斋戒。斋戒的人白天昏迷一天即为破斋，但整天睡觉，理智是清醒的，则不算破斋。断断续续的昏迷，处于病态的人等，可以不斋戒。第三，血的因素。妇女在月经期间或产期，不能封斋。鼻子出血、伤口出血或治病出血等，不算破斋。第四，性的因素。在斋戒期间，房事和遗精都算破斋，但梦遗不算破斋。因房事而破斋的要进行赎罪。赎罪方式可三中选一：释放奴隶一名；连续斋戒两个月；接济60个穷人。

◆ **斋月与暴食**

把斋的现象在阿拉伯国家是非常普遍的。许多人平时可能很少去清真寺做礼拜，但斋是一定要按规矩封的。当然，正如穆斯林学者所说，伊斯兰教并不是苦行主义的宗教，《古兰经》鼓励人们充分享受真主赐予人类的各种幸福，因此斋戒并不是为了折磨人。实际上，每年的斋月是阿拉伯国家最热闹的时候。每当夜晚来临时，大街小巷华灯齐放，人们聚集在咖啡馆、俱乐部谈天说笑，而青年人则喜欢在露天广场或影剧院欢度良宵。按照阿拉伯人的古老习俗，在斋月里各地还要举行《古兰经》诵读比赛或诗歌朗诵会，电视台播放"拉马丹"晚会，到处是一派喜气洋洋的景象。斋月结束时，穆斯林要隆重庆祝开斋节，在此期间穆斯林要向穷人施舍"开斋捐"，施舍的对象不应当是由自己赡养的亲属和朋友，施舍物可以是粮食和食品，也可以是现金，没有经济能力的穆斯林可以不施舍。

在阿拉伯国家的斋月里，家家户户都要准备丰盛的食物和饮料，据说每个家庭一年平均开支的三分之一要花销在斋月里，其中绝大部分用于吃和娱乐。我曾经在阿拉伯最大城市开罗经历过斋月。每当黄昏来临、日头即将西沉之时，各重要机关门前站了一天岗的军警一个个将背靠在墙上勉强猫腰站着，面前摆着一杯杯矿泉水，等待着开斋时刻的到来。马路上的汽车一辆比一辆开得快，汽车喇叭声此起彼伏，一整天水米未进的人们都在急匆匆地往家中赶。在闹市区，商店的店主们在店门口铺开塑料布，塑料布上摆满丰盛的食物，店员们围成一个圈准备吃开斋饭。突然，开斋炮声轰隆隆响起，开斋的时刻到了，喧嚣的城市一下子安静下来，平时到处塞车的主要街道上空荡荡的，近半个小时内竟看不到一辆汽车的影子。约一个小时后，整个城市又恢复了平时的喧闹，商业区人头攒动，到处是开斋饭后携家带口上街购物的人们。

根据传统，阿拉伯穆斯林斋月的晚餐总是从椰枣开始的。穆斯林们在封斋一天后，一般都不马上暴饮暴食，而是用椰枣或其它甜食先垫垫肚子。因为糖分最容易被吸收，它可以使休息一整天的肠胃徐徐进入工作状态，使缺糖的肝脏和血液得到一定的补充，并可预防因缺糖而产生的虚脱、周身无力、目光呆滞、思维迟钝等症状。但有趣的是，现在每年的斋月往往成为一些人大吃大喝的季节。由于饮食方法不当，许多阿拉伯国家的医院里每到斋月都会热闹非常，挤满因暴饮暴食而致病的患者。每年1月10日伊斯兰教一年一度的斋月一开始，海湾阿拉伯国家的医院就像往年一样开始忙碌起来。沙特阿拉伯的医生抱怨说，许多白天禁食的人一到晚上就"大开吃戒"，吃油腻的食物，而且吃得又多，结果不少人不但没有因斋戒而消瘦，反而变得更加臃肿。

◆ 走近真主——朝觐

《古兰经》要求那些有财力的穆斯林一生中至少要到麦加（包括麦地那）朝圣一次。什叶派除麦加外还要到阿里和侯赛因牺牲地，即伊拉克境内的库法和卡尔巴拉城。朝觐有两种，即大朝和小朝。大朝只能在伊斯兰历12月进行，小朝则可以在朝觐月外的任何时间单独进行。大朝规模之宏大，在世界上是绝无仅有的。每年约有一二百万人去麦加朝圣。朝觐按特定的规则进行：在朝觐者踏上这块神圣土地之前，必须穿上特制的朝服，即白布无缝披肩长袍，脚穿拖鞋，周身要做到"大净"（洗全身），抹上香水和染上指甲；朝觐要进行7天，即从伊历12月7日一直到12月13日止，并要进行一系列极为复杂的宗教仪式；在离开麦加之后，还要到麦地那去谒先知穆罕默德的圣陵。

千百年来，穆斯林一年一度赴阿拉伯半岛麦加和麦地那的朝觐，年复一年从未中断过。翻开世界历史，我们可以看到，早在中世纪时，北非马里帝国的朝觐者就曾沿着撒哈拉沙漠里的大篷车轮辙，长途跋涉于浩瀚的大漠之中，狂风和黄沙、饥渴和死亡威胁着他们，他们要在茫茫的沙漠之中辗转数年才能到达和渡过红海，踏上心中的圣土。他们在途中餐风饮露、备尝辛苦，还要随时准备与劫匪展开殊死博斗，不少人壮志未酬，死于去朝觐的途中。有些人甚至在出发时就知道他们将一去不会复返，但对真主的敬仰使他们义无反顾地踏上朝觐之路。在埃及的每个村庄，都专门有一两幢房子的墙上画有图画，上面画着骆驼、牛车和舟楫，它告诉人们去圣城朝觐的路线和方式。这一切虽都已成为历史的陈迹，但穆斯林为了实现他们心中的理想，不惧任何艰难险阻的意志和信念，常常使人掩卷长思，浮想联翩。

◆ 朝觐仪式

伊斯兰教规定，在朝觐之前，穆斯林首先要进行朝觐的第一项功课：受戒。受戒是朝觐者表示对真主虔诚和敬畏的一种宗教仪式，受戒者必须脱下便服，沐浴净身后再穿上戒衣。戒衣是两块没有缝制过的白布，一块搭在肩上，用于遮蔽上身；一块围在腰间，用来遮蔽下体。男子要裸露右臂，光头赤足。受戒者不得在戒衣和身上喷洒香水，最后要礼两拜，表示已开始受戒。在此期间，对朝觐者有着严格的规定，不准剪指甲、不准杀牲、不准与人争吵、不准男女同房等。所能做的就是诵读《古兰经》，并在"真主啊，我们来朝觐了，赞美归于你……"的赞美声中，走向真主。

来麦加的朝觐者必须在规定的日期内履行完规定的宗教仪式。

第一天，巡礼，即绕着"天房"行走七圈，是朝觐的主要仪式之一，有如向真主报到。朝觐者汇集成一股股人流，涌进麦加大清真寺，清真寺分上下两层，殿高 24 米，中间有一个极大的广场，广场中央是巍峨的"克尔白"圣殿，即人们所说的天房。天房的殿基是大理石平台，殿墙四角按所对方向，分别定名为伊拉克角、叙利亚角、也门角和东南方向的"黑石角"。一块 1.5 米高、0.3 米宽的黑石，镶着银框，嵌在墙壁上。天房圣殿四周平时用黑色锦缎制作的幔帐遮罩，庄严肃穆。殿内三根大柱昂然挺立，一盏盏金银吊灯光彩辉煌。朝圣者进入广场中央后，就按序进入天房周围的环形平道，准备巡礼。巡礼的方法是颇为讲究的：首先朝觐者从天房东南角的黑石开始绕行，沿着与天房平行的方向行走。前三圈行走速度快一些，后四圈放慢。每绕行一圈经过黑石，要亲吻或抚摸黑石，以示敬意。在环绕天房时，穆斯林可诵读《古兰经》经文，也可为自己的亲属朋友默诵祈祷之词。人们感念着真主，希望得到真主的祝福。之后，朝圣者们来到一间圆顶的六面体小阁子建筑中，向"易卜拉欣立足地"的一块方形踏脚石进行礼拜。接着，朝圣者们开始在萨法山和麦瓦尔山之间的"跑道"上来回奔跑七趟并饮"渗渗泉"水，以表示参拜当年哈哲尔奔波过的圣土。

第二天，朝觐者结队涌向麦加城东南十五公里的米纳山谷，在这里举行露营活动，在此期间各种各样的帐篷林立，遮天蔽日，蔚为壮观。是夜，朝觐者全数在帐篷中过夜。

第三天即12月9日是最为隆重的日子。早晨起来，朝觐的人群纷纷涌向麦加东南二十公里远的阿拉法特山，在山下恭恭敬敬地站立，心中默念真主。接近中午时分，麦加伊斯兰大教长骑马登山，向朝觐者作布道演说。这被称为"站山大典"（即"站阿拉法特山大典"）。夜幕降临后，朝觐者们在礼炮轰鸣、火花灿烂之中，奔向阿拉法特山北面的穆兹达利法山，并在该山脚下安顿露宿。

第四天，朝觐大军在做完晨礼后，即在地上拣上49颗石子，然后北向返回米纳。在这里，人们先向一根象征魔鬼的石柱投掷七粒石头，口中念真主伟大若干遍；接下来，以真主的名义，宰杀打上标记的羊，宰牲献祭，并将羊肉分给穷人；再下来就是开戒了，即在这里理发、剪指甲和换上便服。在做完这些功课后，朝觐者们要在黄昏到来之前，前往天房进行第二次巡游，巡游程序与第一天相同。

第五天，朝觐者第二次来到米纳射石打魔鬼，所不同的是这次要向三根石柱分别投掷七颗石头。

第六天，朝觐者第三次去米纳打鬼，与前一天相同，也是向三根石柱各扔出七颗石子。

第七天，朝觐者再一次去天房巡游，是为"辞朝"，意味着朝觐麦加的功课完毕。

伊斯兰教的朝觐是极其艰苦的，特别是在过去，圣地麦加气候炎热，朝觐时期这里常常热似火盆，朝觐者来回奔波，身体劳顿，加上露宿山野，更是辛苦。但虔诚的穆斯林都认为这是他们一生中渴望实现的最崇高理想，有的人甚至由于旅途劳累或生病、饥饿而死于途中，但也绝不后悔。

◆ 荒漠甘泉

朝觐期间，每位穆斯林都会经历一道程序，即畅饮"渗渗泉"水，这是朝觐期间人们最感惬意的事情之一。

相传易卜拉欣在妻子莎莱的逼迫下，送哈哲尔和易司马仪母子来到麦加。易卜拉欣把哈哲尔和婴儿易司马仪安置在一个草棚里，放下一些饮食，便转回耶路撒冷去了。哈哲尔见易卜拉欣要走时曾拉住他的衣服，一边流泪，一边乞求他。但易卜拉欣说这是真主的意志，哈哲尔就顺从了。易卜拉欣忧心忡忡地离开母子俩。麦加天气炎热，易卜拉欣走后没多久，哈哲尔母子的干粮和饮用水就全用光了。哈哲尔饿得肚子咕咕乱叫，渴得嘴唇都干裂了。孩子由于饥渴大声啼哭。哈哲尔把孩子放在地上，自己去找水源。她一边走一边听着孩子的哭声，心如刀割。在当头烈日下，哈哲尔在萨法山和麦瓦尔山之间灼热的沙土中来回奔跑，找遍每一个地方，往返达七趟之多，仍未找到滴水的踪迹。孩子喉咙干渴得已哭不出声来，饿得四肢无力，奄奄一息。母亲看着孩子就要断气，而自己却毫无办法解救。孩子慢慢地用双脚蹬着身下的土地，蹬啊蹬，突然他的脚下流出了水！石头里流出了清泉！母亲看到了真主对她们母子的关怀，她不顾一切地跑到孩子身边，急忙给他喂水，孩子慢慢有了精神，已经没有生命危险。只有在这时，母亲才顾上自己喝水，她喝足了水。母亲怕清水流失，就用双手拢沙，围成一个水塘，后人再深掘下去，发现一个用之不竭的地下泉，这就是著名的"渗渗泉"。

"渗渗泉"泉水从那时起到今天一直流淌不止。朝觐者们每年到圣地朝觐，在巡礼"克尔白"之后，均必须到两座名为萨法和麦瓦尔的小山之间来回奔跑七趟。"疾行仪式"完毕后，朝觐者在精疲力竭之余，痛饮"渗渗泉"泉水，顿感清凉甘甜，沁人心田。

伊斯兰教节日

阿拉伯人的节日多数都与伊斯兰教密不可分，而伊斯兰教的节日又同宗教传说及伊斯兰教奠基人、先知穆罕默德的经历有密切的关联。穆斯林们在这些节日里做得最多的是祝福、祈祷、哀思和缅怀，他们赞美真主，遵循《古兰经》和《圣训》，在真主指定的路上，用善行和诚意为自己开拓着。

◆ 圣纪和圣忌

伊斯兰历每年3月12日是伊斯兰教的圣纪和圣忌日。据载：先知穆罕默德生于阿拉伯太阴历的象年（公元571年）的3月12日，卒于伊斯兰历11年（公元632年）的同一天。因此，3月12日既是穆罕默德的诞生日（圣纪），又是他的逝世日（圣忌）。在这一天，穆斯林要去清真寺集体诵经，颂扬先知穆罕默德的功德，并聆听伊玛目讲述先知穆罕默德的生平事迹。

据说在穆罕默德诞生之际，一支阿比尼西亚（今埃塞俄比亚）军队曾试图摧毁麦加异教徒的神殿天房，但当他们的象队来到麦加时，大象却不肯攻击未来先知的这一圣地，而且天空中突然出现一只只神鸟，鸟群衔着石块从空中往下投，阿比尼西亚人连忙退却，躲避来自天上的可怕的攻击。与此同时，先知穆罕默德的母亲阿米那正等待着分娩。在她似睡非睡间，一群天使来拜访她，告诉她不久将会生下先知，并吩咐她应该为婴儿取名穆罕默德（意即受到高度赞扬的人）。穆罕默德诞生时，天使们赶来照料，并带来了褥垫和被单，使先知的母亲可以舒适安歇，使先知能够平安降世。更多的天使还带来大水罐、水盆和毛巾为穆罕默德举行沐浴仪式。正因为如此，后来的穆斯林在作祷告前都得净身。穆罕默德63岁时，主管死的天使在他面前出现，告诉他可在两者之间任选其一：或者在地上永远地活下去，或者到天堂去和真主在一起。穆罕默德选择了后者。他的决定使他的跟随者，特别是他的女儿法蒂玛深感悲伤。穆罕默德在把自己少量的财物分给穷人、嘱咐众人坚持信念后，他的灵魂便在天使的扶持下冉冉升上天空，直往天国。

◆ 开斋节

开斋节为每年伊斯兰历的10月1日，即"拉马丹"月（斋月）结束后的第一天。开斋节一般要过三天。在历时一个月的封斋结束后，穆斯林隆重欢度这个节日，在清真寺进行集体礼拜。有经济能力的人还要向穷人施舍"开斋捐"。

◆ 古尔邦节

伊斯兰历 12 月 10 日，即朝觐的最后一天是古尔邦节。由于每逢此日，穆斯林无论是在城市的公寓，还是在偏僻的乡村，都要仿效朝觐队伍在米纳献祭的仪式，杀一头绵羊或山羊，所谓"杀牲献祭"，因此古尔邦节又称为"宰牲节"。宰杀后的羊肉一半在家宴上吃，另一半要施舍给穷人，或者互相赠送。之后，穆斯林要沐浴礼拜，举行会礼。

关于古尔邦节也有一个美好的传说。相传，易卜拉欣被迫把易司马仪和其母亲送到荒无人烟的不毛之地后，并没有忘掉孩子，很关心他的情况，也时常到这里来看他。易司马仪慢慢长大成人，已经能够独立生活和劳动。有一夜，易卜拉欣做了一个梦，梦中真主命他将儿子易司马仪杀掉供献祭。先知们的梦境都是真实的，梦中所见都必须实现。易司马仪是先知唯一的儿子，要让自己亲手把他杀掉去献祭，这是何等痛苦的事！然而，先知毕竟是先知，易卜拉欣靠他对真主的坚定信仰承受了这种痛苦，他决心服从真主的意志。于是他来到儿子的身边，对儿子说："我的儿子啊！真主在梦中命令我把你杀掉供献祭给他，不知你是否愿意？"儿子顺从地对父亲说："父亲啊，若是真主的旨意，你就奉命行事吧！"为了减轻父亲的痛苦，使父亲更顺利地执行真主的旨意，易司马仪对父亲说："父亲啊，你把我捆紧一些，免得我摇晃；请你脱下我的衣服，否则血溅到上面母亲见到了会悲伤；把你的刀磨快点，看准我的喉咙，将我一刀杀死，这样会减少我的痛苦。请代我问候母亲。如果你愿意，请把我的衣服交给她，这是儿子留给母亲的纪念。"易卜拉欣对儿子说："你能帮助我完成真主的旨意太好了！"说着把儿子抱在怀里，亲吻不止。父子俩抱头痛哭。易卜拉欣捆住儿子的双臂，把他放倒在地，然后操起刀子。他望着儿子，泪如雨下，不住地唉声叹气。他把刀对准儿子的咽喉用力砍下去，但是却砍不动，原来真主已退去了刀刃。他又举起刀对着儿子的脖子砍下去，但还是砍不动。易卜拉欣不知所措，便向真主祈求该怎么办。真主默示："易卜拉欣啊！你已经按梦境里的指示办了。我就是这样犒赏一切为善的人。"父子俩得救了，一起感谢真主。此后，他们对真主更加坚信不移。原来，真主牺牲天园中一只肥大的绵羊赎救了易司马仪。父子俩回头一看，只见一头绵羊在他们身边。易卜拉欣拿起刚才用过的刀，对准羊脖子砍下去，绵羊立即倒地，鲜血淌了一地。这头羊就是易司马仪的替身。从此以后，所有的穆斯林为了纪念这件事，并表示感谢真主，每年都在这一天宰牲献祭。这就是古尔邦节即宰牲节的由来。

◆ 盖德尔夜

盖德尔夜为伊斯兰历9月27日晚上。"盖德尔"意为"前定"、"天命"。据说《古兰经》就是在这天晚上第一次颁降于世的。因此，每当盖德尔夜，穆斯林们要彻夜不眠，他们做礼拜、念祈祷词、讲《古兰经》，纪念和赞颂真主。于是，盖德尔夜又称"生夜"、"守夜"。

◆ 阿舒拉日

阿舒拉日在伊斯兰历1月12日。"阿舒拉"是阿拉伯文音译，意为"第十"，阿舒拉日亦即第十日。相传，真主在这一天创造了人、天国和地狱，同时这一天也是人类始祖阿丹、努海、易卜拉欣和穆萨等先知得救的日子。因此，这天被穆斯林视为神圣的日子。此外，先知穆罕默德的堂弟和女婿阿里的儿子侯赛因于公元680年的这一天被杀，所以这一天又成为什叶派的哀悼日，称之为"阿舒拉哀悼日"。什叶派穆斯林在这一天要举行隆重的哀悼活动，以大规模列队行进的方式来表示忏悔和悼念。"阿舒拉日"已逐渐发展成为伊斯兰教什叶派的最大节日之一。

◆ 拜拉特夜

拜拉特夜是伊斯兰历8月15日晚上。"拜拉特"是波斯文"忏悔"一词的音译。传说，真主在这天晚上将决定人们一年的生死祸福。因此，有的穆斯林在伊历8月14日晚上就开始诵经、祈祷，并放烟火庆祝（也有人把14日晚奉为拜拉特夜），15日白天斋戒，晚上礼拜、念祈祷词，祈求真主赐予好运。

◆ 登霄夜

登霄夜在伊斯兰历 7 月 27 日。根据《古兰经》的记载，众天使曾在这天晚上于先知穆罕默德面前出现，安排他去游览天堂。有些传统称天使迦百勒唤醒穆罕默德，把他从头到腰切开并把心脏拿出。当天使把心脏再放回去的时候，先知穆罕默德的灵魂中已充满虔诚和智慧。净化之后，穆罕默德骑了一头奇兽。这奇兽有着女人的头，骡的身体和孔雀的尾，并能够一跃而过视力所能及的距离。穆罕默德骑在奇兽上，由麦加到耶路撒冷，并从那里"登霄"，遨游了七重天，见到古代各位先知和天国、地狱等。从此，穆斯林将耶路撒冷定为圣地，并规定每年的 7 月 27 日晚为"登霄夜"，即日为"登霄节"。

◆ 法蒂玛忌日

法蒂玛忌日在伊斯兰历 6 月 15 日。法蒂玛是穆罕默德的女儿，第四任哈里发阿里的妻子，什叶派穆斯林心目中的"圣母"。伊历 6 月 15 日是法蒂玛逝世的日子，因而称为法蒂玛忌日，又称"姑太节"、"女圣忌"。在这天晚上，穆斯林妇女要去清真寺听伊玛目讲述法蒂玛的德行，然后捐助财物，并邀请宗教人士到自己的家里进餐。

伊斯兰历法

据说，古代阿拉伯人原本没有历法，仅根据当时发生的重大事件来记录年月，如"建造克尔白之年"、"马里卜大坝倒塌年"、"象年"，或以某个大酋长的出生、死亡来纪年。公元七世纪，先知穆罕默德在遭到麦加贵族的迫害后率领一部分信徒出走麦地那，从此"希吉来"（意即迁徙）翻开伊斯兰教史上具有深远意义的一页。17 年之后，第二任哈里发欧麦尔宣布，先知率信徒出走麦地那的那一天，即公元 622 年 7 月 16 日为伊斯兰教纪元，伊斯兰历（也称"希吉来"历）由此产生。按照中国的传统译法，伊斯兰历也称之为"回历"。

伊斯兰历是目前阿拉伯国家和一些伊斯兰教国家法定的公共历法。伊历一年为 364 天，一年分为 12 个太阴月，在每 30 年里有 11 年最后一个月要加一天。这样，在一百年里伊历与公历就要相差 3 年左右，伊历的十二个月份的名称分别是：穆哈拉姆（一月）、塞法尔（二月）、赖比阿·活勒（三月）、赖比阿·萨尼（四月）、朱马达·乌拉（五月）、马达·阿希拉（六月）、赖杰卜（七月）、舍尔班（八月）、拉马丹（九月）、绍瓦勒（十月）、祖勒·盖阿代（十一月）、祖勒·希杰（十二月）。伊历的年份则冠以 A. H. 字母，意为希吉来历的编写。在现代生活里，阿拉伯各国使用这些月份和伊历的程度不尽相同。一般来说，在商业和国际事务方面各国多使用公历，在宗教事务方面则普遍使用伊历，有时这两种历法也同时并用。比如在开罗，尼罗河上的一座新桥被命名为"十月六日桥"，而其附近沙漠里新建的一座城市则叫"斋月十日城"，其实这两个日期指的是同一天，即 1973 年第四次中东战争开战的那一天，即公历 10 月 6 日，伊历斋月 10 日。

伊斯兰与现代化的适应

《古兰经》和《圣训》是穆斯林社会政治、经济、法律以及日常生活的准则。但是千百年来，《古兰经》和《圣训》是一成不变的，在现代社会，穆斯林已不可能从中找到现实问题的答案。那么，伊斯兰教是如何实现与现代社会的适应并保持其活力的呢？

我们可以从至今仍以伊斯兰教治国的沙特阿拉伯司法制度的演变来透视伊斯兰教适应现代化社会的途径。直到今天，沙特阿拉伯王国仍然遵行伊斯兰教法，即《沙里亚法》。沙里亚法有四个来源：《古兰经》、《圣训》、公议和比论（或类比）。在日常生活中，穆斯林们在遇到困惑或难题时，一般都将之提交宗教当局。宗教当局在解决这些实际生活中的问题时，凡能达成一致意见的，穆斯林们都可以将之当成法律应用到生活中的同类事物中去，这种一致意见即被称为公议。在没有先例可循的情况下，人们还可通过类推法将《古兰经》和《圣训》的原则类比于现实中的问题，这样形成的一致和惯例叫做比论。比较开明一些的宗教学派对社会生活中形成的公议和比论给予非常的重视，即使是比较正统和保守的宗教学派也承认部分公议和比论的作用，比如素以严格著称的沙特伊斯兰教罕百里学派也承认，伊斯兰教创立后前三个世纪形成的公议与《古兰经》、《圣训》一道是法的来源。

在实践当中，君主、政府等当权者们（如沙特王室中的主流）往往对伊斯兰教法采取灵活的态度。沙特阿拉伯前国王费萨尔就曾明确说过："由于《古兰经》和圣训的内容是固定不变的，而国家的情况却正在改变，因此我们迫切需要根据这些变化并遵循宗教法来考虑国家大事。"许多担任沙特政府大臣的博士、专家更是认为，国家在伊斯兰教法未覆盖的领域有充分的立法自由。早在1967年2月，当时的沙特阿拉伯石油与矿产资源大臣哈迈勒·扎基·亚马尼在黎巴嫩贝鲁特美国大学的演讲中就曾断言，"公议和比论的原则可以成为制定解决现代问题的伊斯兰法的一种手段"。他还进一步建议，为了补足《沙里亚法》，国家应当"无例外地从各种法律学派中挑选出一些原则，挑选的标准是看哪一种原则更适合于那个特定地区的需要。这些地区可以根据沙里亚法的普遍原则，并在考虑公众利益与公共福利的基础上找到解决新问题的新办法，并把它制定成法律"。因此，随着经济的急速发展和社会的演进，即使是在宗教法最为严格的沙特阿拉伯，在《沙里亚法》之外也出现了第二类法，如劳工法、交通法、工业事故法等由政府部门制定的一系列现代法规。

伊斯兰教惩罚罪犯

人们可能都听说过伊斯兰教法庭将小偷的手砍掉以示惩罚的事。在也门等许多阿拉伯国家，在执行这种砍手刑法的时候，电视台还常常进行实况转播。但是，场面最为奇特的，还是一些阿拉伯国家按照伊斯兰法对囚犯执行死刑。

在毛里塔尼亚首都努瓦克肖特东面，距离市区大约10公里的地方有一个刑场，刑场里有一座10多米高的沙丘。沙丘东临风急浪涌的大西洋，西面则是一片辽阔的大沙漠。沙丘半腰上立着一根2米高，30厘米宽的木桩，距离沙丘20多米远的地方有六个架枪的树墩。这粗粗的木墩不分昼夜地蹲在那里，仿佛是六位正义的守护神。年复一年，它们不知道送走多少罪孽的灵魂。

以前，这个刑场曾施行过砍手刑罪。在许多阿拉伯国家，小偷偷东西第一次被抓住要砍去左手，第二次被抓住要砍右手，第三次砍去左脚，第四次砍去右脚，直至他再也无法偷东西。但令人吃惊的是，有些小偷被砍去手脚后竟然毫无怨言，仿佛那鲜红的血带走的只是邪恶。据说，他们认为只有砍去手脚才能洗去罪孽，死后不再受到真主的惩罚。因此，他们怀着忏悔的心情，期待着一个新生。不知从什么时候起，这个刑场开始成为专门执行死刑的场所。当然，对犯人执行死刑，更是为了洗去他的罪孽，只是这洗去罪孽的过程更为奇特罢了。

有一次这个刑场对一名犯下偷盗罪和杀人罪的罪犯执行死刑。据说，该犯人在行窃时被警察发现，他不仅拒捕，而且从身上掏出匕首，将警察杀害。毛里塔尼亚努瓦克肖特法院依法判处该犯死刑，并立即执行。法院判决书一宣读完毕，两名军官立即将犯人押赴刑场。犯人被捆绑在沙丘的木桩上，一大块白布把他从头到脚全身蒙了起来。这时，在沙丘脚下的六个木墩上已经架好了六支步枪。6名军警各被一块黑布蒙上眼睛，在正对着犯人的枪架前蹲下，各握一支步枪并作好了射击的准备。随着行刑官的一声令下，呼啸的子弹立即在沙丘上卷起几股沙尘。人们的目光都集中到犯人身上，只见蒙着犯人的白布上出现了几个红点，鲜血渐渐地染红了白布。过了片刻，犯人的头似乎还在动弹，显然没有被完全击毙，这个罪孽的灵魂还在人世间游荡着，迟迟不肯离去。于是，又换了6支步枪，那位行刑官命令军警再次射击。枪声过后，犯人不再动弹了。二位法医上前验尸，宣告犯人确实已死亡，行刑也就结束了。前来围观的群众口中念念有词，祈求真主保佑，然后纷纷散去。

人们可能会奇怪，为什么行刑的军警要蒙住眼睛呢？据说，这是因为信奉伊斯兰教的军警不忍心打死人，而且他们担心自己以后会受到死者的报复。将眼睛蒙上，再加上 6 支步枪中有的装子弹，有的则没有装子弹，6 人同时射击就不会知道是谁把犯人打死的。这样一来，既避免报复，又消除行刑者的思想负担；既惩戒邪恶，又体现仁慈为本的教义。因此，这种执行死刑的奇特形式在毛里塔尼亚就被一直沿用了下来。

第五部分

石油与阿拉伯世界

公元 7 世纪上半叶，阿拉伯人在阿拉伯半岛上崛起，先知穆罕默德（570—632）创设伊斯兰社团，并在伊斯兰教的旗帜下基本统一了阿拉伯半岛。穆罕默德去世后，阿拉伯人走上向外扩张的道路，"一手持剑、一手拿《古兰经》"从半岛上蜂拥而出，所向披靡。在东面，阿拉伯铁骑横跨波斯故地，在帕米尔高原遇到中原唐王朝军队的有力阻挡，停在中亚细亚；在西面，阿拉伯人席卷北非，并跨过直布罗陀海峡进入欧洲，如果不是遇到高卢人的有力抵抗，世界的历史恐怕就不是现在这个样子了。到公元 8 世纪初期，阿拉伯大帝国的版图已大大超出今天西亚、北非的广大阿拉伯地区。阿拉伯人所到之处，伊斯兰教得到广泛传播，阿拉伯语被广泛推广，经过几个世纪的民族融合终于在如此辽阔的地域内形成了具有共同地域和命运、共同语言和历史、共同情感和性格、共同希望与哀乐以及以伊斯兰教为主要共同宗教的阿拉伯民族。

和世界历史上所有迅速崛起的大帝国一样，阿拉伯帝国的强盛和真正统一的时间并不长久。阿拔斯王朝（750—1258）中后期，帝国虽维持着名义上的统一，内部实际上始终处于分裂状态，地方割据势力迭起、各霸一方，阿拉伯帝国迅速衰落。1258 年，形式上的阿拉伯帝国被蒙古铁骑所灭，之后阿拉伯人居住的地区即屡遭异族人统治和西方基督教国家的入侵。16 世纪初，广大阿拉伯地区成为奥斯曼帝国的一部分，在征服者尊奉被征服者的宗教——伊斯兰教的统治下，阿拉伯人稀里糊涂地进入近现代。在整整几百年中，阿拉伯社会发展停滞不前，经济、文化远远落在世界的后面。

第五部分　石油与阿拉伯世界

从 18 世纪末、19 世纪初开始，阿拉伯人和阿拉伯社会接连遭受三次巨大的冲击：欧洲列强对"西亚病夫"奥斯曼帝国统治下的阿拉伯地区的殖民入侵，以及西方科技和文化对封闭、落后的阿拉伯社会的巨大影响；第一次世界大战加速了阿拉伯民族觉醒的进程，战后阿拉伯人开始了波澜壮阔的民族解放运动和独立运动；石油大发现以及由此产生的阿拉伯经济、社会结构的巨大变化。在上述三次大冲击中，石油的冲击对现代阿拉伯人的影响最为强烈。实际上，在上世纪 60 年代以后石油已经成为阿拉伯社会发展变化的最基本因素。石油不仅仅改变了阿拉伯人与世界其它地区的关系，而且使每一个阿拉伯国家的社会发生了剧烈变动，其影响可深入到绝大多数阿拉伯人的物质和精神生活之中。

上世纪 70 年代随着石油价格的暴涨，阿拉伯国家都直接或间接地与石油紧紧连在一起：产油国暴富，凭借似乎取之不尽、用之不竭的石油美元展开空前的、波澜壮阔的经济开发和现代化建设，国家面貌迅速改观（阿拉伯产油国包括沙特阿拉伯、科威特、阿联酋、卡塔尔、阿曼、巴林、利比亚、伊拉克和阿尔及利亚）；阿拉伯非产油国则利用其民族、宗教、语言及人力和技术等方面的优越条件，通过积极参与兄弟的阿拉伯产油国的经济开发，分享"真主给予整个阿拉伯世界"的石油财富。这些国家或者大力发展为产油国服务的产业——炼油、运输、金融、旅游以及制造业（如叙利亚、黎巴嫩、约旦、埃及、突尼斯、摩洛哥等国）；或者大量向产油国输出劳动力，并承包劳务工程（如埃及、也门、约旦、巴勒斯坦、苏丹、突尼斯、叙利亚等国）；或者接受阿拉伯产油国提供的巨额财政补贴、贷款、人道主义援助及投资（如埃及、约旦、叙利亚、巴勒斯坦、苏丹、索马里、毛里塔尼亚等等）。通过这样一些形式，阿拉伯产油国的石油美元，有相当一部分流入非产油的阿拉伯国家。对阿拉伯世界来说，石油的影响可谓无所不在。

乌金滚滚——石油大发现

18 世纪中叶，人们把石油叫作石头油，以区别于植物油和动物油。最初,这种石头油漂浮在美国宾夕法尼亚州西北偏远森林山谷的泉水里或水井中,人们用最原始的方法——撇去泉水表面的油层或以破毡之类的东西浸湿油水后再拧干——收集这种"又黑又臭的东西"。那时候的石油大多被用来制药,主要医治头痛、耳聋、反胃和风湿什么的。此后的几十年中石油除被用来作为制药原料之外,更多地被制成一种为人们提供照明的"腊油",从而使漫漫长夜缩短,工作时间延长。据说,19世纪末洛克菲勒之所以能够成为美国最富有的人,主要就是因为他出售这种腊油。当时,汽油只是几乎没有什么用处的副产品,有的时候一加仑汽油只能卖到两美分,卖不掉的时候就在夜晚倒入河里。20世纪初,汽油发动的内燃机车的出现开辟了石油时代的新纪元。第一次世界大战前夕,时任"日不落的大英帝国"海军部长的邱吉尔决定,将传统上使用煤为燃料的英国海军军舰改为以石油为动力。事实证明这一决定影响了人类发展进程。从此石油与人类结下了不解之缘,成为主宰国际政治经济发展的一个重要因素。第一次世界大战后,西方列强和各大石油公司拼命在世界各地寻找油源,阿拉伯石油大发现逐渐提上了人类历史发展的日程。

◆ 偶然的道听途说

被称为中东"石油之父"的法兰克·霍姆斯是新西兰采矿工程师。第一次世界大战时,霍姆斯在英国军队中服役,官居少校,负责后勤。1918年战争临近结束时,霍姆斯少校正在埃塞俄比亚驻防,在一次去当地集市采购牛肉的时候,偶尔听到一个阿拉伯商人谈到波斯湾的阿拉伯海岸有石油渗出,立刻引起他浓厚的兴趣。第一次世界大战后,霍姆斯参与组成"东方大众辛迪加",专门从事针对中东地区的商贸活动,并着重对阿拉伯半岛的石油蕴藏进行调查。霍姆斯认定波斯湾的阿拉伯海岸将有惊人的石油资源,于是鼓起"三寸不烂之舌",在阿拉伯半岛各君主间到处游说,以巨大的财富为承诺尽量争取石油开采权。

20世纪20年代初,霍姆斯来到波斯湾的巴林岛上,并在此开设"东方公司"的办事处。他到巴林本来是为了石油,但当时的巴林酋长却对石油没有兴趣,他更希望霍姆斯能够帮他找到淡水。于是,霍姆斯挂羊头卖狗肉地干了起来，最后他自己虽然没有找到石油，但却收集到充足的资料并于 1925 年在当地掘到了淡水。巴林酋长对霍姆斯千恩万谢，给了霍姆斯不少的钱，并根据先前的承诺将巴林的石油开采特许权也赏给霍姆斯。

◆ 霍姆斯梦想成真

霍姆斯的"追求"充满波折。第一次世界大战之后，英国将波斯湾地区划作自己的势力范围。霍姆斯在英国人眼中无疑是一个"捣乱者"，是一个想瞬间致富并损害英国利益的人，因此英国驻当地的官员竭尽阻挠之能事，处处破坏霍姆斯的"努力"。英国石油公司更是釜底抽薪，发布地质学者的报告，称阿拉伯半岛"毫无乐观的余地"，"没有产油的希望"。一时之间，霍姆斯成了国际石油界的小丑和笑柄。1926 年，霍姆斯的公司捉襟见肘到破产的边缘，于是不得不向英国石油公司出卖巴林等地的石油开采权，但英国石油公司却不肯买。霍姆斯又跑到美国纽约兜售，但仍然是吃闭门羹。1927 年 11 月，事情终于开始有了转机，霍姆斯的岩石样本、巴林油井的测试报告等总算被一家美国公司——海湾石油公司看中，于是他以 5 万美元作价将千辛万苦弄来的巴林石油开采权转卖给这家美国公司。接下来是美国政府和英国政府的较量。在美国政府越来越大的压力下，英国政府与美国的两家公司——加州石油公司和海湾石油公司进行了一系列"不愉快的谈判"。最后，英国政府决定，先在巴林小让一步，同意美国公司进行石油开发。美国公司乘热打铁，1931 年 10 月巴林油井开钻，1932 年 5 月 31 日便掘出石油。巴林发现石油，霍姆斯少校终于梦想成真，一下子又被人们当作具有先见之明的人。尽管巴林发现石油后的产量一直非常有限，但巴林发现石油本身标志着阿拉伯石油时代新纪元的开始。巴林与阿拉伯半岛大陆地区的距离仅有 30 多公里，地质构成基本相同，谁还敢再说阿拉伯半岛没有石油呢！

◆ 一次决定命运的谈话

真正改变阿拉伯世界面貌的是沙特阿拉伯的石油大发现。20 世纪 30 年代初，现代沙特阿拉伯的创始人阿卜杜·阿齐兹在经过 20 多年的征战之后，终于统一阿拉伯半岛约90%的土地，建立了第三沙特阿拉伯王国。当时的沙特阿拉伯严格说来仍是个游牧式的部落社会，王国初创，国库空虚，国家的财政收入主要依赖于一年一度的朝觐。1930年，西方经济大萧条波及世界各个角落，受经济危机的影响，来麦加朝觐的人数锐减，刚刚成立的沙特阿拉伯王国面临着严重的财政危机，不仅到期外债无法偿还，政府工作人员也长期拿不到薪水。阿齐兹国王心情烦躁，寝食不安，不得已派自己刚刚成年的儿子费萨尔亲王赴欧洲游说，寻求财政支持，但没有得到欧洲国家的响应。

1930年秋的一天，陷于困境中的阿齐兹国王乘车赴沙漠中狩猎、游览，国王的英国籍顾问哈利·费尔比随侍在侧。费尔比是一个至少表面上皈依了伊斯兰教，并深得国王信任的英国商人。费尔比在他的回忆录中，详细记载这次出游中他与国王的一次具有历史意义的谈话。费尔比写道："在这次午餐后的游览中，我和国王共乘一辆王室汽车。当时国王闷闷不乐，深深地为他的国家当时的处境担忧。国王谈到，如果来年朝觐活动仍像今年一样衰落下去的话，沙特阿拉伯王国就将面临毁灭，因为这个国家没有任何别的有价值的资产。我安慰着这位总是随时准备自己想办法而不是坐等真主来拯救的国王，并用话语刺激他，说他就像是一个睡在埋藏着巨大地下宝藏的国土上而抱怨贫穷的人。国王显然被激怒了，厉声问我说这话是什么意思。我回答说，这个国家的地下到处都埋藏着财富——如石油和黄金等等，国王自己无法开采却又不允许别人替他开采。显然，国王被深深触动了，他推心置腹地跟我说：'告诉你吧，费尔比，如果任何一个人现在就给我100万英镑，我将欢迎他在我的国家里得到他想要的一切特许权。'我明确告诉国王，他所拥有的肯定比这个数要大得多，但不先进行一下初步的勘探是不会有人愿意出那么大数目的。"

这次谈话之后，费尔比给国王介绍来几位西方工程师，在沙特国土上开始进行初步的勘探。起初，阿齐兹国王对寻找水源、开凿水井的兴趣要更大一些，但1932年5月巴林发现石油之后，国王就下定决心请费尔比等人帮助寻找愿意购买石油开采特许权的大公司。1933年8月，美国加州标准石油公司以预付3.5万英镑（合17.5万美元）、一年半后再付2万英

第五部分　石油与阿拉伯世界 | 179

镑（合 10 万美元），每年租金 5 万英镑，若发现石油后再付 10 万英镑（合 50 万美元）且均以黄金支付为代价，与国王阿齐兹签订石油租让协定。沙特阿拉伯王国给予该石油公司 93 万平方公里的石油租借地，期限 60 年。1938 年美国加州石油公司在沙特阿拉伯东部波斯湾沿岸的达兰地区钻到石油，并很快开始正式生产。1939 年 9 月，阿齐兹国王又将特许权面积扩大 20 多万平方公里。至此，美国公司在沙特阿拉伯王国共取得近 114 万平方公里的石油租借地，占沙特国土面积的三分之二强，相当于美国领土面积的六分之一。与此同时，1934 年底美国海湾石油公司和英国石油公司与科威特也签订特许权协定，两家公司联手探采科威特石油资源，租借地面积囊括科威特全境，期限 75 年。1938 年，即在沙特阿拉伯发现石油的同一年，科威特也发现石油并很快投入正式生产。

◆ **阿拉伯国家石油知多少**

由于第二次世界大战的影响，中东的石油在战后才正式登上世界舞台。从 1947 年开始，为适应战后世界经济重建和大发展，中东石油进入大开发时期。1949 年底，海湾阿拉伯石油第一次通过著名的"纵贯阿拉伯输油管"到达黎巴嫩的港口，并装船运往欧洲。从此，海湾地区的石油生产一发不可收拾，探明的储量也一再上扬，终于成为世界探明石油储量最集中的地区，海湾也成为名符其实的世界油库。

根据 90 年代初的统计，世界已探明的石油储量（约一万亿桶）中阿拉伯国家拥有近三分之二，主要集中在海湾阿拉伯国家和利比亚。其中，沙特阿拉伯居世界首位，探明石油储量约 2 575 亿桶，独占世界总储量的四分之一；伊拉克名列第二，储量在 1 000~1 500 亿桶之间，约占世界总储量的 14%；阿拉伯联合酋长国居第三位，已探明储量约 1 000 亿桶，占世界总储量约 10%；科威特居第四位，石油储量近 1 000 亿桶，也占世界总储量约 10%；其它如利比亚、阿曼、卡塔尔、巴林等，也都有可观的石油储藏，其中地处北非的利比亚，探明石油储量高达 500 亿桶，占世界石油总储量的 5%。

以 2014 年的数据看，阿拉伯国家探明石油储量居世界前十位的国家分别为：第一位的沙特（2 626亿桶）、第五位的伊拉克（1 150亿桶）、第六位的科威特（1 040亿桶）、第七位的阿联酋（978亿桶）和第九位的利比亚（443亿桶）。相比之下，中国只有148亿桶。

最有意思的是颇有争议的科威特的石油。据科威特石油地质界人士透露，科威特国实际拥有的石油储量远远大于所公布的已探明石油储量。据称，科威特境内至少有三个特大型含油构造，其石油除具有埋藏浅、油层厚、质量好等特点外，还同周围邻国的油田相沟通。如果把科威特及其周边地区的石油储藏形容为一个锅状形的话，科威特则正好处在这个锅的锅底，其油田实际面积超出了其1.7万平方公里的国土范围。由于地处锅状形石油埋藏的锅底部分，因此科威特石油开采后其油田储量不见减少，反而还有所增加。海湾战争前，伊拉克就曾强烈攻击科威特偷采其石油。鉴于科威特石油储藏的这种特殊情况，人们将地处"世界油库"海湾北部的科威特称作是"油库中的油库"。

海湾阿拉伯产油国不仅石油储量巨大，其石油产量，特别是石油出口量在世界上更占据重要地位。以90年代初为例，在海湾危机前的世界6 044万桶石油日产量中，阿拉伯石油即占四分之一。更为重要的是，阿拉伯产油国生产的石油，绝大部分（约90%）用来出口，其出口量高达世界石油出口总量的40%以上。可以毫不夸张地说，如果没有阿拉伯石油，世界经济将陷于瘫痪。

油价暴涨——石油美元滚滚来

尽管阿拉伯世界发现大量石油，但在最初的30年中（即上世纪70年代之前）石油并未给阿拉伯世界的生活带来重大的冲击，其中最主要的原因就是石油价格的决定权掌握在西方各大石油公司手中，阿拉伯石油的绝大部分利润都让西方各跨国公司拿走了。在此期间，阿拉伯产油国与西方石油公司进行持续的石油权益之争，先后于上世纪50年代初实现与西方石油公司"利润对半分成"、石油开采"合营制"等等。1960年秋，在沙特阿拉伯、科威特和伊拉克等阿拉伯产油国的积极努力下，旨在维护和确保产油国利益的石油输出国组织（即"欧佩克"）正式成立。1968年，在欧佩克的基础上，沙特阿拉伯、科威特等又发起成立阿拉伯石油输出国组织。与此同时，阿拉伯产油国开始强制收回大片石油租让地区，提高原油标价及产油国税收比例，并于上世纪70年代初掀起结束西方大石油公司对石油资源所有权控制的"国有化运动"。随着产油国与西方大石油公司斗争的进行，产油国的石油收益也在不断增加。

◆ 第四次中东战争与石油禁运

1973年10月6日，埃及军队强渡苏伊士运河并很快突破以色列号称攻不破的"巴列夫防线"，第四次中东战争爆发。开战当天，叙利亚和黎巴嫩立即关闭通过其领土的两条"阿拉伯输油管道"。10月9日，埃及和科威特两国的石油部长要求召开阿拉伯石油输出国组织会议，讨论使用"石油武器"问题。10月17日，阿拉伯石油输出国组织会议在科威特开幕。在埃及等国的强大压力下，会议决定"每个阿拉伯石油输出国立即逐月减少产量，并一直持续到国际社会迫使以色列放弃所占领的阿拉伯领土，或每个产油国经济不再允许继续降低石油产量时为止"。该次会议还有一个著名的秘密决定，即"以累进减产的方式最终导致各国供应美国的石油完全停止"，"让支持以色列的美国承受最严厉的后果"。会议结束后的当天晚上，阿联酋即宣布减产12%，并停止向美国供油。10月19日，当美国政府决定向以色列提供22亿美元紧急援助之后，沙特阿拉伯宣布从当天起减产10%（由于沙特阿拉伯是最大的产油国，其立即减产影响很大），并对美国实行禁运。到10月22日的短短几天中，卡塔尔、科威特、利比亚、阿尔及利亚、巴林和阿曼等所有阿拉伯产油国都实现大幅度减产，并一致对美国实行禁运。与此同时，为保证禁运的效果，阿拉伯产油国还对与美国有石油关系的一些国家和地区如荷兰、加拿大、新加坡、希腊、意大利等实行禁运或减少供应等。11月4日，阿拉伯石油输出国组织再次在科威特开会，决定继续实行减产和禁运，并明确规定11月份减产的数量为9月份产量的25%，12月份再在11月份的基础上减产5%。阿拉伯产油国的减产和禁运，造成世界石油市场的空前短缺和恐慌。

◆ **油权收归国有和油价暴涨**

在石油减产和禁运的同时,一些阿拉伯产油国乘机启动了石油公司国有化的进程。伊拉克和利比亚两国走在最前面。中东战争爆发后的第二天,伊拉克宣布将美国石油公司在巴士拉石油公司中所有的 23.75% 股份收归国有;1973 年 10 月 21 日,伊拉克将壳牌石油公司在伊拉克公司中的股份收归国有;同年底,伊拉克又将葡萄牙拥有的股份也收归国有。1974 年初,利比亚以美国支持以色列为由,宣布将在利比亚经营的三家美国石油公司——德士古海外石油公司、加利福尼亚亚细亚石油公司和利比亚美国石油公司的财产全部国有化;同年 3 月,利比亚又将壳牌公司在利比利石油公司中的股份没收。伊拉克和利比亚在"第一次石油危机"中的激进行动,无疑为其以后与西方,特别是美国的关系埋下了危机的伏笔。除伊拉克和利比亚外,其它阿拉伯国家虽然并未采取类似的行动直接将其国土上的外国石油公司收归国有,但危机过后,中东地区的石油国有化已成大势所趋,各大石油公司与这些国家政府纷纷谈判,正式终结在这些国家拥有的采油权。从 1974 年开始,以所谓的"石油七姊妹"为代表的西方大石油公司垄断阿拉伯产油国家油权、统治国际石油市场的局面一去不复返了。

◆ **两次石油冲击**

1973 年和 1979 年,世界经济先后经历了两次石油冲击,石油价格像脱缰的野马不断攀升。

1973 年第四次中东战争期间,阿拉伯产油国的减产、禁运以及一系列收回油权的动作在国际石油市场上掀起巨澜,世界廉价石油时代行将结束,石油价格大幅度上扬已经不可避免。10 月 16 日,海湾阿拉伯产油国单方面决定将海湾原油标价提高 70%,阿拉伯轻油价格由每桶 3.011 美元提高到 5.119 美元。利比亚、阿尔及利亚等北非阿拉伯产油国也宣布将原油标价提高 100%。同年底,各主要产油国会议确认,市场原油价格必须由产油国政府根据市场情况来决定,并宣布从 1974 年 1 月 1 日起阿拉伯轻油价格再由每桶 5.119 美元上调到 11.651 美元。这个价格比 1973 年 1 月 1 日时的原油价格上涨大约 340%，比 60 年代增加五倍还多。

1978 年底，产油大国伊朗国内爆发伊斯兰革命，伊朗原油产量由革命前最高峰的日产 610 万桶缩减到年底的不足 50 万桶。国际石油市场上日常量剧减 560 万桶，供需矛盾骤趋严重，油价开始迅速上涨，从而引发第二次石油危机。同年 11 月，世界原油价格由 9 月份的每桶 12.78 美元上涨到 18.73 美元，1979 年 5 月更上升到 28.94 美元和 6 月份的 35.4 美元，期间绝对最高价格曾达到每桶 38 美元。1979 年后半年两伊战争爆发，世界原油价格继续上扬，现货价格先后突破每桶 38 美元和 41 美元，最高时曾一度达到每桶 45 美元。

◆ **阿拉伯产油国的石油收入**

与石油价格暴涨同步，阿拉伯产油国的收入急剧增加，从 1965 年的约 23 亿美元增加到 1973 年的 127 亿美元、1974 年 536 亿美元、1977 年 775 亿美元，直至 1981 年创纪录的 2 120 亿美元。石油美元源源不断、滚滚而来。以阿拉伯最大产油国沙特阿拉伯为例：1973 年石油价格暴涨之后，石油年收入即从 1973 年的 43 亿美元增加到 1974 年的 225 亿美元，翻了两番还多。1980 年油价再次暴涨，当年沙特阿拉伯的石油收入即达创纪录的 1 000 多亿美元，比 1974 年又翻了两番多。据统计，从 1974 年到 1981 年，人口仅有几百万的沙特阿拉伯，石油收入累计竟高达 4 300 多亿美元。源源不断的石油美元的流入，迅速改变了阿拉伯产油国的面貌，并通过阿拉伯产油国石油美元与阿拉伯非产油国人力资源的空前绝后的大循环，以及各种各样的途径冲击着整个阿拉伯世界的各个角落。

沙漠奇迹

石油开发前，阿拉伯世界的经济远远落后于世界的平均水平。特别是海湾阿拉伯各国，社会发展尚基本停留在半开化阶段，科威特、阿联酋等国经济主要依赖人工采珠（珍珠）业，沙特阿拉伯则依靠朝觐收入。"骆驼加帐篷"是对这些国家的普遍形容。石油收入的增长根本改变了产油国的经济结构,原来本是不毛之地、极缺开发资金的阿拉伯产油国(如沙特阿拉伯、科威特、卡塔尔、阿联酋、巴林、阿曼及利比亚等)开始推出了一系列雄心勃勃的社会经济发展计划,现代化工业从无到有,一座座现代化城市拔地而起,国民经济年均增长率连续十多年保持在两位数。

巨额的石油收入决定了产油国经济计划的惊人规模和国民经济的超大规模发展。从1970年开始至1995年止,沙特阿拉伯经济发展共经历五个"五年计划"时期,25年中国家投入经济开发的资金高达近一万亿美元,即平均每年投入的资金在400亿美元左右。这样的巨资即使是对像中国这样人口众多的发展中大国来说也是非常可观的,而沙特阿拉伯只是一个人口不足一千万的国家。正是凭借这巨额的资金,沙特阿拉伯以及其它阿拉伯产油国才得以创造了世界罕见的经济奇迹。

◆ 沙漠上的现代工业城

沙特阿拉伯是一个开发很晚的国家。上世纪70年代前,沙特现代工业几乎可以说是空白,国内称得上是现代工业的企业寥若晨星。但在1973年后,沙特政府开始凭借源源不断的石油美元展开其雄心勃勃的工业现代化进程。工业发展飞速跃进,新建的基础设施和企业从一开始就建立在比较先进的技术水平和管理水平上。

最能体现沙特阿拉伯工业飞速发展的是朱拜勒和延布两座大型现代化工业城的建设。上世纪80年代初,沙特阿拉伯王室和政府决定集中力量着手建设两座现代化的工业城——朱拜勒和延布工业城,将国家主要的大型石油化学工业企业集中在那里。为此,沙特专门成立"朱拜勒和延布王室委员会",时任王储的法赫德亲自担任该委员会主任。在短短几年之后,两座堪称世界一流的大型现代化工业城拔地而起、初具规模。

朱拜勒位于沙特阿拉伯东部的波斯湾沿岸,开发之前只是茫茫沙漠中的一个小小渔村。根据"王室委员会"的规划,约20多个世界级大型石油化工企业及重金属工业项目,一大批与之配套的、以前一类工业企业产品为原料的深加工工业和辅助性工业企业,以及机场、港口、输变电线

第五部分　石油与阿拉伯世界

路,甚至学校、居民区等等将最终在这里建成,总耗资高达500亿美元。目前,10多个大型石油加工和石油化工企业、年产量百万吨的钢铁厂、水泥厂以及上百家建材、钢筋、管道厂已经建成投产,市政工程和各种生活设施也已基本就绪。市内高速公路纵横交错,高楼大厦和精致的别墅鳞次栉比,一座座大型现代工业企业布局错落有序,石油管线密布、塔罐林立。

延布位于沙特阿拉伯西部的红海沿岸,在开发前也是一片荒漠。在规划中,延布的规模要明显小于朱拜勒市。沙特政府计划在这里建设6个大型炼油和石油化工项目,50多个深加工工厂及其它辅助性工业企业。目前,规划中的主要建设项目均已完成投产,公路、电力、机场、港口、市政设施和医疗卫生等也初具规模。

朱拜勒和延布现已成为世界著名的大型石油化工工业、炼油工业的出口工业区,其产品销往60多个国家和地区,其中也包括中国和欧洲国家。两座现代化工业城的建成,被广泛地看作是"沙漠中的奇迹"和只有海湾才有的"神话"。

◆ 神奇的"沙漠农业"

阿联酋位于阿拉伯半岛东部,绝大部分国土是荒芜的沙漠,可耕地只占国土面积的千分之十五。像所有海湾国家一样,阿联酋全境气候炎热,干旱少雨(有时终年不下一滴雨),淡水奇缺。说这里"水贵如油",一点儿也不夸张。

由于自然条件恶劣,阿联酋的食品、蔬菜和水果长期依赖进口。石油工业兴起和石油价格暴涨之后,阿联酋一跃成为世界上人均收入最高的国家之一。阿联酋总统扎耶德及其政府适时制定经济多元化的发展方针,其中特别重视发展农业,向沙漠要粮食。为此,他们修建35座水库,蓄水量达到7 000万立方米;建成18个海水淡化工厂,年生产淡水近5亿立方米;建设4座污水处理中心,年处理可利用的再生水达8 000万立方米。

有了水之后,阿联酋人开始向沙漠进军的宏伟工程。第一步是植树、种草,大面积种植适宜在沙漠生长的椰枣树等植物,改造沙漠土壤。今天，在通往阿布扎比首都国际机场的道路两旁，仙人掌的茂密几乎让人以为是到了某一热带国家。曾经有一个故事，说一位比利时商人离开机场大厦后，误以为是到了亚洲的新加坡。继而，阿联酋政府在全国各地设立许多农业培植中心，大力培育耐高温、干旱的农作物新品种，并研究在沙漠条件下的农业灌溉新技术。阿联酋政府对农业实行优惠政策，鼓励国民进行农业生产。经过政府和阿联酋人民的不懈努力，阿联酋"沙漠农业"已取得"神奇的成就"。目前，在阿联酋的沙漠上已经建成两万多个农场，种植小麦、蔬菜、水果，并饲养着大批的牛羊。全国的蔬菜自给率达到60%，饲料自给率达到80%，肉类和鲜奶的自给率分别达到30%和90%，鸡蛋的产量能满足国内需求的39%，主要粮食作物的产量也在不断上升。这些数字对于别的国家来说可能不足挂齿，但是对于有"沙漠之国"称谓的阿联酋来说，不能不说是一个了不起的奇迹。

◆ **让人走眼的"人造绿洲"**

利瓦农场是阿联酋众多沙漠农业区的典型代表之一。在距离阿联酋首都阿布扎比150公里的利瓦农场内，到处是一派绿色的田园风光：一片片椰枣树林绿波荡漾，规划整齐的农作物星罗棋布，喷灌机撒出的水雾在灿烂的阳光下形成七彩的虹桥，成方块形的果园枝繁叶茂，种植着各种蔬菜的塑料大棚随处可见，一辆辆满载农产品的卡车鱼贯而出等等。更令人惊奇的是，利瓦农场不仅有着绿色的植物，还建有一座沙漠人工鱼场。据主人介绍，当初引进的约700条尼罗河"提拉比鱼"（类似鲷的一种鱼）经四年繁殖，已经有近2 000万尾这种鱼。经过改良后，"提拉比"鱼群已经能够适应这里的沙漠气候和环境。这些鱼每天要消耗十几袋50公斤装的饲料，且繁殖极快，农场为此不得不随时挖掘新的鱼池。农场的工作人员还在鱼池的四周种满玫瑰树，听说玫瑰树林现在已经成为冬季波斯湾水鸟过冬时的理想栖息地。前来参观利瓦农场的人们置身于这绿色的大地，谁都不敢相信这里数年前曾是寸草不生的茫茫沙漠。一位到访的外国记者面对此情此景不禁从内心深处发出赞叹，连连说："我简直怀疑世界地图上阿联酋的部分是涂错了颜色！"

◆ "世界第八大奇迹"——人工河

1996 年 9 月 1 日,已经遭受美国数载制裁和封锁的利比亚举国上下一片欢腾,大街小巷彩旗招展、彩带飞扬。原来,人们在欢庆卡扎菲"九·一"革命胜利 27 周年的同时,也庆祝将利比亚南部的淡水千里调运到地中海沿岸首都的黎波里的人工河工程的竣工。

这项南水北调工程于 1984 年 8 月正式开工,由韩国大宇公司等外国公司承建,耗资高达 100 多亿美元。该工程进行得非常艰难:先在利比亚南部的沙漠地下深处约 500 米的地方打上千口水井,然后铺设每根长约 7 米、直径 2~4 米、重达 80 吨的预制水泥管道,管道总长度达 3 000 多公里,一直通到利比亚北部沿海的的黎波里、班加西等人口密集而又缺水的城市。该项工程平均每天输水达 300 多万立方米,将有效地解决北部人口密集地区的用水问题。利比亚人民自豪地将这项利国利民的巨大工程称为"世界第八大奇迹"。

◆ 世界最大的机场

在沙特阿拉伯吉达以北 35 公里的沙漠上有个阿卜杜拉·阿齐兹国王国际机场(简称吉达机场),它每年起降 87 万架飞机、输送旅客 3 000 万人的能力。这个机场在当时有三项指标堪称世界之最:机场总占地面积 105 平方公里;建造费用 50 亿美元以上;候机大厅面积 150 万平方米。因此,当时人们将沙特吉达机场称为世界上最大的机场。

机场 150 万平方米的候机大厅号称帐篷城,也可叫做世界上最大的屋顶。主厅 51 万平方米,相当于 80 个足球场那么大,由 210 顶帐篷连成,四周敞开无墙,顶棚是半透明的玻璃纤维织物,能反射 75%以上的太阳热量,篷内既明亮,又凉快。全厅由 440 根钢柱支撑,篷顶距离地面 35 米,中间由林荫道隔为两半,四周围着花圃、绿地,篷内有各种食宿设施。主厅之外是 3 个稍小的候机厅(王室候机厅、国际候机厅、国内候机厅),均设有活动休息室,登机时连室带人一起送到飞机舱口,以免旅客遭受烈日的灼晒。

在沙漠里修建如此庞大的机场是为什么呢？原来，圣城麦加就在吉达以东 90 公里处，每年来朝觐的数百万穆斯林都要在这里中转，显然非得有一个大机场吐纳不可。于是，财大气粗的沙特阿拉伯就毫不含糊地建造了这个大机场。不过，吉达机场虽然庞大、先进，但实际使用率却很低，尚不到其设计能力的 20％。原来，吉达机场也就是在每年一度的朝觐期间"火"那么一把，待朝觐期一过，吉达机场就几乎门可罗雀了。据说，吉达机场每年仅维护、保养的费用就高达 2 亿美元，这也就是全不把钱当回事的沙特人才能养得起。

◆ 中东的香港——迪拜

迪拜是构成阿联酋的七个小酋长国之一，面积狭小，人口 237 万，其中本国人口仅占 20％。由于迪拜频临海湾、又地处七个小酋长国的中心地带，因此自古以来就是外界与海湾阿拉伯国家商业交往的商品集散地之一。充沛的石油美元，优越的地理位置，自由化的经济政策，现代化的商业、交通和港口设施等等，更造就了今天迪拜作为海湾地区以至中东地区商业中心之一的地位。

有人把迪拜形容为"中东地区的香港"。的确，迪拜有许许多多香港的"影子"。迪拜有完善的码头设施、一流的国际航空服务、具有强大竞争力的免税商店、高质量的旅馆、先进的公共设施以及不断得到加强的吸引外来观光客的各项服务。迪拜国际机场是目前中东地区规模最大的机场之一，每天约有 160 架班机起降，一年运送 650 万名乘客，连接全球 100 多个城市。迪拜是海湾地区、中东以及阿拉伯世界的金融中心，中东国家以及世界各大金融机构都在迪拜设有办事处。2010 年竣工启用的迪拜塔（现名哈利法塔）是阿拉伯半岛最大、最高层的建筑，也是当前世界第一高楼，总高 828 米。迪拜最具特色的是其"先进后出"的转口贸易。政府一贯实行进口为了出口的政策，现在每年进口货物的三分之二用来再出口到周边地区。为此，小小的迪拜酋长国，一年的进出口贸易总额高达近 200 亿美元。迪拜还一直以"购物天堂"著称于世。由于关税极低，这里的商品价格对世界各地的游客具有很大的吸引力，特别是迪拜国际机场免

第五部分　石油与阿拉伯世界

税商店的商品价格，不由你不动心。据说在 1993—1995 年，500 多家航空公司开通了从独联体到迪拜的航班业务，来自独联体各国的游客像发现新大陆似的、带着成捆成捆的美元拥到迪拜，采购各种商品——汽车、录像机等电器、家具以及各种奢侈品。一时间，迪拜各宾馆、饭店的门口和马路边，成堆的家用电器和大包小包的物品等待装车运往机场，然后运回莫斯科等独联体国家城市，成为这里的常见景观。此外，近年来，鉴于迪拜具有现代化城市、沙漠景观、东西方文化及传统与现代的融合等等一系列与众不同的风格，迪拜当局还刻意将迪拜塑造成为一个现代化的观光胜地，藉以吸引更多的外国游客。

海湾神话

阿拉伯半岛恶劣的自然条件，使贫困和阿拉伯人结成了不可分的伙伴。千百年来，再没有人有比除了吃饱肚子更高的奢望了，他们把全部的精力和身心投入到对宗教的虔诚中，把自己的一切交给了万能的真主。直到有一天，在阿拉伯人生活的土地下面，发现了无尽的宝藏。黑色的石油改变了阿拉伯人千百年来的生活，阿拉伯半岛变成了另外一个天地，半岛上的阿拉伯人成为"生活在金海中的人们"。收入的迅速增长导致对外国商品的大量需求，来自西方的高档商品充斥市场，高消费成为时尚。一条条的高等级柏油马路上奔驰的是宝马、奔驰、罗伊斯—罗尔、美洲虎等豪华轿车。世界上最先进的家用电器如潮水般涌进了普通老百姓家，女人们开始购买西方女人不敢问津的高档化妆品、香水。巴黎时装晚会上的时装，在第二天早上就可以在海湾国家的大街上出现。滚滚而来的石油美元使这块贫穷、荒凉的不毛之地，几乎在一夜间梦幻般变成了人间天堂。由于其自身的经济不可能消化巨额的石油收入，大量石油美元还流向国外变成海外投资，结果在短短几年内，一些国家，如科威特和阿拉伯联合酋长国的海外投资收益甚至超过了其石油收入，成为世界典型的"食利国"。

◆ 科威特的全民福利

在阿拉伯民族历史上，科威特是一个年轻的国家，他们大多是贝都因人的后代，定居后从事渔业、采珠业或经商等工作，终日劳苦也就是换个吃饱饭而已。直到上世纪中期，这群生活在沙漠、荒滩边上的人们还是地球上最贫困的人。几乎没有人会注意到科威特在什么地方。可是有一天，世道变了，科威特发现做梦也想不到的财富——石油。丰富的石油资源给科威特人每年带来数百亿美元的收入，这对只有几十万人口的科威特来说，无疑是一笔巨额的财产，他们的人均收入在短短十几年的时间里就超过奋斗了几个世纪的西方人。

像其它海湾国家一样，科威特依靠巨额的石油美元收入，对国民实行高福利政策。首先，政府竭尽全力促进教育事业的发展，普遍提高科威特人的文化素质。目前，科威特全国已经普及高中教育，高中毕业生可以直接升入大学。科威特的儿童从幼儿园开始到大学毕业，全部享受免费教育。政府不仅不收取学费，而且还向学生们免费提供书本、校服、交通、午餐等，并且按月发放一定数目的零用钱。小学生每月10第纳尔（约等于35美元），初中生每月15第纳尔，高中和大学依秩递升5个第纳尔。其次，科威特政府建立了发达、完善的医疗卫生体系。国内医疗卫生事业非常发达。近年来，政府用于全民医疗事业的拨款年平均约6亿美元。全国近百所大医院和医疗中心服务于60多万本国国民。科威特国民全部享受免费医疗，从挂号、门诊到注院治疗，包括住院期间的伙食费统统由政府掏腰包。在国内无法治疗的病人，只要有医生的证明，经卫生部同意后，即可到国外有条件的医院治疗。治病期间病人的医疗费、食宿费、机票和一名陪同家属的费用，均由政府支出。

科威特的住房政策也独具特色，可谓"住者有其屋"。国家拨出专款为低收入者（月薪不满600美元）建造大批"简易住宅"，别看是为低收入者准备的房子，标准可是其它国家的中等收入者都不敢想象的。每户一个小型的别墅，面积约在200至300平方米，每个别墅的房间根据住户家人的数目从6个到12个不等，还有会客厅、餐厅、厨房、卫生间、空调设施等，政府对这样的房子每月只收取30美元左右的象征性房租，住满10年就归住户所有。

科威特的工资待遇很高，政府部门的职员月工资都在2 000美元以上，而外交官的工资就更高了。政府官员当中还有不少人同时经商做买卖，有相当一部分中下级职员同时在两个单位任职，上午在政府机关上班，下午五点至七点到公司企业单位做事，领取双薪。因此，科威特官员一个个都财大气粗。科威特驻华使馆的一名高级官员离任回国时，带回15个40英尺的集装箱，据说其夫人光珍贵的貂皮大衣就购买了十几件，还说没买什么东西。因为工资收入高，科威特妇女以前喜欢向丈夫索要黄金首饰，现在已经改为钻石首饰，我认识的一位科威特官员的太太仅大克拉的钻戒就有满满一首饰盒子。科威特政府还规定，政府职员为政府工作满20年后即可退休，退休金为原工资的75%，并可以另谋职业。

此外，政府的补贴可以说是五花八门，结婚有补贴，生孩子有补贴，盖房子有补贴，过节有补贴，下雨还给国民发擦车费，最令人费解的是离婚居然也有补贴。总而言之一句话："一朝身为科威特国民，躺在蜜罐里不受穷。"

◆ **高价收购土地**

第二次世界大战后，随着科威特石油的不断开采和石油收入的增加，政府开始有计划地向国人手中转移石油收益。特别是在上世纪70年代石油价格暴涨后，这种转移更是花样繁多。"土地购买计划"就是这种转移的典型例子。

所谓"土地购买计划"实际上是科威特政府对石油资金进行社会再分配的一种手段。政府有意以高价收购科威特市及其周围、各居住中心及其周围的土地，用于筑路、建设公共设施、工业区及住宅和其它公共场所，将一部分石油资金直接转归土地所有者。据统计，从1952至1971年间通过购买土地把国家的石油资金转入私人手中的资本达7.27亿科威特第纳尔（约合25亿美元），从1971—1972年度至1986—1987年度国家石油资金的转移为22.579亿科威特第纳尔（约合近80亿美元），二者总计达100

亿美元以上。

正是由于国家大量的石油资金通过政府购买土地而转移到土地所有者手中，科威特的私人资本积累大大加速，石油发现前的大商人和土地所有者很快成长为私人民族资产阶级，私营的和公私合营的企业也迅速增加：如在 1950 年前科威特根本没有合营公司，但到 1976 年底时，科威特已有 1 489 家合营公司，资本总额为 1.58 亿科威特第纳尔，1977 年时科威特私营企业已达 21 695 家。

◆ 流亡仍潇洒

俗话说：人无远虑，必有近忧。生活在"天堂中"的科威特人被海湾战争的枪炮声给惊醒了。他们突然发现，原来所拥有的一切，也可以转眼间在一个早上统统丢掉。

海湾危机和海湾战争期间，成千上万的科威特国民背井离乡，随着他们的埃米尔流亡到沙特等周边国家，之后许多科威特人又离开这些仍然容易遭受战乱之苦的海湾地区，最后汇集到埃及首都开罗。流亡的科威特人使本来就喧闹的开罗顿时热闹了许多，开罗众多的五星级宾馆和各大饭店的客房普遍爆满。在出出进进的客人中，身着崭新阿拉伯白色大袍、头箍阿拉伯方巾的科威特"财主"们随处可见。一向以空闲房著称的开罗富人区，一时也人满为患，房租普遍上涨，而且很难再找到海湾危机前到处闲置的供出租用的各式各样的房屋。

大家都知道，由于伊拉克发动突然袭击，在几个小时之内即占领了科威特首都科威特城。因此许许多多的科威特人是在仓皇中出逃，很多人甚至连护照等证件都未来得及拿，更不用说财产和积蓄了。那么，流亡在开罗的科威特人何以住得起五星级宾馆、租住得起富人区的房屋呢？在此期间，本人正好作为访问学者在埃及首都开罗，我的住所附近就有两户从科威特逃跑出来的拖家带口的"难民"。经过与他们的接触，我才了解了个中原委。原来，在整个海湾危机期间，科威特驻世界各地的大使馆都负责向流亡于当地的科威特国民发放津贴，只要持有有效证件或能够证明自己是科威特国民的人均可以按月领取到 1 000 美元以上的救济款。这项津贴

第五部分　石油与阿拉伯世界

足以保证流亡在世界各地的科威特人过上不低于中产阶级的生活。

那么，国破家亡、国库已被伊拉克连锅端掉的科威特流亡政府如何能够拿得出这么一大笔钱来养活自己散失在世界各地的子民呢？其实，这并不奇怪。早在油价暴涨、石油美元滚滚涌入的上世纪70年代后期，过怕了穷日子的科威特政府就开始为石油枯竭之后的日子做准备了。政府一方面把剩余下来的石油美元盈余投放于西方金融市场，获取了丰厚的利息和股息等，一方面又将每年的石油收益的一定比例（每年国家石油收入的10%）用作储备，建立了所谓的"子孙后代基金"。正是这些丰厚的储备，解了科威特流亡政府的燃眉之急，不仅救了流亡国外的科威特国民的命，更重要的是用它来支付高达几百亿美元的海湾战争中多国部队的费用。真是"闲时备下忙时用"，科威特国家的战略储备可谓用得其所也。

◆ 阿联酋巨变

阿联酋由七个小酋长国联合组成。1971年成立时，各酋长国多由一些茫茫荒漠中的小村落构成，总人口不过十几万人，国内生产总值也少得可怜。40多年后的今天，阿联酋国内生产总值已达到4 197亿美元（2014年），人均收入7.2万美元，居世界前十位。阿联酋国家虽小，但石油财富却非常丰富。石油的储藏和生产主要集中在最大的酋长国阿布扎比。据测算，如果保持目前的石油产量，阿布扎比的石油生产至少还可以持续150年。

与科威特国民一样，阿联酋的国民也从政府日益增多的财富中获得了好处。阿联酋本国国民在其826万总人口中仅占不到11.5%。根据政府的终身社会福利制度，每一个国民都有资格接受免费教育和卫生保健，并从国家那里获得各种福利和补贴——从住房到给未婚新郎的结婚用品等。国民一生下来就享有完善的医疗保健服务，全国有遍布城市、乡村的医疗卫生服务网，包括医院、初级医疗中心和诊所等1 162家。目前，阿联酋的医生和护士比例均名列世界前茅。

阿联酋的教育事业颇具特色。全国建立有一套完整的从幼儿园到大学的教育体系：包括公立学校1 259所，在校学生80万人；各类私立学校

400多所，学生达20万人；各种职业训练班、夜校和扫盲班遍布全国。凡是阿联酋国民，从学龄前到成年都可以得到免费教育，成绩优秀者国家还送到国外进行深造。阿联酋政府尤其重视高等教育。现代化的阿联酋大学下设8个学院，最高校长相当于部长级官员。教师不仅社会地位高，待遇也很优厚。大学对教职员工实行聘用制。上世纪90年代时，在合同期内，教授每月的平均工资为9 500到11 000迪尔汗（约2600到3 000美元），另加相当于基本工资25%的大学津贴，600迪尔汗的交通津贴和每年300迪尔汗的其它津贴。副教授的月基本工资为8 000到9 500迪尔汗（约2 200美元到2 600美元），讲师的月基本工资为6 500到8 000迪尔汗（约1 800美元到2 200美元），其它津贴与教授相同。

◆ 居者有其"金屋"

居住条件是每一个国家的公民最为关心的事情。宽敞、舒适的住宅是社会地位和身份的象征，也是绝大多数人毕生追求的目标。这个问题在今天的阿联酋早已不再是个问题。

艾哈迈德是阿联酋迪拜市政府的一名处级官员，目前有6个孩子，月收入大约合3 000美元。在结婚时，他根据阿联酋的法律得到了一座有4个房间的小型别墅。1994年，依靠政府贷款和补贴，他重新购置了一处别墅，有12个卧室、宽敞的会客室和餐厅、3个车库、一个小型游泳池和一个300平方米的花园。如此规模的住房，艾哈迈德自己只掏了2万多美元的腰包，其余的则全部来自政府的补贴。据艾哈迈德讲，全家住在这里舒服多了，孩子们也有了玩耍和游戏的地方。在搬进新居后，艾哈迈德自己购买了一辆奔驰S320、一辆日本丰田"沙漠王"越野吉普和一辆客货两用小货车，以便把新居的3个车库充分利用起来。艾哈迈德只是政府低级职员，但他如此气派的生活水平在阿联酋却具有相当的普遍性。

◆ "温饱之后"的追求

在基本的生活条件齐备之后，阿联酋人的钱究竟是怎么花销的呢？据阿联酋经济研究中心的调查，阿联酋家庭的消费主要集中在子女教育、家庭娱乐、个人爱好等几个大的方面。我们从艾哈迈德自己的粗略计算中，可以对阿联酋人的日常消费有一个大致的了解：

首先，为孩子们储备将来的教育费用。虽然政府对阿联酋人的孩子实行免费义务教育，但是艾哈迈德希望自己的孩子长大后至少应能有3个到美国去留学，为此他必须为他们准备8万美元的费用。当时他最大的孩子12岁，最小的只有2岁，因此他说他只要每月存800美元就足可以应付了。

其次，用于购买和训练猎鹰。艾哈迈德是个猎鹰迷，他现在拥有4只品级属上乘的猎鹰，每只价格平均为5 000美元。他表示，如果碰到合适的鹰，他还要购买。购买、训练猎鹰虽然花费较大，据说每月须支出300~400美元，但是拥有好的猎鹰群是一个阿联酋男人的象征，同时也能给自己和家人带来无穷的乐趣。因此，艾哈迈德认为这笔开支还是划得来的。

第三，用于亲友聚会和娱乐。艾哈迈德先生在业余时间除了精心饲养猎鹰、修剪花园外，还是一个足球爱好者，年轻时也曾经在绿茵场上踢过几脚。因此，对足球比赛他是有赛必看，还喜欢买票招待亲戚朋友。每逢有重大的比赛，艾哈迈德总是在十几位、甚至几十位亲友的簇拥下，兴致勃勃地前去观看，虽然花费不菲，但是多年来他一直乐此不疲。

第四，用于对社会慈善事业的捐助。艾哈迈德是扎耶德总统夫人主持的妇女协会慈善机构的热心支持者，几乎在该慈善机构举办的每次募捐活动中都能见到艾哈迈德的身影。

◆ **后起之秀阿曼**

在海湾国家中，阿曼是开发起步最晚的。1970年阿曼苏丹国现任统治者卡布斯苏丹宣布继承王位时，阿曼还是阿拉伯半岛东南端一片沉睡多年、尚待开发的土地，人民主要以刀耕火种、游牧和捕鱼为生。人们常常把阿曼看作是现代世界中的"中世纪式国家"。那时总人口约60万的阿曼全国只有3所小学和3所设备简陋的小医院，一条10公里长的柏油公路，交通工具是原始的毛驴和骆驼，没有水电，连首都马斯喀特也没有一盏路灯。1970 年阿曼国民生产总值仅 3 亿美元，人均收入 192 美元。

1976—1985 年是阿曼飞速发展和变化的十年。期间，政府凭借油价暴涨后所获得的额外石油美元（与其它海湾国家相比，阿曼的石油出口不仅开始较晚，量也相对较少），连续制定和实施两个五年计划，共投入资金 150 多亿美元，兴建公路、港口、机场、炼油厂、水泥厂、供电网、医院和学校等。经济飞速发展，国家面貌日新月异。80 年代后，尽管油价疲软，但阿曼大大提高了石油日产量（从 1985 年时每天 41.6 万桶，提高到现在的每天近百万桶），从而保证了国家发展的资金需求。目前，阿曼全国大小现代化企业林立，高速公路网四通八达，首都马斯喀特和南方城市萨拉拉还分别新建成了现代化机场和港口，可停降或停靠大型客机和万吨级集装箱货轮。随着经济的高速发展，人民生活大大提高，本国居民人均收入为 4.2 万美元（2014 年）。

阿曼在海湾国家中属于发展后劲比较足的国家。卡布斯苏丹雄心勃勃，领导着国家实施一个接一个的五年发展计划。为适应阿曼极为丰富的天然气资源的利用和开发，阿曼国家矿业石油部还核准了一项大型液化天然气发展计划，一条通往印度的 1 600 公里长的海底输气管道也正在设计之中，总投资近百亿美元。此外，阿曼还积极着手制定一项截至公元 2020 年的长远发展战略目标，以期使阿曼苏丹国在海湾、中东以至国际社会中处于更重要的地位。

美元、人力大循环

在阿拉伯历史上，个人、家庭，甚至整个部落，在从伊拉克到摩洛哥这么广大的地域内的移动可以说是司空见惯的事。阿拉伯人在语言、宗教和生活方式上的密切关系，以及国与国之间缺乏明确的疆界等使这种移动变得十分方便。但是，一千多年来，除了七八世纪伊斯兰大扩展时期阿拉伯人征服异域、建立阿拉伯大帝国外，其它的移动总的来说都是在一种相对较小的规模上，次数频繁地进行的，其中包括穆斯林一年一度到麦加的朝觐。

20世纪初，随着西方殖民主义者的出现，阿拉伯世界的分裂割据以及独立国家的建立，阿拉伯地域内出现了较为严格的现代国家的边界，这不能不使阿拉伯人相互间的移动大大缓慢了下来。到上世纪五六十年代，伴随着阿拉伯半岛上的石油勘探和开发，阿拉伯间的人力大规模移动才又渐渐恢复，并于70年代重又达到高潮，其规模史无前例，远远超过7世纪征服时期。与7世纪阿拉伯人口流动相比，这一次阿拉伯人口移动的方向正好相反：7世纪时阿拉伯人口从阿拉伯半岛向外转移，而这一次阿拉伯人力则是从外边向半岛回归。

◆ 人力吸纳中心——海湾和利比亚

除伊拉克和阿尔及利亚外，所有阿拉伯产油国都人口稀少，劳动力严重不足。事实上从上世纪50年代至1973年石油繁荣前，这些国家就已经从国外进口劳动力了。70年代后，在雄心勃勃实施发展计划的背景下，阿拉伯产油国对各种各样人才的需求更加强烈，劳动力输入开始趋于密集，规模日益庞大。1973年10月中东战争是阿拉伯人口移动的分水岭。数字显示，阿拉伯人口的移动从战前的不到60万增加到1975年的约130万人，前后不足四年的时间即增加一倍多。其中沙特阿拉伯增加100％，从35万增加到70万；利比亚则增长近3倍，由11万增加到31万。沙特阿拉伯、利比亚和科威特一直名列阿拉伯人力资源输入的前三名，而输出人口最多的则是埃及、也门和约旦（很大一部分是约旦籍巴勒斯坦人）。其中，埃及的人口输出从第四次中东战争前的10万人增加到战后的40万人，也门则由23万增加到29万。在此之后，阿拉伯国家间的人口移动幅度不断增大，到70年代末已接近300万大关。阿拉伯国家对相互间人员往来采取相对自由化的政策，方便了阿拉伯人力在辽阔的阿拉伯地域内的大规模流动。据说，直到80年代初，沙特才开始检查也门人的出入证件，在此之前也门人入境不需查阅任何签证或其它证件。有的阿拉伯产油国对来自其它阿拉伯国家的人，一律免检任何证件（如伊拉克就把阿拉伯的移民视同自己的国民）。

◆ 世界上最低的劳动参与率

大部分阿拉伯产油国劳动力严重缺乏并不纯粹是由于人口稀少，其它社会经济因素也限制了其人力进入劳务市场。如沙特等海湾阿拉伯国家，妇女一般不能参与家庭以外的就业（沙特最为严重）。而且，这些国家人口年龄普遍呈金字塔型，未成年人口太多。此外，这些国家都有不少的游牧人口，至少10％的人口不能进入现代经济活动（上世纪70年代时沙特的游牧部落人口估计占总人口的25％）。结果，海湾阿拉伯产油国的劳动参与率普遍低下，各国的百分比分别为：卡塔尔18.4％，科威特19.4％，利比亚20.2％，巴林21.4％，沙特22.4％，阿联酋22.5％以及阿曼24.9％。与此相适应，外来打工的劳力在这些国家就业人口中普遍占居重要的地位。比如：上世纪90年代阿联酋就业人口中外来劳力占84.8％；卡达尔81.1％，科威特69.4％，沙特43％，利比亚42.5％，巴林39.6％，阿曼34％。显然，阿拉伯产油国的经济发展严重依赖外来的阿拉伯人口。

◆ 无所不在的打工仔

阿拉伯外来人力在阿拉伯产油国所从事的职业可谓无所不包。第四次中东战争前，在阿拉伯产油国工作的埃及人大部分从事专门职业类的工作，如教师、医生、工程师等等。自从油价大涨之后，各种职业都极需要外来人口的参与，结果阿拉伯外来人力最多的行业成为建筑业，其次为服务行业（教育、保健、银行、保险、公务员等）。这与一些发展中国家在城市化迅速发展过程中建筑业和服务行业逐渐被农村来的劳力所垄断的趋势是一致的。在建筑业中，外来劳力所占比重科威特达到95％，阿曼和利比亚为67％。甚至在制造业和炼油业中，科威特外来人力也占到了86％，沙特则占62％。此外，阿拉伯外籍人口还进入国防部门，早在上世纪70年代中期，海湾阿拉伯产油国吸收非本国籍阿拉伯人补充自己的兵员就已不是什么秘密了。

据科威特保存比较完好的统计资料显示，在该国需要大学以上理工科学位的专门技术职业职位中，非科籍人占89.6％；需要大学文科学位的专

第五部分　石油与阿拉伯世界

门职业职位者非科籍者也占了46.1％。以上两种都属于较高层次的人才。在较低程度的人力中，如技术或半技术职位中非科籍人力占86％，完全无技术的职位非科籍人也多达65％。科威特的例子在产油的阿拉伯国家中具有典型性。

此外，私家雇佣外劳也已成为很普遍的事情。在一个普通的中产阶级的沙特城市家庭中，你很可能会发现这样一种劳力结构，即一个印度或埃塞俄比亚人当女佣或奶妈，也门人在为主人盖新别墅，黎巴嫩人或巴勒斯坦人为主人经营副业或其它生意，埃及人则当主人的部属替他办理各种对外打交道的事情。

◆ 就低不就高

埃及的例子则是阿拉伯劳动力输出国家的典型。在阿拉伯产油国石油美元收入爆增之前，埃及曾长期是阿拉伯世界发展程度最高的国家之一。埃及技术专家、大学教授遍布阿拉伯世界，承担着帮助阿拉伯兄弟国家发展的任务。据统计，1965年时，在科威特工作的埃及人中有52％以上担任专门职业或高度专业化的职业（如专业技师、大学教授等），但到1975年，这些高级人力所占的比重已降至29.5％。与此相反，同一时期埃及在科威特的低级劳工的人数所占比重则从21.8％增加到38.3％。当然，不管是高级还是低级劳动力均在增加之中，但中低级人力的数量增长得更快一些。埃及也是一些既输出、又输入劳动力的阿拉伯国家的主要劳力来源，如约旦、也门、伊拉克以及阿曼（70年代尚属劳务净输出国）等。一般来说，埃及人、黎巴嫩人以及叙利亚人在阿拉伯国家中劳工的知识、技术水平都比较高。

大多数阿拉伯外来劳力都是短期性的，这使阿拉伯劳力移动呈现一定的不稳定性。据统计，在上世纪70年代初时，埃及人在科威特的平均逗留期是3.5年，也门人是4.5年，而巴勒斯坦人则是6.5年。当这些外来的人口回到各自的老家后，他们在国内的同胞又出国去取代他们在阿拉伯产油国中的工作，从而使阿拉伯非产油国输出的劳力在不断地循环流动之中。在80年代初期，大约每十年就有近200万个埃及人成为输出的劳力，另外 200 多万个其它阿拉伯国家的劳力，也参加到这样的为了就业或赚钱的理由越过国界到阿拉伯产油国中去劳动的循环流动过程之中。当时，曾有人作过一个测算，即假设平均每个外出打工的阿拉伯非产油国的劳力家中有五口人，那么就意味着在每个十年中就有约 2 000 万个阿拉伯人（占当时阿拉伯世界总人口的约六分之一）直接受到阿拉伯劳工移动的影响，受到石油的"冲击"。

◆ 阿拉伯外来劳工知多少

世界银行在对资金富足的阿拉伯产油国的人口结构和教育体系进行精辟分析后认为：这些国家在一个较长的时期中，半技术性及手工方面等较低级的职业，本国人力仅能供应一半左右；至于中、高级人力，本国能够提供者更少，估计至少有 50% 到 80% 得靠外来人力补充。从 20 世纪 80 年代开始，阿拉伯产油国的外来人力需求结构出现重要变化，各国多在聘请外来人力担任专业性、技术性或文书性职务时，特别指定需懂英文和阿文的人员充任，这一要求使原来占外来人力比重近半的非阿拉伯籍人口（主要是南亚和东南亚人力），逐渐变得不再适用。阿拉伯非产油国的劳工迅速填补了这个空白。因此，尽管石油价格下跌，产油国收入萎缩，但在阿拉伯产油国打工的阿拉伯非产油国劳工却不断增加。目前，在许多阿拉伯产油国（如阿联酋、科威特），其本国人已实际上成为他们自己土地上的"少数民族"，外来人口大大超过了他们本国公民的人口。

目前海湾六国的人口总数为 4 235 万（2014 年），其中近 3 000 万为当地居民，1 000 多万为外国人。六国中当地居民占多数的国家有三个：巴林 55%；阿曼 70%；沙特 70%。外国人占多数的三个国家是：科威特 69%；卡塔尔 70%；阿联酋 80%。此外，利比亚也一度是外籍劳工的吸纳大户，在海湾六国和利比亚这七个阿拉伯产油国找工的外来人口总和接近 1 500 万，其中绝大部分是阿拉伯非产油国来的人。据埃及有关部门的统计资料显示，目前埃及常年在国外工作的劳务人口达 860 万，每年汇回国的侨汇收入高达百亿美元，已成为埃及最大宗的外汇收入项目。同属劳务出口大户的也门，仅在沙特阿拉伯一国即有 200 多万劳工（海湾战前），海湾战争时由于也门的"中立"态度引起沙特阿拉伯的不满，许多也门劳工被遣返回国，但近年随着也门与沙特关系的改善，也门在沙特等海湾国家的劳工数量正在恢复之中。

◆ 三等公民

尽管同是阿拉伯兄弟，但外来的阿拉伯劳工仍远远不可能与当地人享受同等的权利。除了当地人普遍享受的津贴、补助、医疗保险等各种各样的公民待遇外，外来的阿拉伯人还受到一系列"区别对待"。比如做同样的工作，外来的阿拉伯人肯定只能拿到较少的工资；外来的打工仔们没有迁移的自由，他们的有效身份证件一般都被雇主代为保存；没有选举及表达政治思想等的权利；一经发现有所"不轨"，立即会被遣送回自己的国家；等等。即使在外来劳工的子女就学方面，差别也是非常明显的：上世纪70年代后，随着外籍工人的大量涌入，大批外籍儿童进入沙特学校就读。为此，沙特政府专门做出有关规定，即海湾国家和也门来的外籍劳动力的子女可以享受沙特公民的权利，其它外藉劳动力的子女则须根据配额入学，即小学可以无限制、小学升初中的配额是15％、初中升高中则仅为10％。

多数阿拉伯外来劳工都是怀着兴奋的心情来到阿拉伯产油国打工的，光是这里的工资与本国工资差距的悬殊就着实会让人激动一阵子。但来了产油国后，用不了多少时间，他们就会有所变化，比较的对象慢慢开始转向当地人的身上，于是不满就产生了。同是阿拉伯人为什么我就要受到种种"歧视"？心理上的不满再加上由于生活单调及外来劳工大多是单身闯荡，使一些外来的劳工铤而走险，以发泄心中的不满。1979年麦加清真寺发生暴力劫持事件，参与者中即有20％的阿拉伯外来劳工，他们分别来自也门、埃及、伊拉克、摩洛哥等。

阿拉伯籍的外来人力，大部分是单枪匹马，但也有一小部分人携带家眷，他们有些担任专门职业，其房舍、家人的旅费和小孩的教育费都由雇主负担（通常是政府）。最引人注目的就是约旦籍的巴勒斯坦人，他们时常在雇主国自然形成一个人口社区。事实上，在科威特的约旦籍巴勒斯坦人中，有45％是在科威特当地出生和成长的。他们的家园被以色列长期占领，是无家可归之人，只好暂时要其家人到其工作的地方共同生活，于是自然形成了一个社区。巴勒斯坦人在经济结构中居于中、上层，政治要求也比较强烈。

◆ 推不动的"就业本地化"

上世纪80年代中期以来，由于石油价格持继低迷，阿拉伯产油国的经济深受影响，加上海湾危机和海湾战争使科威特、沙特等国着实"破了一大笔财"，这些国家的政府财政普遍趋于紧张，不得不纷纷采取各项紧缩措施。于是，外籍劳动力的大量存在就越来越成为一件令人十分尴尬的事情。一方面，大量的外籍人员在从政府到社会服务业的社会各阶层工作，另一方面，当地国家的失业率却居高不下，不断增长着的大学、中学毕业生日益面临失业问题。例如，阿联酋的失业率在近年不断上升，最高时已达到18％，尤其是年轻人的就业问题日益突出。为此，沙特阿拉伯、阿联酋等国政府开始着力推动"就业本地化"政策，鼓励国营、民营企业优先雇用本国人。这些国家的政府开始对外籍人员进入其国内劳动市场设置一定的限制措施，规定招收外籍人员的本国企业必须负担其医疗保险费用，外籍人员在水、电等基本消费方面必须支付更高的费用，不得再享受本地人的福利待遇，以及各企业应逐步增加雇佣本国人的比例等等。

这些措施的实行虽然增大了本地用人单位的经济负担，也增加了外籍人员的生活开支，却并没有遏制住外籍劳工流入的速度。据沙特阿拉伯利雅得商会的一项调查显示，目前沙特国营、民营企业新雇用的员工仍然大部分是外国人，沙特人只占18％左右。在阿联酋进行的调查也显示了基本相同的结果。这些调查结果不能不使当地政府感到震惊。

其实，"就业本地化"政策难以取得成效并不是偶然的。

首先，所谓"冰冻三尺，非一日之寒也"，这些国家对外籍劳动力的依赖已经根深蒂固。以阿联酋为例：阿联酋是世界上利用外籍劳动力比例最高的国家，也是涉及领域最广泛的国家，从工业、贸易、建筑、服务业、教育、金融、保险、警察、军队到政府机关，到处都有外籍人员的存在。据统计，即使在阿联酋政府部门中工作的外籍人员也能占到35%，银行业从业人员中外籍人员占88%，保险公司则基本上是外籍人一统天下。阿布扎比是阿联酋最大的酋长国，20世纪90年代时其居民中外籍人占71%，更为令人触目惊心的是在阿布扎比26万本地人中，正式就业的只有4 451人。而在整个阿联酋的私营企业中，本地人口仅仅能占2%左右。

其次，海湾产油国的高生活水平导致本地人就业的困难。比如阿联酋本国工人最低月工资为750美元，而外籍人员的最低工资为400美元，一些来自菲律宾等国的家庭女佣工资每月仅仅为125美元。这使当地私营企业更愿意雇佣外籍人员，以保持生产的低成本，同时本地人员也不愿意从事低收入的工作。外籍劳工不但工作时间长、工资低，而且辞退起来也比较容易，不会给他们带来法律上的麻烦。更重要的是，外籍人员受雇主的控制，一旦被辞退，在当地的居留便成为非法，所以比较好管理，而辞退一名本国工人不仅要支付数目可观的赔偿费，而且还要履行复杂的法律手续等等。

第三，本地人就业观念难以根本改变。在本地人择业方面，传统的观念仍然十分强大。一种工作是否体面仍然是选择职业时首先要考虑的重要因素之一。一个沙特人，一个科威特人，或者一个阿联酋人，他在选择就业时可能宁愿接受低得多的工资而去从事他认为会更受社会尊敬的职业。在他们心目中，开出租车要远远比做诸如车工、钳工或管道工之类的熟练工人更为体面。因此，在这些国家举办的众多的职业培训中心内常常发生一些类似的让人哭笑不得的事情，即在职业训练结业时中心免费发给结业者们的一套套职业工具，往往立即被这些人廉价卖掉而用作购买出租车的款子。尽管谁都知道，当一名钳工或管道工什么的要远比做一个出租汽车司机能赚更多的钱，但他们出于体面的考虑仍然宁愿开出租汽车。当地人还普遍希望在政府机关工作。当然，"衙门"内的工作自有许多方便优越之处，如工作时间短、工作轻松、休假时间长、工资高等等。

此外，海湾国家还普遍存在很高的文盲率。尽管当地政府普遍为本国人在国内外的求学提供非常优越的条件，但在阿联酋拥有大学文凭的一度只有4.7%，而沙特小学普及率也仅76%，中学普及率46%。因此，文盲率居高不下，上世纪90年代初沙特的文盲仍高达总人口的一半左右。此外，在海湾国家的人口结构中，年轻人占很大的比例，15岁以下的青少年占总人口的一半左右。年轻人从小生活在富裕的环境中，受教育的热情不高，而且普遍鄙视职业教育，缺少劳动观念，从心理上就不愿意自食其力，即使勉强就业也多不具备实际工作的资格和能力。

第六部分

王室、家族及其日常生活

在阿拉伯世界的许多地方，家族仍然是整个社会结构的中心，对家族的忠诚是一个人所有义务中最主要的义务。家族成员参与家族中的重大事务的决定，但对问题的最后决定权掌握在父亲、父辈或者家族大家长的手里。在家族问题的决策过程中，一般很少征求妇女的意见。

在许多阿拉伯国家，以父系血统为纽带的大家庭非常普遍。在这样的大家庭中，人们不同程度地保持着传统的观念，即让个人幸福是大家庭的责任，而大家庭的幸福则是各个成员首先应关心的事情，即所谓"人人为大家，大家为人人"。多年来，家庭的小型化趋势高速发展，子女成婚后迁出大家庭独门独户生活的现代小家庭越来越多。但是，家族作为社会结构中心的地位仍难以动摇。如果一个小家庭的家长死了，这个小家庭会很自然地并入该小家庭家长所属的大家庭或家族之中。死者的孩子们通常要加入到其祖父或其在世的年长兄弟户内。一个远房亲戚接受家族内幼小成员的事是比较普遍的，一个单身男人或一个小家庭的家长更可能担负起对其家族内贫穷成员（如堂兄弟姐妹等）及其子女们的抚养责任。

在这样的传统社会中，一个人的社会地位一般要取决于他的家庭及其出身的家族、部落甚至地域。当然，这种情况也正在随着时间的推移而不断改变，例如是否受过高等世俗教育正越来越被重视。但是直到现在，家庭—家族—部落出身仍然是决定任何一个人社会地位的重要因素之一。在沙特阿拉伯，每当一位新任命的高级政府官员要配备其办公班子的成员时，他会尽可能地挑选本家族、本部落或本地区出身的人，将之安插在自己的身边，而忽视这些人的受教育程度和工作能力等等。

沙特家族透视

沙特阿拉伯是世界上为数不多的以家族名称命名的国家,沙特家族也是阿拉伯世界最典型、保存家族资料最完整的家族之一。沙特家族有着悠久的家族历史,仅从1744年领导该家族与伊斯兰教改革家瓦哈卜结盟并创建第一个沙特家族统治国家的穆罕默德算起,沙特家族在半岛的统治时断时续、时盛时衰地存在了250多年。在两个多世纪中,沙特家族政权下的埃米尔位置始终在穆罕默德的儿子们和孙子们,以及兄弟们中间传递,留下复杂的、难以数计的众多分支。

◆ 庞大的家族分支

目前,在沙特家族中除继承了正统统治地位的阿卜杜·拉赫曼——沙特阿拉伯王国开国君主阿卜杜·阿齐兹国王的父亲——这一支外,仍有四大分支起着重要的作用:

第一支是卡比尔分支。它是阿卜杜·阿齐兹国王父亲的兄长之一、沙特家族历史上第12任埃米尔沙特·卡比尔的后裔。由于其祖年长于现处正统地位的阿卜杜·拉赫曼这一支,卡比尔分支的家长在家族文献中的排名仅次于家族大家长——国王。

第二、三分支分别是贾卢韦和阿卜杜拉·特尔其分支。这两个分支源于阿卜杜·阿齐兹国王祖父的两个弟弟贾卢韦和阿卜杜拉。其中贾卢韦的儿子阿卜杜拉·贾卢韦是当年曾随同阿卜杜·阿齐兹国王成功奔袭利雅得的40勇士之一,为现代沙特阿拉伯王国的建立立下汗马功劳。王国建立后,阿卜杜拉·贾卢韦被任命为东方省的埃米尔,死后其长子沙特继位。沙特之后又传给了其弟阿卜杜·穆赫辛。

第四分支是森纳扬分支。这是沙特家族中的一个老牌旁支,源于当今沙特王国鼻祖、1765年去世的穆罕默德·伊本·沙特的兄弟。这一支系曾出过沙特家族的第九任埃米尔(1841—1843),后移居奥斯曼土耳其。沙特阿拉伯建国后,其后裔阿赫迈德·森纳扬返回沙特,并成为阿卜杜·阿齐兹国王的知己。1919年，阿赫迈德曾陪伴当时的费萨尔亲王访问英国和德国。1932年，费萨尔亲王再访欧洲和苏联回国途经土耳其伊斯坦布尔时，曾拜会过阿赫迈德（卒于1921年）的遗孀，并邀请她和她的女儿依法特回利雅得。不久，当依雅特母女来到利雅得时，费萨尔娶依法特为妻。后来，依法特成为费萨尔颇宠信的妻子之一，对费萨尔有过很大的影响。在费萨尔为国王的时代，依法特以"王后"著称，受到特别的尊敬。她不仅对公共事务感兴趣，而且对经商也很积极。她在吉达拥有一栋办公和公寓楼，号称"王后大厦"。跟随依法特母女回国的有一大批森纳扬的后裔，从此以后，森纳扬分支在沙特家族中的影响大大加强。

◆ 结婚300多次的国王

现代沙特王国的创建者阿卜杜·阿齐兹国王一生结过300多次婚，其中包括那些婚后短时期内即休妻的婚姻。老国王是一个杰出的军事家和政治家。就他来说，"轻易地离婚和结婚扮演重要的政治角色"。他娶半岛上重要部落首领和名门望族的女儿们为妻，甚至娶敌对的大家族首领的寡妇为妻以消弭两大家族的世仇。阿齐兹国王婚姻上的做法符合《古兰经》的规定，因为他从未同时拥有过五个妻子。当然也有极少数的婚姻是长久的，如老国王与著名的苏德里家族的哈桑·宾特·苏德里的婚姻，她为他生下七个王子。广泛的通婚将一些主要的家族势力纳入沙特王族集团之中，大大扩展了沙特家族的统治基础，有助于沙特阿拉伯王国的建立、统一和稳定。

◆ 亲王大军

阿卜杜·阿齐兹国王一生结婚无数次，留下为数众多的子女。据说仅拥有法定继承王位权力的王子就有40多个。目前，沙特家族及沙特阿拉伯王国的实际权力就掌握在阿齐兹国王的儿子们手中。这些人加上他们的后代，构成沙特阿拉伯多达4 000~5 000人的亲王大军。亲王们都拥有自己的府第，享受特殊的待遇，并根据他们各自的资历每人每月从王国石油收入中领取丰厚的王室俸禄。

第六部分　王室、家族及其日常生活

◆ 家族"董事会"

沙特家族和王室最高权力机构是王室长老委员会。有人将沙特家族这个复杂的家庭联合体形容为一个庞大的托拉斯，王室长老委员会就是这个大托拉斯的董事会。王室长老委员会不是一个常设机构，也没有固定的会期，但它常常召集非正式的会议，调解王室和家庭内的纠纷，商讨重要国事。当国家处于危急或沙特家族的统治遭到威胁——如王位不能顺利更迭等——的时刻，王室长老委员会常常也吸收少数关键的宗教领袖、甚至非王室政府人员参加会议。王室长老委员会的决定以最高法律决定"法特瓦"的形式发布，任何人（包括国王）均不得违抗。

对于王室长老委员会来说，家族的生存压倒一切，王室成员的个人利益则是次要的。因此，他们评估王室、王国最高领导人的能力、品质等，凡其言行威胁到家族的统治或安全便予以无情淘汰，并使那些被证明或被认为无能的王子远离权力中心。1964年，当时的国王沙特昏庸无能、挥霍无度，王室长老委员会遂发布法律决定将他罢黜。王室长老委员会的成员没有定数，通常由王室中年长和德高望重的主要成员组成。上世纪80年代时曾有"六人核心"之说，即阿卜杜·阿齐兹国王在世的五位兄弟穆罕默德亲王、沙德亲王、阿卜杜拉亲王、阿赫迈德亲王、穆萨伊德亲王以及阿卜杜·阿齐兹国王在世的儿子中最年长者穆罕默德亲王构成。前任国王法赫德的兄长穆罕默德亲王曾积极参与上世纪60年代初"倒沙特、立费萨尔"的活动。费萨尔成为国王后，他又以对政治不感兴趣为由将王储位让给了同母兄弟哈立德。在此后的法赫德和阿卜杜拉乃至苏尔坦亲王等的王位继承排名问题上，穆罕默德均起重要的作用。因此，穆罕默德素有"国王制造者"之名。

◆ 家族未来的希望——孙字辈

阿卜杜·阿齐兹国王的孙子们，目前在家族和王室中尚未处于显要的地位，当然也有少数正在靠近权力的中枢。在王国的第三代亲王中，前国王费萨尔的儿子们表现突出，其子沙特亲王从1975年起就一直担任王国外交大臣，是沙特阿拉伯政府——大臣会议中最年轻的亲王。费萨尔的另两个儿子分别担任国家情报部门首脑和装甲兵司令。此外，大臣会议第二副首相兼国防部长苏尔坦亲王的儿子班达尔亲王长期担任驻美大使，在政治上也非常活跃。

年轻一代亲王的择业明显受其父亲的影响，或者说在很大程度上由他们的父亲决定。例如，前国王费萨尔从小酷爱政治，他要求除其长子外的所有儿子们都接受西方教育并投身政界。前任国王法赫德则更愿让自己的儿子们从事商业和经营，法赫德的儿子是沙特及阿拉伯世界知名的大亨。此外，前任国王阿卜杜拉的儿子多是国民卫队的军官，使得国民卫队成为其家系的重要领地。而苏德里一系亲王的儿子们则大多在军界、国防部或情报部门任职。

◆ 成功的亲王商人

年轻一代的亲王们在经商和经营企业方面享受国家的各种优惠和照顾，如提供无息贷款、获得赠款以及免除税收等。因此，更多的年轻亲王们投身于赚钱的行列。他们有的购买私营企业、银行的股份，有的从事房地产业，有的则成为外国大公司的代理人。沙特年轻一代的亲王中亿万富翁比比皆是。

前任国王法赫德的儿子穆罕默德·本·法赫德是沙特阿拉伯最大的私营公司的老板。他于1973年创建比拉德经济贸易公司，总部设在首都利雅得。目前，穆罕默德亲王完全或部分控制着遍布全国的近20家大公司，经营业务包括建筑、机械、航空、化工、电气、服务业等等。比拉德公司与外国公司合作承建沙特阿拉伯上世纪70年代中、后期发展计划中的许多大型工程项目，对"复兴沙特阿拉伯民族经济"、开创民族工业做出重要的贡献，自己也赚的盆满钵溢。穆罕默德亲王的公司承建的重要项目包括：沙特首家水泥厂、化工原料厂、炼油厂、水泥管道厂、建筑材料预制件厂、冶金厂、绝缘材料厂以及大型旅馆、商业中心和超级市场等等。穆罕默德亲王精明干练，在他的周围集中了一批留学美国等西方国家的沙特青年人，其得力助手法赫德·赛米特就是一个曾在美国留过学的经济管理专家。在穆罕默德开创其商业事业的最初十多年中，他严格将公司的业务集中在沙特阿拉伯国内。他常常对人说："在国内投资不仅有利可图，还可以繁荣国家的公用事业等等。"但在上世纪80年代后，亲王的公司在"保证利润的情况下"也开始对外国进行投资，目前他的公司已发展成为阿拉伯世界知名的跨国公司之一。

◆ 苏德里七王兄弟

沙特王室成员庞杂，以阿卜杜·阿齐兹国王妻子出生的部落及家族为背景，王子们亲疏有别。一般来说，出自同一个母亲或母亲来自相同的部落、家族背景者，关系要更加亲近。其中，"苏德里七王"是非常著名的"亲王集团"。

所谓"苏德里七王"是指阿齐兹国王与其爱妃苏德里家族的哈桑·宾特·苏德里所生的七个王子。这七个王子是沙特王国掌握实权的集团。七王中的长子法赫德是前任国王。次子苏尔坦曾任王国政府第二副首相兼国防大臣，是法定的排名第二（位于王储阿卜杜拉之后）的王位继承人，2011年在王储位上去世。三子拉赫曼受过西方教育，从1982年起就担任王国国防部大臣级副大臣。四子纳伊夫曾任首都利雅得副省长、内政部副大臣，1975年起接替其兄法赫德任内政大臣，2012年也在王储位上去世。五子特尔其，早年从政，但于1978年辞去国防部副大臣职，是七兄弟中唯一没有正式职务者。六子萨勒曼，30多年来一直担任首都利亚得省省长，2012年接任王储。利亚得省长职位使他得以广泛接触沙特王室、家族及其国内各阶层的人。据说，他聪明干练，人缘极佳，是沙特王室和家族中最受尊敬的亲王之一，也是法赫德国王的心腹，常常伴随年迈的国王在国内外旅行。2015年初萨勒曼接任沙特国王。七子艾哈迈德也受过西方教育，曾出任麦加省副省长。

◆ 兄终弟及制度

在家族大家长——王位的继承方面，沙特王室的做法在阿拉伯知名的大家族中也是很典型的。1933年，现代沙特阿拉伯王国的开国君主阿齐兹首先确定王储制度，立自己在世年龄最长的儿子沙特为王储。1953 年，老国王临死前留下遗命，希望费萨尔亲王在王储沙特亲王之后成为国王，从而又开兄终弟及的先河。1967 年，费萨尔国王任命法赫德亲王为王国政府——大臣会议第二副主席，这又造成事先确定王位第二顺序继承人的惯例。从阿齐兹国王开国至今，王位已经多次和平更迭。期间，1964 年"家族董事会"——王室长老委员会压服当时的国王沙特，迫之将权力和王位让给王储费萨尔亲王。1975 年，费萨尔国王被其亲侄子、也叫费萨尔的亲王刺死，王储哈立德继位，王室长老委员会又挑选费萨尔国王一手培养起来的法赫德亲王为王储，法赫德两位年纪较长的哥哥纳赛尔亲王和沙德亲王声明放弃继承王储的权力。

◆ 王位继承风云

前不久，沙特王位刚刚经历了最新一次更迭。2015 年 1 月 23 日，沙特国王阿卜杜拉病逝，王储萨勒曼即位，副王储穆克林成为王储，新国王引人注目地任命其侄子、第三代亲王穆罕默德为副王储。实际上，长期以来，沙特王室内部权力继承能否顺利进行，一直是沙特国家政治生活中的重要变数。经老国王去世后几十年兄终弟及的王位传承，在有王位继承权的王子中逐渐形成了两大权力集团：一个是以 2005 年去世的法赫德国王为首的苏德里系集团。苏德里系一共有 7 位第二代王子，同父同母，其母出自阿拉伯半岛最大的苏德里家族。法赫德为老大，2011 年去世的苏尔坦王储是老二，2012 年去世的纳伊夫王储是老四，现任国王萨勒曼为老六，刚刚被任命为副王储的穆罕默德是苏德里老四纳伊夫的二儿子。显然，几十年来，沙特的王位始终与苏德里系近在咫尺。另一个是以刚刚去世的国王阿卜杜拉为首的沙马尔部族派系。阿卜杜拉国王的母亲是占沙特全国人口三分之一的贝都因部族酋长的女儿。在 2005 年 8 月正式就任国王前，因法赫德国王中风，阿卜杜拉已于 1996 年以王储身份实际执掌大权。2005 年正式登基后，他撤换了长期担任驻美大使的苏德里系第三代王子班达尔，由 1975 年去世的费萨尔国王的儿子接任。2006 年，他宣布成立决定王位继承的王室效忠委员会（由 35 位第二代王子及其代表组成），打破苏德里系垄断王位的意图明显。阿卜杜拉无同母兄弟，2010年任命自己的长子穆塔布出任其长期兼任的国民卫队司令，被广泛认为是在培养接班人，并先后将自己的几个儿子放在重要岗位上。2014年3月，阿卜杜拉又以时任王储萨勒曼身体不好为由，破天荒任命第二代王子中最年轻的穆克林为副王储，彻底断绝了苏德里系老七艾哈迈德亲王继萨勒曼之后出任国王的可能性，艾哈迈德随即辞去内政大臣职位，将之让予出身同门的亲侄子、现任副王储穆罕默德。穆克林的母亲出身卑微，个人在王室的威望和影响力有限，出任副王储被广泛视为阿卜杜拉国王阻断苏德里系接班、为自己长子穆塔布过渡之举。王室内部权力斗争空前激烈。目前，新国王身体多恙，时日无多，但普遍认为穆克林王储继任后可能最终成为过渡性人物，直到苏德里系第三代王子默罕默德·本·纳伊夫（现为副王储）接任国王，王室内部斗争方可告一段落。

◆ 一视同仁的国王的葬礼

在世界各国，每逢国家元首或国王逝世，一般都要举行隆重的国葬仪式，甚至耗费巨资、修建宏大的陵墓或纪念堂馆，树碑立传。然而，在阿拉伯国家，由于伊斯兰教的缘故，人们在丧葬方面却是人人平等的。比如沙特阿拉伯前国王哈立德的葬礼就是严格遵循伊斯兰教的规定进行的，既简单而又朴素，同平民百姓的葬礼几乎没有区别。这不能不引起许多人的思索。伊斯兰教认为，无论你是高高在上的万乘之君还是躬耕乡里的平头布衣，只要你是一个正直、虔诚的穆斯林，真主所给予的礼遇就都是一样的。

按伊斯兰教的规定，亡人的面容和身体要清洁美观。因此，沙特王国前国王哈立德的遗体也要参照先知在世时的样子，修面、剪短唇须、修胡须、理掉过长的头发，其它部位过长的毛发也要剪短或剃掉，此外还要修剪手指甲和脚趾甲，清除眼、鼻、耳中的污垢。据说，这样做的指导思想是：一个人来到这个世界上是干干净净的，回去时也不应带任何尘世的脏物。最后，遗体要用清洁的温水（有可能时要用渗渗泉的水）洗两遍、冲一遍。洗时，遗体放在特制的木床上，用水壶浇洗，不能放在浴缸里洗。

国王的遗体由他的叔叔洗净擦干后，喷洒一些名贵的香精，其目的不是为了世俗的装饰，更不是为了显示其身份的特殊，而是为了驱虫，消除遗体的气味。接着，遗体要用龙涎香及檀香熏过的白布包裹起来。裹尸布叫"克凡"，一般是16支纱织成的纯棉织物，不经过任何化学处理。其它纤维织物如丝绸、呢绒、麻布等亦可作裹尸布，但不能用合成纤维织物。男裹尸布分三件：一件是内衣叫"葛米苏"，不能用针线缝制，而是将一块约两米长的单幅布先对折，再在打折的一头顺经线剪一条缝。像个大马甲一样，能将头套进去，披在身上，长到膝盖，可将从肩到膝的身体全遮起来；第二件是"小卧单"，长可从脖子到脚腕，宽可包裹尸体两周；第三件是"大卧单"，把尸体从头到脚都包住，两头余上一尺多，国王的叔父带几个至亲作助手，按次给国王的遗体套上大马甲，裹上小卧单、大卧单，包好后不捆带子不打结，平放在尸匣之中，上面盖上绣有"万物非主，唯有真主"的黑色帷幔，停放在香烟缭绕的王宫大厅里。裹尸的用意是遮盖遗体，它不同于世俗衣着，因此用不着锦罗绸缎，最普通最廉价的白棉布就可以。从这里我们可以看出伊斯兰教教义中质朴的内涵。世俗的穷奢极侈只能被看作是对一个纯洁灵魂的亵渎。

伊斯兰教认为，即使最虔诚廉洁的穆斯林也不能保证没犯过任何错误。所谓人非圣贤孰能无过。因此，除了烈士和孩子外，穆斯林在下葬前都必须进行赎罪仪式，这种仪式叫做"菲迪耶"。其做法是由死者的家属或主丧人从死者的积蓄中拿出尽可能多的钱物，赠送给衣食无着的穷人，求得安拉对死者的赦免。穆斯林在做这一仪式时是极其虔诚的，因为这是他跨入天国大门前的最后一次机会。赎罪的方式各教派不一样，少数教派视《古兰经》为无价之宝，采取转经的方法求得真主宽恕。沙特王室则是采取施舍钱财、周济穷人的办法来赎罪。可是，国王周围乃至整个沙特王国内已经没有穷人了，那么向谁施舍呢？问题不难解决，沙特王国虽然没有穷人，但其它阿拉伯国家和伊斯兰世界里穷人还是比比皆是的。于是，哈立德国王的治丧委员会拨出大笔款项，向一些阿拉伯国家捐赠学校和医院，资助慈善事业，救济难民、投资修路、建桥、打井，解决部分落后地区的交通问题和干旱地区的饮水困难等等。他们似乎要把真主的爱洒向全

第六部分　王室、家族及其日常生活

体穆斯林。听说仅过去的北也门就从哈立德国王治丧委员会得到了20所小学、10所中学。在此期间，沙特政府还对全国在押犯人实行大赦，并释放一批轻刑犯人，以此来显示真主所赋予穆斯林的仁慈、宽宏和大度，"以真主所赐的天赋人格去温暖那些被恶魔异化了的心灵"。据说，哈立德国王在弥留之际，没有来得及向人们请求原谅，因此在葬礼上由新任国王法赫德向前来送葬的人代求原谅。这也是赎罪仪式的一个组成部分。穆斯林们不愿意把尘世上的不愉快带到另一个世界中去。

　　国王的遗体放在尸匣内，由他最亲近的人轮流扛在肩上，缓缓向利雅得郊区走去，后面的送葬行列长达数十万人。全城一片肃穆，那场景实在是感人至深。人们好像不是在给一个君王送葬，而是在送走一个他们所最敬爱的兄弟。送葬的队伍走出王宫，走上大街，广播中放颂着《古兰经》经文，街道两边站满妇女、儿童。人们的口中不断地重复一句话："我们都来自真主，都要回到他那里去"，并在悲哀的唏嘘声中，向已故国王投去诀别的一瞥。这一瞥中含着多少深情，多少无尽的哀思。传统的白色阿拉伯大袍是送葬队伍的主色调，没有挽联挽幛，没有花圈花篮，只有一片白色，这更增加了葬礼的庄严气氛。一小时后，庞大的送葬队伍来到沙特家族的墓地，在陵园外的荒地上举行祈祷和诀别仪式。尸匣放在地上，盖在尸体上的幔帐被拿掉，国王的遗体朝着天空横卧着，几十万送葬的人也面向西排成一行，全脱掉了鞋子，由利雅得大清真寺教长带领，为已故国王祝祷。祝祷的内容主要是《古兰经》的开端章及有关章节、慰灵词和有关祷告词等等。最后大家共同默念："我们都来自真主，都要回到他那里去。"三遍后，众人与死者诀别，并祝他的灵魂升到真主的宫阙。祝祷默哀仪式不到十分钟就结束了，遗体被抬到新挖的墓旁准备下葬。

　　伊斯兰教主张死者以入土为安，水葬亦可。因此，穆斯林如死在漂洋过海的船上，则将尸体投入大海；死在陆地，就挖个坑掩埋尸体。但是，不论土葬还是水葬，都不宜停尸过久。哈立德国王的墓位于沙特历代国王墓的后边，也是头北脚南，面向着圣城麦加方向。据说，这里是沙质土，较松散，所以墓穴的墙壁和顶用当地常用的乳白色沙岩石块砌成，宽1米、长2米、高1.5米，墓穴的地上铺上细软的黄沙。整个墓穴位于地下约两米深处，上面覆上土，然后形成一个高一米多南北走向的椭圆形坟墓。

伊拉克家族的宠儿

谁都不会怀疑，萨达姆·侯赛因是伊拉克的"无冕之王"，萨达姆家族在伊拉克政治中也具有决定性的影响。萨达姆有两个儿子，即长子乌代和次子库赛，萨达姆家族未来的希望将寄托在这两个人的身上，其中特别是乌代，被称为"家族的宠儿"。

1996年12月12日晚上，由伊拉克总统萨达姆的长子乌代控制的伊拉克《青年电视台》突然中断正常节目，播出一项总统府声明。总统府声明称，当天晚上当地时间七时左右，乌代驾驶私人汽车途径巴格达市中心曼苏尔大街时突然遭到一伙武装恐怖分子的袭击。汽车多处被击中，乌代受了轻伤，立即被送往附近的伊本·希纳医院接受治疗，目前已没有生命危险。但是据传，乌代身体的下部已经在国内做过手术。美国情报部门认为，目前乌代的下半身正处于瘫痪状态，"并有因坏疽失去一条腿的危险"。显然，乌代的枪伤虽不会危及生命，但恐怕也确实不是个小问题。人们注意到，乌代这次遇刺已经是海湾战争结束以来的第三次了。1992年，乌代在驾车前往其位于巴格达以北的牧场时也曾遭到过枪击，结果手臂受了轻伤。乌代为何连遭暗算呢？这要从萨达姆家族近年来的内部争斗说起。

◆ 大家长的长子

乌代是萨达姆的长子，1996年时32岁，喜欢出头露面。伊拉克人认为他是一个"被宠坏了的孩子"。乌代平时酷爱汽车和雪茄，据说他有数不清的各种高档轿车。伊拉克圈内人士称，乌代在全国各地约有70处存车库，上百辆豪华汽车，包括约70辆各种最新型号的奔驰和48辆型号齐全的劳斯莱斯轿车。没事的时候，驾着自己心爱的各种型号的豪华轿车在伊拉克高速公路上飞驰，是他最大的嗜好之一。

乌代性格暴躁，做事一向无所顾忌，从小在家中姐姐妹妹就怕他。在其刚成年时，一次埃及总统穆巴拉克的夫人苏姗访伊住在总统府内。由于晚上总统府附近的街上有青年人大声喧哗，乌代认为有损国格，于是冲出门去将一喧闹的青年打成重伤。1988年时，24岁的乌代已担任伊拉克奥林匹克委员会主席，为给母亲出气他曾一时性起，用棍棒将父亲的一名贴身亲信活活打死，使舆论哗然。萨达姆当时曾公开表示将严惩乌代，并将之交付审判。但后来在"死者父亲及众人上书求情"后，萨达姆将乌代"流放"到瑞士作为惩罚。

"流放"归国后的乌代继续负责青年事务，并在海湾战争后开始被父亲委以军事要职。1994年，乌代受父命组建"萨达姆敢死队"，最初招募的人员中有许多是来自国家开办的孤儿院的青年。这些青年家族、部落、部族等传统观念薄弱，根正苗直，很快即被训练成一支只忠于萨达姆和乌代本人的准军事部队。此后不久，该敢死队又面向学校和学院招收考试成绩优秀的兵员，以确保队伍的高素质。在乌代的控制下，萨达姆敢死队平时的训练非常艰苦、甚至近乎残酷。这支敢死队总人数已近3万人，已成为一支事实上的特种部队，"可以在很短的时间内到达巴格达市内的任何街区"。据靠近伊拉克统治层的人士称，由于乌代飞扬拔扈、以萨达姆接班人自居，结果导致萨达姆家族内部磨擦频生，包括军队高级将领在内的统治集团上层也多流露不满，这使萨达姆不得不常常亲自出面约束自己的长子，以平息各方面的抵触情绪。

◆ 家族内部的派系

海湾战争惨败后萨达姆四面楚歌，美国等西方国家对伊实行全面制裁，国内反对派则群起呼应。在此情况下，萨达姆为维护其统治地位，开始大大加强自己家族对政权的控制，伊拉克党、政、军要职均由萨达姆家族的成员担任。于是，伊拉克统治集团内逐渐形成萨达姆家族的三股势力：由萨达姆同母异父三兄弟组成的"兄弟派"（即内政部长瓦特班、公安局长萨卜阿维和伊驻联合国日内瓦机构代表巴尔赞）；由同为提克里特人、并与萨达姆家族有亲缘关系的两女婿组成的"女婿派"（即伊工矿部长兼军工署署长侯赛因·卡迈勒和总统特别卫队队长萨达姆·卡迈勒）；由萨达姆两个儿子的势力组成的"太子派"。海湾战后初期，"兄弟派"权势显赫，巴尔赞在日内瓦"安家"，兼管着伊拉克数额巨大的国外资产，并经常作为萨达姆的特使出访阿拉伯国家。1994年时，"兄弟派"的势力和影响达到顶峰，与"女婿派"和"太子派"形成尖锐利害冲突。为缓和矛盾，巴尔赞将自己的女儿许配给乌代为妻，但没想到两位新人尚未度完蜜月，新娘就因"忍受不了乌代的粗暴行为和种种坏习惯"而提出离婚，并在办完手续后回到父亲在日内瓦的家中。1995年5月，内政部长瓦特班因处理一部落暴乱不力被撤职，公安局长萨卜阿维也遭软禁，"兄弟派"明显失势。

◆ 枪伤老伯

乌代在大庭广众之下开枪打伤自己的叔叔、萨达姆同母异父兄弟已是尽人皆知的事情。一位阿拉伯某刊物的记者在采访叛逃到约旦首都安曼的萨达姆女婿卡迈勒时，他详细谈到事件的过程。据卡迈勒说，乌代和其叔叔瓦特班都在搞肉类生意。1995年8月的一天晚上，乌代手下肉类代理人卡萨比在自家豪宅举行社交聚会，瓦特班家有多人参加。在此期间，瓦特班的一个侄子艾米尔与卡萨比就生意的事发生口角，激烈争吵。这时，乌代正在另一个地方举办通宵晚会。凌晨3时，卡萨比气急败坏地跑到乌代聚会处，报告了与瓦特班家人冲突之事。已有些酒醉的乌代立刻火冒三丈，马上集合自己的人马，全副武装赶到卡萨比家。冲进院后，乌代手持一挺B·K·C轻型机枪，向在场的人就是一通乱扫。人们纷纷跳到卡萨比住宅旁的河里逃命，结果造成许多不会游泳的人死亡。这次事件共有26人伤亡，其中包括在河里淹死的两位妇女。受伤的人中包括总统保卫部门的两位高级人士，萨达姆的同母异父兄弟瓦特班（已改任总统顾问）则双腿中弹，左腿被打断，右腿骨折。事件发生后，乌代照常出席各种官方活动，照样奢谈文学和法律，照样到处批评政府内违法乱纪的人，此事最后不了了之，并未受到任何追究。

◆ 姐夫出走

随着"兄弟派"的逐步失势，萨达姆女婿卡迈勒迅速上升。1994年9月，卡迈勒被授予上将军衔。1995年6月又兼任军工署署长的要职，并经常代表萨达姆为一些重要的建设工程剪彩，出尽风头。乌代一直在旁冷眼观看着姐夫卡迈勒的一步步荣升，并派人暗中监视以掌握姐夫的一桩桩劣行。乌代发现，卡迈勒参与数额巨大的非法集资案，事发后又掩护涉案人逃亡国外，将大部分钱财攫为己有。卡迈勒还在其负责的军火采购中通过高报价贪污公款，并将非法所得转往国外。乌代多次向萨达姆密告其姐夫的劣迹，并使萨达姆对卡迈勒产生怀疑。在临叛逃前，卡迈勒与乌代的矛盾已非常尖锐，卡迈勒惶惶不可终日，深感自己已失去昔日受宠的地位。1995年8月7日卡迈勒出逃前的晚上，在一次隆重庆祝先知诞辰的集会上，乌代的亲信与卡迈勒的姐夫（特种保安部队军官）发生口角，乌代与卡迈勒随后也参与争吵，双方最后拳脚相加，并威胁动用武器。据说，乌代曾指着卡迈勒恶狠狠地威胁说，明天就撤你的部长职，并撤销你的所有职务，还要把你送进监狱等等。

1996年2月20日，流亡约旦半年的卡迈勒兄弟在走投无路之际征得伊拉克当局同意后返回伊拉克。在约旦与伊拉克边境线上，不停呲牙冷笑的乌代迎接了他。2月23日，巴格达电台广播卡迈勒两兄弟及其父亲等人在卡迈勒家族内部惩罚叛徒的枪战中被打死。随后，人们从电视里看到，萨达姆的两个儿子乌代和库赛参加了为惩罚叛徒而死的卡迈勒的两位堂兄弟的国葬仪式。

◆ 家族会议处置叛徒

两女婿的叛逃在萨达姆家族内部引起震动。在萨达姆委托下，小儿子库赛出面负责处理家族和部族内部的协调事务。据说，库赛很快组织召开家族及部族会议。参加会议的包括塔克里提乡的名流、萨达姆本人、长子乌代、萨达姆的兄弟们及侄子们。在会上，"处死！""处死！""处死是合法合理的！"的叫喊声不断，与会人士慷慨激昂，乌代打断嘈杂的叫声说：

"我们是萨达姆的儿子。我们应当给背叛以惩罚。如果有人背叛父亲萨达姆，背叛家族荣誉，哪怕是到了世界末日，也不能宽恕他，其代价将是高昂的。"与会者一致同意背叛者应用血来赎债。这时，萨达姆的眼睛里充满了泪水。

在1996年两女婿回国前，家族会议再次召开。这次萨达姆和两个儿子没有参加。据说会议是做样子给两女婿的家人看的。会上，萨达姆的代表宣读了萨达姆关于宽恕两个孩子错误的信。这次会议后，两女婿的父亲很受鼓舞，并提出要见大家长——萨达姆。自从其两子叛逃后，两位叛徒的父亲就遭到疏远。萨达姆同意见他。在两女婿回国前夕，萨达姆会见亲家。之后，想必这位父亲很快密告儿子，结果导致其子回国并惨遭杀身之祸。

◆ 触动重臣

1995年开始，一度在海湾危机和海湾战争中很出风头的伊拉克前外长阿齐兹渐渐失去在伊领导层中的权力。各方面均认为，阿齐兹的失宠是乌代一手造成的。海湾战争后，乌代权势日重，集政治、经贸、安全等大权于一身，并直接控制着伊拉克《青年电视台》、《巴比伦报》等宣传机构。在乌代的叔叔瓦特班退出政府后，乌代开始有意攻击阿齐兹。阿齐兹是萨达姆政权的元老，任副总理多年，被视为萨达姆在西方国家和联合国的代言人。乌代曾利用自己控制的宣传机器，抵毁阿齐兹的一系列外交努力。乌代在《巴比伦报》上公开撰文，攻击阿齐兹与联合国打交道中的"外交失败"，并建议父亲撤销阿齐兹同联合国打交道的权力。结果，萨达姆接受乌代的建议，将权力交给外交部长萨哈夫。此外，乌代与阿齐兹还存在直接的"个人恩怨"。海湾战争后，伊拉克遭到联合国范围的全面封锁，国内各种商品匮乏，有门路的人纷纷涌入商品贸易领域，利用时局赚取高额利润。乌代控制众多的经贸部门，特别是货运业和烟草业。据巴黎出版的阿拉伯文周刊《阿拉伯祖国》称，乌代控制的"阿拉伯货运公司"拥有700辆跑国内外贸易的大卡车，一年收入近2亿美元。与乌代一样，许多高干子女也经营着有利可图的贸易事业，结果阿齐兹的儿子扎耶德无意中卷入了一场与乌代有关的交易。由于涉及金额巨大，扎耶德不得不请老爸出面，于是阿齐兹通过"萨达姆身边的人"将此事捅给了总统，结果乌代遭到父亲的斥责，萨达姆指示乌代要稳重行事，不要挑起与"重臣"子女们的事端。

◆ 兄弟接班

有猜测说，乌代遇刺也可能和推翻萨达姆的阴谋有关。海湾战争后，萨达姆的儿子乌代和库赛的权力不断增强，据认为两兄弟专权并日益被视为萨达姆的接班人这一点，早已在伊拉克权力集团内部引起广泛的不满。多年来，伊拉克国内连续发生刺杀萨达姆未遂事件和策划政变的阴谋。每次事件败露后，都会有成批的高级将领遭到大清洗。值得注意的是，乌代正好在伊拉克按照与联合国的协议重新部分恢复出口石油之际遇刺。根据联合国正式批准的《石油换食品协议》，伊拉克将在未来半年内受国际监督出口最多达价值 20 亿美元的石油。据有关人士透露，在伊拉克部分恢复出口石油的情况下，伊拉克当局正在准备对政府进行重大改组。改组后的新政府将适应新的形势，在政治和经济上执行较前开放的政策。因此，人们推测乌代的遇刺应该与伊拉克政局的发展有关。

与此同时，乌代和库赛两兄弟间也存在矛盾，即未来的接班人之争。库赛比其兄长小两岁，性格比较内向，也较少在社交场合出头露面，在家族内部比起哥哥来要较得人心。萨达姆一直更偏爱小儿子，认为库赛沉稳持重，身上颇有与自己相同的地方，将会像自己那样行事。据叛逃的卡迈勒讲，两兄弟虽然表面上关系很好，但实际上双方都想当接班人，存在着竞争。他俩总是在背后谈一些对另一方不利的事情。1996 年时，萨达姆剥夺了乌代对萨达姆敢死队的控制权，并将这支于 1997 年 5 月被国民议会赋予正式法律地位的武装的事实领导权交给了"头脑比较清醒"的小儿子库赛。

◆ 消弭家族内部裂痕

两女婿的死使萨达姆家族的内部分裂明显扩大，乌代遇刺显然带有家族内斗的味道。在乌代遇刺事件发生后，萨达姆开始考虑尽快弥补其家族内部越来越大的裂痕。萨达姆想为其两女婿恢复名誉并同时宽宥杀害其两女婿的人，从而使他的家族重新团结起来。据说，萨达姆决定给予卡迈勒·马吉德家 7.5 亿伊拉克第纳尔（约合 75 万美元）的补偿金，同时换取马吉德家宽恕杀害卡迈勒两兄弟的人。根据伊斯兰法，杀人者应当向受害者家属支付补偿金以求得宽恕（不接受补偿金的受害者家人通常会寻求报复）。与此同时，萨达姆还准备恢复卡迈勒兄弟的军人抚恤金，并称他们为"暴虐行为的殉难者"，以此来洗清他们的叛徒名声。

此外，萨达姆还非常注意消弭与其它家族间的隔阂。例如，巴格达附近的迪尼姆家族一向是萨达姆政权的主要支柱，也是萨达姆政权的强大基石。1995 年 6 月，该家族出身的伊斯马尔尼·迪尼姆将军发动反对萨达姆的政变。政变被迅速粉碎，政变头目迪尼姆将军及其它一些人被送上绞刑架。为消除因残酷镇压而在该"家族内埋下的仇恨种子"，也为安抚这个家族，萨达姆向该家族的长老们运去 3300 头骆驼，用以慰问及赔偿该家族遭到的流血，以此防止他们今后再采取任何行动。

◆ 乌代和库塞之死

2003 年 3 月 20 日伊拉克战争爆发后，美军迅速推进到巴格达城下。4 月 9 日，乌代和库塞发现大势已去，在见了母亲最后一面后，就收拾珠宝细软仓皇出逃。

7 月 21 日，一位伊拉克线人向美国 101 空降师情报部门负责人弗兰克·赫尔米克准将报告了一个惊人情报，使得美军迅速掌握了萨达姆的两个儿子——长子乌代和次子库塞的行踪。当时他们和家人正藏身于摩苏尔附近库尔德聚集区的一所豪华别墅中。赫尔米克马上致电师长，并向中央司令部发出密电，请求立即派遣特战队前往抓捕。于是，101 空降师抽调 200 名突击队员，乘坐多用途轮式战车奔袭摩苏尔，除了轻武器外，还有 50 毫米口径重机枪和地对地导弹。此外，空军特种部队还出动一架 AC—130"空中炮艇"提供炮火支援，阿帕奇武装直升机和齐诺瓦武装侦察机提供近距离空中掩护。

第六部分　王室、家族及其日常生活

乌代和库塞藏身的别墅属于萨达姆的表亲纳瓦夫·扎依丹，上下共3层，包括地下一层，坐落于摩苏尔繁华的商业区内，紧邻高速公路。22日上午9点，一对美国巡逻兵来到别墅外，用阿拉伯语喊话，要求扎依丹和其家人撤离别墅。10点，美军特战队分乘25辆战车抵达，将别墅团团包围，随后发起猛攻。别墅内的乌代和库塞与家人、卫队举枪还击。双方交火达6个小时之久，乌代和库塞负隅顽抗，美军先后用重机枪、火箭弹、枪榴弹，均不能攻克别墅，最后不得不向别墅发射20多枚导弹，把别墅的屋顶掀翻。乌代和库塞最后退守到别墅的卫生间，用轻型武器向外射击。由于二人誓不投降，美国不得不发射火箭弹，将两人当场击毙，事后也有消息称乌代是开枪自杀身亡的。同时被击毙的还有库塞14岁的儿子穆斯塔法和一名保镖，据说穆斯塔法虽然年幼，但在现场成年人均已身亡的情况下独自与美军士兵对射。如今，萨达姆家族男性成员祖孙三代无人幸免，留下的只有他们的名字、事迹和劣行。

对于走漏消息的线人，外界普遍猜测正是别墅的主人纳瓦夫。7月22日清晨，纳瓦夫带着家人去附近的饭店吃饭，然后只带着儿子返回。在9点美军敲门喊话时，他带着儿子应门并无反抗地被捕。当美军与乌代等人激战时，邻居看见纳瓦夫悠然地坐在美军的军车里。战事结束后，纳瓦夫受到美国保护，住进摩苏尔最高档的酒店。外界猜测美军悬赏的3000万美元告密费也落入了他的腰包。后来，萨达姆本人曾发布录音带，悬赏5000万美元要纳瓦夫的性命。

家族企业和家族公司

阿拉伯半岛自然条件恶劣，"沙漠与天相连"，城市和城市之间，商业中心和商业中心之间，大多距离遥远。古代的阿拉伯商人依靠骆驼作为运输工具，在商品的采购、运输、出售等方面需要耗费很多的人力和时间，因此聪明的商人们便发动全家和亲戚朋友的力量，共同经营。这一传统在阿拉伯半岛流传下来，目前阿拉伯国家的公司还大多带有这种家族色彩，家族经营成为阿拉伯商人的一个明显的特征。

◆ 事业成功的秘诀

阿拉伯的商业家族在商务生涯中，不但注重保持家族经营的连续性，同时十分强调家族各个成员之间的团结合作。著名的巴林卡努家族公司的兴衰史即是这方面的典型代表。

卡努家族公司的创始人是尤素夫·卡努。在家族公司初创之时，他为使家族始终保持内部团结、充分发挥家族各成员的力量，曾特意请巴林酋长作证人，制定一份"家族公司章程"，规定家族公司的继承、财产分配、利润共享、日常管理等方面的具体事宜。从此，卡努家族公司在家族成员的团结协作下一步步走向兴旺。然而在晚年时，由于他精力衰退、经营思想日益跟不上时代的需要，卡努家族公司由盛转衰，老卡努先生也因此忧郁而终。卡努家族公司在转入他的后代们经营后，又逐渐重新兴旺起来，在公司的经营规模和经营方面甚至还远远超出前辈。据老卡努的侄孙穆罕默德介绍，是他爷爷的教育和经验才得以使他的后代们有今天。原来，老卡努的家族经营思想一直是其后代们的座右铭，卡努家族公司的经营观念始终没有离开家族传统的范围。

老卡努没有儿子，在他的胞弟英年早逝后，他就义不容辞地担负起两个侄子的抚养和教育，其家族内许多成员的孩子也都曾得到过他的抚养或资助。在他的公司最困难的时候，为了侄子及家族内其它孩子们的前途，他不惜借债也要把他们送到国外念书。侄子辈学成归来后，他又开始承担对第三代的培养工作，在贝鲁特、开罗、伦敦都留下老卡努后代们朗朗的读书声。系统的、良好的教育和老卡努本身的行动，使这些孩子们从小就懂得了前辈的苦心，也养成他们团结的家族观念。现在，在卡努家族的后代们中间，不论血缘关系的远近，都亲如兄弟。

商业的发展同商人们所处的生活环境是密切相关的，特别是在重传统的阿拉伯国家，离开阿拉伯的固有传统，单纯用西方的价值观念和经营方式的商人是难以生存的，这就是阿拉伯家族公司延续不绝的原因所在。

◆ 合则兴，分则衰

家族经营是阿拉伯商业的独特形式，血缘关系同商业运作水乳交融，一旦家族分裂，由血缘关系带来的经济效益和规模效用就会消失。巴林另一家老字号公司——卡西比五兄弟公司的兴衰就非常恰当地说明了这个问题。

经过1920—1943年20多年的努力，巴林的卡西比家族成为海湾地区首屈一指的商业家族。控制家族经营的五兄弟互相配合，分工明确。老大阿齐兹专职经营巴林和印度之间的进出口业务；老二、老三负责公司在巴林、海湾和印度的分公司经营；老四是一个出色的珠宝商人，其业务范围涵盖欧洲、南亚和中东各国；老五在家中负责日常的管理。兄弟五个性格各异：老大生活简朴，明智通达，信仰虔诚，是家族的精神领袖；老二头脑灵活，勤奋能干；老三直率豪爽；老四喜欢交际；老五受过良好的教育，精通英语和法语，满腹经纶，是商场上的战略家。兄弟五个组成了一个坚不可摧的集体，几乎垄断巴林全部的外贸业务。

第二次世界大战后，海湾地区迎来千载难逢的石油时代，本来这正是卡西比公司大干一场的良机，但是五兄弟之间却出现分裂的趋势，他们不再有统一的投资预算和共同的利润分配方案，个人之间明确的职责分工也不存在了，每个人都开始从家族公司窃取资产投资于自己的项目。1947年，卡西比家族公司正式分裂，兄弟五个平分了家族的财产。由于维持家族统治的信念从五兄弟身上消失了，卡西比家族后来又出现了多次的再分家，后代们四分五裂，各自为政，原来的卡西比家族竟然分成了20多个小集体。从此，卡西比家族的辉煌变成往事。群体力量的丧失使卡西比的后代们失去竞争实力和团结精神，在追求家族集团化的阿拉伯商界，他们变成一个个无足轻重、在波涛汹涌的商海里随波逐流的浮萍。

◆ 总经理 = 家长

一般来说，在阿拉伯的大公司里外人很难区分一般的职员和总经理、董事长的差别，他们从衣着、神态、办公室的布置等方面基本都一样。虔诚的穆斯林不善于塑造自己高高在上的形象，端茶倒水的下层职员可以和董事长在一个清真寺或者同一块礼拜毯上做礼拜，他们穿同样的阿拉伯长袍，脚上是同样的塑料或者皮制拖鞋。职员们可以随便出入董事长的办公室，大多数情况下没有事情汇报，仅仅是神聊几句，谁也不会感到奇怪。董事长的办公室大门是开放的，他们坐在办公室里仔细观察着职员们在工作或聊天，就像一位父亲在欣赏自己的一群孩子。

在许多阿拉伯国家的公司中，日常管理完全是家族式的，总经理或者董事长负责公司的所有大小事宜，处理各类内部管理事务，好像是一个大家族一样，总经理或者董事长就是这个家庭的家长。

◆ 家族公司的创业史

阿拉伯现代商业家族的历史大都可以追溯到 20 世纪初。那个时代起，一代代的商人们不断努力，商业规模不断扩大，影响范围逐渐超出原来的地区，形成具有现代化特征的家族化经营模式。科威特的艾哈迈德家族的创业史是阿拉伯家族企业奋斗的又一个例子。

艾哈迈德庞大的家族企业由库塔巴全权经营，他是家族的第三代传人。在科威特，艾哈迈德家族的实力仅次于王室萨巴赫家族。这一切都要从库塔巴的祖父艾哈迈德先生说起。早在 18 世纪末，艾哈迈德先生就开始自己的商业生涯。他依靠简单的独桅船，往来于巴士拉和印度的孟买及东非的各个港口之间，在印度洋的狂风巨浪中穿梭 40 多年。每年的 6 月份印度洋季风之后，艾哈迈德就开始远航。他首先到伊拉克的巴士拉采购椰枣，然后驾船穿过浩瀚的海洋到印度的孟买卖出椰枣，购进食品、衣料、木材等物资。这种艰苦的远航极其危险，但是形成艾哈迈德家族公司的最早的基石。

随着年龄的增大，艾哈迈德放弃航海生涯，转而从事木材生意，同时利用在印度学到的医药知识，在科威特开设药店。这一阶段艾哈迈德的儿子尤素夫边跟父亲料理生意，边在卡拉奇学习英语，并抓住时机买下一家石油公司。当艾哈迈德逝世后，尤素夫成为公司的当然继承人，但是他放弃父亲的所有传统业务，专心致志从事石油开发和国际贸易，并迅速成为西方大石油公司的代理商。随着油田开发的顺利进行，公司的利润也得到成倍增长。

尤素夫是科威特国与西方公司实际接触最早的人之一。1936年他成为数家英国大公司在中东的代理，并应邀访问英国，从而成为科威特继埃米尔（国家元首）之后第二个访问英国的人。英国之行不仅使他眼界大开，也使他的社会地位大大提高。这时，尤素夫认识到早已遍及西方社会的汽车终将成为中东地区的新的消费热点。于是他开始争取西方大汽车公司的代理权，1949年他成为美国通用汽车公司在中东地区的代理商。争取到通用汽车公司的代理权后，尤素夫开始了他传奇的商业旅行生涯，每年在伦敦、巴黎、法兰克福、纽约的汽车展览会上总有尤素夫的身影，他疯狂地汲取着西方世界的商业经验，被当时科威特商界视为"弄潮儿"。为开拓汽车销售市场，尤素夫经常同通用公司的决策人物会面，商讨促销策略，并于1960年在科威特建立了第一家汽车修理厂，这使得中东地区的售后服务开始有了保障。良好的售后服务一下子打开汽车的销路，使尤素夫成为中东地区鼎鼎大名的汽车大王。

在尤素夫的晚期，他的经营策略出现问题，公司的业绩大幅度滑坡。为挽救公司，他主动把家族公司的接力棒交给了他的第三个儿子库塔巴。库塔巴毕业于美国加利福尼亚大学伯克莱分校工商管理系，是家族中第一个受过西方专业教育的留学生。在父亲的公司里，他从基层职员开始干起，逐步成为父亲的得力助手。为激发公司的活力，库塔巴对公司进行一系列改革：简政放权，扩大部门经理的权利，使公司中层领导成为和公司共命运的成员；聘请具有现代商业知识的管理人才担任公司领导；在公司管理中引进计算机设备（他是中东国家最早引进计算机的人）；整顿公司的营业范围，适当缩短经营战线。库塔巴的改革使艾哈迈德公司重新具有生命力，家族公司再次趋于兴旺。库塔巴的努力也得到他的弟弟们和两个哥哥的有力支持，弟兄们同心协力，把家族公司提高到一个新的层次。1975年艾哈迈德公司买下美国一家大型机械制造企业，从而使公司从一个单纯的贸易公司向一个富有实力的综合企业集团发展。老艾哈迈德"世界级商人"的梦想在其孩子库塔巴的努力下正在实现。

根深蒂固的地域观念——老乡亲

在阿拉伯世界,家族、部落、地域、老乡等观念是根深蒂固的。本家族、同一部落甚至同一地区出生的人总是更容易得到领导人信任。在中国辛亥革命后的军阀混战时期,军阀阎锡山统治下的山西民间曾广泛流传过一句民谣,"学会五台话,就把洋刀挎",形象地描绘出在五台出生的阎锡山的统治下,山西政、军、商界几乎为清一色的五台人把持的局面。其实,在许多阿拉伯国家,类似的情况也是很常见的。

◆ 权力稳定的保证

叙利亚是一个逊尼派占多数的国家,逊尼派穆斯林占全国总人口的70%左右,但是大权在握的阿萨德总统却出自占总人口约11%的什叶派分支阿拉维派。几十年来,阿萨德的江山不仅没有像其统治初期一些人预期的那样很快倒台,反而越坐越稳,在阿拉伯世界和中东地区都是一支重要力量。确保阿萨德政权稳定的基石就是一个由其家族成员或出生于同一部落、同一村庄的老乡所组成的所谓"安全带"。

阿萨德1971年当选叙利亚总统以来,在政治上高举民族主义和社会主义旗帜的同时,注意政权的民主形象,尽量扩大权力基础。在其领导下的叙利亚历届政府中,政府总理、国防部长、外交部长等内阁的大部分职务均由逊尼派穆斯林出任,在形式上保持各派力量的平衡。然而,国家真正的权力却掌握在一个由十多名"阿萨德身边的人"组成的非正式机构中。这个非正式机构的成员在大马士革被称为"十巨头"。他们当中有部长、军官、要害部门的头头等,但公开的职位并不显赫。他们在阿萨德指导下参与并执行所有重大决策。据称,这个小圈子内的人非常团结,成员清一色来自阿萨德的家族、部落、老乡或共事多年的阿拉维派将领。阿萨德的弟弟里法特是这个小圈子中的重要成员。

◆ 总统的子弟兵

叙利亚除了正规军之外，还有诸如突击队、伞兵部队、特别警卫部队、特种部队、共和国卫队等名目繁多的武装力量。这些"不是正规部队的正规部队"基本上都是由与阿萨德总统同一家族、同一部落、同一出生地或同一个宗教派别——阿拉维派的人组成。比如，负责警卫总统、由海达尔上将领导的2万多人的特种部队成员，全部来自阿萨德出生的马塔维拉部落，海达尔上将虽然不属这一部落，但从小就和阿萨德生活在同一个村子里。阿萨德胞弟里法特领导的特别警卫部队的成员，也绝大多数来自阿萨德的部落或村庄。阿萨德的内弟指挥着一支2 000多人的共和国卫队，主要任务是保卫总统官邸。

总而言之，阿萨德的安全保卫和情报网大部分由阿拉维人组成，并由其家庭、家族、部落成员担任指挥职务。这些组织的领导人只对阿萨德总统一人负责。这是一支名符其实的子弟兵。

◆ 接班人问题费思量

1994年1月21日清晨，叙利亚首都大马士革的空气中迷漫着浓雾，一辆黑色豪华轿车正向大马士革南部的国际机场急驶而去。就在机场大厦前不远的一个急转弯处，或许是因为大雾严重影响司机的视线，或者是由于车速实在是太快，轿车司机未及刹车已撞上路边的护栏，车子急速地翻了几个跟头后摔出了200米开外。驾驶这辆轿车的司机当场死亡，他是巴希尔·阿萨德，叙利亚前总统31岁的长子，当时正匆匆赶赴机场准备搭机飞往法兰克福。

巴希尔是时年64岁且病痛缠身的阿萨德总统的当然继承人，这在大马士革早已是尽人皆知的事情。身为阿萨德总统的长子，巴希尔在家族中一直扮演着润滑剂的角色，在军队的基层军官团体中甚获推崇，并早早代父肩负起一系列重任。由于阿萨德总统的悉心培养和巴希尔本人的努力，刚刚30出头的他已基本获得上上下下的承认。因此，叙利亚的权力核心因巴希尔的猝死而出现空白，阿萨德总统的接班人问题再次突出出来。在长子车祸身亡后，阿萨德开始将注意力转向巴希尔的弟弟、29 岁的巴沙尔，并已正式委任他代行其兄长的遗职。从 1994 年开始，巴沙尔弃医从政，从英国返回家乡，首先在霍姆斯军事学院深造，后于 2000 年当选为叙利亚新总统。继任总统以后，巴沙尔一方面继承其父的内政外交政策，一方面开始推动政治经济改革，世人称其为"大马士革之春"。但 2011 年的动乱打乱了叙利亚有序渐进改革的步伐，使得这个国家陷入战乱、仇杀、宗教极端主义和恐怖主义的"天堂"，叙利亚分崩离析，往昔作为阿拉伯世界大国的地位一去难复返。

约旦王室生活一瞥

阿拉伯君主们的生活对外界人来说一向都是个谜。1982 年 8 月 15 日，30 岁的美国人约翰·洛尔福斯受聘为约旦国王侯赛因王宫的总管，一直服务到 1984 年 5 月初辞职返回华盛顿。洛尔福斯在约旦王宫工作期间，有幸对约旦国王及王后的生活进行近距离的观察。洛尔福斯两年王宫总管的回忆，向人们披露了鲜为人知的约旦王宫生活的内幕。

◆ 总管职责

洛尔福斯第一天上班时就面临一个基本问题：如何管理一个王宫？单单是手下的侍者就有 130 人，类似一个大型的宾馆，唯一不同的是这儿的贵宾是国王与王后。

一开始洛尔福斯就必须记住：这是 24 小时制的服务。如果国王在凌晨 4 点想吃点什么，最好厨房马上有人在张罗，也能有人奉送到国王面前。洛尔福斯手下的侍者队伍包括：两个食品饮料经理，17 人组成的御厨团（其中包括 3 个主厨、3 个阿拉伯师傅、一位从法国聘来的点心师傅）、来自英国与西德的工程师、来自意大利与苏丹的侍者、来自菲律宾的管家婆，以及 4 位来自英国的奶妈，她们负责照顾宫内的 5 个小孩。此外，还有负责专门性工作的专业师傅：一位日本按摩师，24 小时服务，因为不知道国王会在凌晨什么时候有哪一根筋不对劲，就需要全身按摩；一位从巴黎美容院请来的美发师，因为王后对自己的发型随时都会提出特殊的要求；一位专门负责王后衣柜的女侍，因为单是王后的鞋子就超过 300 双，一个一个房间里挂满各色各式的服装，根本也没有法子去清点那么多款式，所以大部分工作就是把王后拥有的每一件衣服拍照存档。采取这种科学方法，当王后要去旅行或参加宴会时，就从照片簿上决定她要穿的款式。

◆ 年开销 900 万

据洛尔福斯透露，当时约旦王宫每年预算开支为 900 万美元。在这年度支出的 900 万美元中包括：王室一家大小的个人费用；王宫内的一应花销，如员工薪金；招待特别情况下造访的外宾与各国元首等等。以 1984 年英国伊丽莎白女王的访问为例，仅花卉一项就开支 2 500 美元。

实际上王宫内的开支是很有节制的，大家都斤斤计较，但原则有一个，那就是任何一次服务都必须是优秀的，要完全符合王室家族的标准。举例来讲，国王和王后的餐饮有一定的规程，每天都印有各式菜单。王室的早、午、晚三餐通常都须准备 8 份，因为根本不知道国王是不是会从办公室带来一两位贵宾，或王后是否临时有访客。因为国王与王后都喜欢喝汤，所以每餐都有两式汤任其选择。晚餐则一般挑选四或五道沙拉，三或四道正菜。餐后还会准备几样甜点。当然为他们准备的都是新鲜食品，餐剩的食物也并不会浪费，大都由王室员工享用。

担任王室总管必须注意每一件事情。以香烟为例，侯赛因国王希望把他抽的万宝路牌子的香烟，改换成较低焦油与尼古丁的牌子。于是洛尔福斯就得打电报给伦敦哈洛德公司，请他们把其销售的每一种牌子的香烟都送一盒来。他们很快送来约 20 多种不同品牌的香烟。每天晚上，洛尔福斯都在银盒内换上一种不同牌子，最后国王选择"彼得司托芬森"牌香烟。

尽管侍候国王与王后的工作琐屑而繁杂，但洛尔福斯都尽量做到谦逊而谨慎。如果国王伉俪是在宫内用早餐，待他们出去散步再回来时，大家一定得把房子收拾的干干净净，看来就好像不曾有人在这儿呆过。洛尔福斯要随时知晓国王和王后在王宫内何处。于是，洛尔福斯在王宫里安装了电铃系统,每一个房间的电话旁都有电铃,这样当国王和王后需要服务时,大家马上就会知道。约旦王宫共有五层,在装上电铃系统后,服务人员就可随时知道国王和王后在哪一个房间,因而不必跟着团团转。

◆ 国王与贵宾用餐

国王伉俪与他们的贵宾用餐时洛尔福斯不必派侍者在侧守候,因为当他们需要服务时,按一下电铃就可以了。可是也有那么一次,电铃出了岔子。当侯赛因国王与美国大使哈比以及其它几位贵宾在进行晚宴时,不一会儿电铃就响一次,每当侍者去问国王需要什么时,国王总说他没有按电铃。最后大家终于发现,原来美国大使哈比正坐在王后平常坐的位置上,这个位置的桌面下安装有电铃,每次都是哈比的膝盖触动电铃,而他自己当然一点也不知道了。

洛尔福斯在熟悉了王宫的一切服务程序之后,便开始进一步了解国王伉俪到底喜欢些什么?不喜欢的又是哪些?洛尔福斯认为最好的办法,就是亲自出马去侍候他们的早点。每当国王和王后在起居室的餐厅时都是洛尔福斯和他们交谈的好时机,在交谈中洛尔福斯就可以顺便向他们打听他们对服务及口味的最新要求。

当然此时也是洛尔福斯在不拘王室礼节的情况下,观察国王和王后生活的最好机会。侯赛因国王是一位很容易服侍的人。通常他都是8点半起床,有时候去骑一阵子自行车,然后回家喝一杯桔子汁,或阿拉伯茶、葡萄汁什么的,吃一块他喜欢的吐司,这是从维也纳运来的。王后则喜欢早点经常更换品种,有时是法国面包,有时是燕麦片粥或炼乳。但她通常都要一杯水、一杯桔子汁和一杯放上冰块的牛奶。

早餐后,侯赛因国王即着装穿过街道去他的办公室工作。王后通常要做半小时的有氧运动,然后开始她一天的活动日程。一般来说,她的日程也总是排得满满的,几乎与国王的日程一样紧凑。

◆ 酷爱电影

国王伉俪在一起的时间相当多。侯赛因国王通常回家吃午餐,下午就

第六部分 王室、家族及其日常生活 | 235

与孩子们在一起玩耍。晚上，大都在8点左右国王伉俪回卧室，并一直待在那儿，凌晨一点就寝，没有访客，也没有电话。

国王和王后总是在谈话与阅读书报杂志方面消磨不少时间。由于国王自己驾驶座机与直升机，所以阅读很多航空方面的杂志，王后则喜欢看法国的时装杂志。国王和王后都喜欢看电影，甚至可以说到了酷爱的程度，大凡洛尔福斯能想到的美国新片，他们都看过。为此，洛尔福斯在王宫中收集了4000种录像带，有时候每周从美国运来的录像带竟多达50盒。

据洛尔福斯回忆，有许多晚餐就是边吃边看电影，因此常常要吃到10点钟才能清理餐具。有时想想也蛮有意思，所有员工和侍者一块在国王的起居室里，和国王伉俪一道吃便餐，一块欣赏电影。有时候国王伉俪喜欢坐在桌上，有时也在长沙发上吃饭。当然，大家也分享过正式而华丽的晚宴，优雅的礼仪，可是绝大多数时间，服务人员没有那种福分。

洛尔福斯在约旦宫廷中见到过许多大人物，初时难免有些紧张和敬畏的感觉。开始工作后不久，希腊国王康士坦丁来访，他是侯赛因国王的老友，所以轻车简从。康士坦丁国王晚餐时，只穿了一件宽松的裤子，圆领衬衫，毛线衣则围在肩上，非常随便。在这种环境和气氛中，洛尔福斯很快就镇定下来，应付自如地在两个国王之间穿梭服务。

◆ 迎接元首们

法国总统密特朗的访问则要正式得多。晚宴在着意装饰下的大厅举行，作陪的还有好几位大使与部长。因为场面太大，洛尔福斯不得不去附近的观光旅社抽调服务人员，但一切进行的非常顺利。在此之后，洛尔福斯开始迅速习惯这种宫廷式的应酬局面。

作为皇宫总管，洛尔福斯须在前门恭迎各国国王、王后与其它要员。这是努尔王后的旨意，她希望洛尔福斯能亲自迎领贵宾步入王宫。但是作为一个美国人，洛尔福斯最初确实根本不知道该对王族采取什么样的恭顺态度，而王宫内欧洲籍的员工在这方面则做得很得体。于是，同样曾是美国人的努尔王后要求洛尔福斯赶快学习，尽快进入角色。

德国总理科尔、西班牙国王卡罗斯都是曾在侯赛因国王的生日宴会上骤然出现的好朋友。卡特总统与罗赛琳也做过短暂访问，美国总统夫妇都极为友善、亲切，也是洛尔福斯在这儿见到的唯一自己提着旅行包的国家元首。

说也奇怪，在来访的贵宾中使服务人员们最感到兴奋的竟是阿拉法特，这倒不是因为他已成了很多人心目中的英雄偶像，而是大家觉得每当他莅临王宫时，一定是又发生了什么大事，因为报纸上经常有阿拉法特的新闻。从外表看，阿拉法特最引人注意的地方就是体型。他的身高和侯赛因国王差不多，侯赛因国王虽然在穿上防弹背心时看上去稍显高大，但也不过五英尺两英寸。

◆ 讲排场的阿曼君主

阿曼苏丹的访问是洛尔福斯在约旦王宫接待的第一位阿拉伯国家的君主。因此洛尔福斯不敢有一点点怠慢。为安排阿曼君主去约旦国王侯赛因位于亚喀巴湾的夏宫，洛尔福斯拟定了好几个计划。每年年中，国王与王后都要在夏宫消磨很多的时间，因为那儿安静舒适，他们游泳、滑冰、打网球、散步，徜徉在他们长达一公里的御用沙滩。令人诧异的是，沙滩300米以外就是以色列的边界。

当全班服务人马搭乘国王的波音727座机去夏宫侍候来访的阿曼君主时，洛尔福斯发现海湾下停泊着一艘巨轮，那巨轮至少有300英尺长，看上去像是电影上的"爱之船"一般。实际上，这艘巨轮就是阿曼君主的御艇。据说，仅是这艘御艇上的工作人员就多达250人，几乎等于侯赛因国王宫廷服务人员的两倍。阿曼君主的一位随员告诉洛尔福斯，定制这条游艇的费用高达1亿多美元，而阿曼君主每年使用它的时间不过只有30天。

这是洛尔福斯第一次真正领略到中东石油富国的豪华排场。在洛尔福斯刚刚将盛大的欢迎阿曼苏丹的晚宴布置就绪时，突然接到一位操欧洲口音的阿曼君主的随从打来的电话，实际上他是阿曼君主的座机调度员，希望知道约旦方面准备如何把御艇上晚宴用的花卉送往宴会大厅。当洛尔福斯回答说将派一辆车去接运时，对方马上说："嘿，太费时间了，为什么不让我派一架直升飞机去接呢？"

◆ 万贯家产

侯赛因国王在阿拉伯国家的君主中充其量只能算是稍微富有的一位。但对洛尔福斯来说，侯赛因国王的财产价值也早已是一个天文数字。据说，国王拥有多处不动产，除在约旦境内的两处宫殿外，还在伦敦、维也纳、加里利群岛等地分别设有行宫。他拥有大小游艇36艘，其中最大的一艘长90英尺的游艇，通常用来招待贵宾巡弋海湾。那是一艘很漂亮的船，在艇首与艇尾还都装着机关枪。

侯赛因国王也是各种枪枝和传统汽车的收藏家。在安曼王宫的走廊，放置着好几箱猎枪和步枪，包括两支罕见的古董猎枪和一支金制机关枪。他拥有175部汽车，从古老的波斯契斯到有防弹装置的麦席斯以及希特勒使用过的金质座车，真可谓琳琅满目。另外一件最珍贵的收藏物，就是那部豪华漂亮的蓝色劳斯莱斯。据洛尔福斯说，在王宫期间，也就只是在努尔王后怀孕去医院检查时动用过这部车，当然那是最平稳不过的。

侯赛因国王通常都是自己驾驶汽车，只有外国元首来访时例外。国王还有各型摩托车30辆，阿拉伯名马120匹。但是国王最大的嗜好还是飞行，几乎每一次洛尔福斯因公干搭乘国王的座机时，驾驶员都是国王自己。无论是轻型喷气式飞机、波音727飞机、直升机，他从来都不假手别人。他最喜爱的活动之一，就是带着他的孩子坐直升机在空中揽胜。有时，飞向他喜欢的高山风景区，从那儿鸟瞰沙特阿拉伯的江海，他拥有在沙特阿拉伯任何一个机场降落的特许权。

◆ 国王间的会面

洛尔福斯在约旦王宫服务期间经历的最重要的一件事无疑是1984年3月英国伊丽莎白女王与菲力普亲王的访问。那一次甚至比招待阿曼君主的晚会还要隆重，这是王后外事活动中最精华和最得意的一个部分。侯赛因国王与努尔王后都希望以最高级的礼遇接待这位英国君主。

那是洛尔福斯及王宫服务人员经历的最值得回忆的一次"繁文缛节的演出"。女王访问期间的每件事，都有特殊的规则，谁搭谁的座车、谁开箱提行李，都一丝不苟。甚至还要专门为女王新购进专用的衣架，"因为你总不能把英国女王的衣服挂在衣橱里吧？"

另外一个麻烦之处是这次英王停留时间较长，包括在安曼皇宫的正式访问和在夏宫的非正式访问。这对有关的后勤工作的要求就要高得多了，而且大家必须做到面面俱到，不出一丁点儿差错。努尔王后亲自挑选购买红色地毯，宫廷后勤人员也全部换上新装，在饮食部门服务的侍者更临时添制了好几套服装：第一次晚宴着白银色夹克、黑色半正式长裤；另一次晚宴改穿兰条纹西装；计划中的一次沙漠野宴则一律着卡其色制服；侯赛因国王游艇上的便餐，侍者们要穿白裤、蓝色双排纽扣运动衣和园领衬衫等等。

◆ **伊丽莎白女王的野餐**

别以为这种排场已够气派，但要与夏宫的布置比较起来，还真是小巫见大巫。在王后的授意下，花园中原有的草皮全部被铲除，一律改植新鲜嫩草，栽种新树。大家猜想，女王可能会经过的每一条小径，于是在小径的两旁都栽植上新的杜鹃、玫瑰以及刚从荷兰空运回来的郁金香和其它花卉。侯赛因国王和努尔王后都觉得那间曾有许多国家元首休息过的凉亭还不够气派，于是便大兴土木，把旧的拆掉，在原址上盖了一间更大的亭子。室内也要修饰一新，包括装饰门面、新铺地毯、遮盖空调冷气机、重新布置室内等等。在伊丽莎白女王与菲力普亲王莅临前两天，大家都是连夜赶工才全部弄停当的。

一切进行的非常顺利，包括死海附近的一次野宴，也都圆满收场。招待其它国家元首的野宴，通常都使用便桌、塑料或纸盘，但英国皇室的礼仪却不能这么马虎，为此洛尔福斯准备了瓷器和银器皿。在沙漠中央的便宴，则使用了从法国运来的瓷器。从沙漠野宴场直接移师夏宫，侯赛因国王与努尔王后以及全体随行人员搭乘波音727座机，英王与亲王则乘坐DC-10专机。当飞机起飞之后，人们突然觉得，这好像是要同时把两个王室迁移到另一个宫殿似的。

访问结束的前夕，洛尔福斯也荣幸地名列英国女王授奖的名单之中。奖品是刻有女王签字的金笔、女王伉俪站在白金汉宫前的玉照，还有一枚银质皇室胜利奖章。尽管洛尔福斯不知此物何价,但她一直珍藏在身,作为最珍贵的纪念品。

◆ 约旦王后努尔

当约旦王后努尔在华盛顿美国农业部的杰佛逊礼堂演讲时,侯赛因国王出其不意地亲临会场,以示对她在感情上的支持,因为前一天她的父亲——前美国联邦航空总署署长及泛美航空公司的老板,刚刚因心脏病紧急住院,在乔治城大学医院做心脏血管绕道手术。据说,当时侯赛因国王牵着王后的手说,他很遗憾因为有别的事,不能坐下来听他妻子的演讲,但他们一起度过了他一生"最快乐的岁月"。

就像约旦这个夹在以色列和伊拉克两大强邻之间的小国经历过许多生死攸关的危机一样,在美国出生长大的努尔王后也已经熬过约旦和巴勒斯坦传统社会对她的排斥,以及她自己婚姻上的曲折起伏。一些国际舆论评论:当她的丈夫和美国布什政府不和时,她作为丈夫的"特使",被派去华盛顿为侯赛因国王游说;当她丈夫在走向民主政治和自由选举的路上踌躇不前时,她站在他身边,鼓励他当一位君主立宪政体的国王;她经常在自己的王宫办公室"玛瓦宫"里,宴请新闻记者,和访客轻松交谈,为她丈夫制造约旦在国际社会的曝光机会。她在接受《华盛顿邮报》记者访问时曾说:"我先生很坚定地支持我扮演一个非常不传统、可以说是根本不合习俗的角色。"

约旦王后原名丽莎,曾就读于美国普林斯顿大学,1978年嫁给侯赛因国王时26岁。据说,她结婚时本来打定主意要当一个陪衬的角色,一切以丈夫为主,但侯赛因国王——阿拉伯世界在位最久的君主,却希望她有她自己的活动。他支持她参与王室产业的经营,参与王国教育和环保的事务,这在约旦王国的历史中是前所未有的事。这些参与使王后得以推动她的社区发展计划,致力于提高妇女地位,以及对抗世界性的饥荒等等。

在公开的场合,她的角色也有很大的改变,从上世纪70年代初美国热心的和平活动分子,到光彩夺目的国际名流。她经历过童话般的动荡不安的乱世:1978年她从美国普林斯顿大学毕业后,只身来到安曼担任一个宫殿的室内设计顾问，在这里遇到侯赛因国王。侯赛因国王对她一见钟情，并展开热烈追求，当她们决定度蜜月时，黎巴嫩正战火连天，以色列和埃及则在签订《戴维营协定》。她的长女伊曼（意思是"希望"）出生时，两伊战争打得如火如荼，贝鲁特的美国大使馆遭到炸弹攻击。在回忆自己的经历时，努尔王后说她从来都没想过要当电影明星或王后，她的梦想是去参加联合国的和平工作团，但命运却使她走上一条完全不同的路。尽管如此，她仍然认为她这些年来所推动的工作，完全可以反映她从前的理想，而且她现在似乎也已"找到安身立命的地方"，并和阿拉伯的环境"打成一片"。她仍然不改其特有的美国式的作风，她在接受记者访问时说："永远不要轻言放弃、接受失败。我是一个解决问题的能手，这也是我美国文化背景的一部分。"

一些舆论描述说努尔王后也的确受过一些气，尤其是当丈夫的眼神又乱转到别的女人身上去的时候；或者国家局势不安而国内舆论指责的矛头竟然指向她，而不是她丈夫的时候。但她不像英国的黛安娜王妃，她总是能"很有尊严地战胜文化和感情上的考验"。正像她自己所说："我的人生很充实，我爱人也被人爱，我觉得很幸福。"

的确，约旦王后努尔是一位足以令外界对中东女性的看法改变的名人。多年来，她除政治之外，对国内大小民生问题都非常关心并力求改善。她还经常出国访问，完全摆脱中东女性一向沉默被动的形象。从1978年嫁给约旦国王侯赛因起，努尔便尽心体察民情，她巡视国家的每一个角落，包括穷乡僻壤，到处都受到老百姓的热情欢迎。她积极参与各项民生改革，其中最重要的是教育的普及。约旦全国有95%的孩子获得入学的机会，在中东地区明显处于前列。努尔不仅仅努力替下一代谋幸福，也积极为国内女性树立起一个角色平衡的榜样。她深信，约旦女性在继续扮演贤妻良母的传统角色的同时，也应得到更多的就业机会，参与社会决策的机会。对此，她以身作则，大力提倡将约旦女性传统服装稍加修改之后，打入国际服装市场。王后还在发掘和保存国内古迹的工作上不遗余力。她渴望，有那么一天，约旦也能够拥有自己的博物馆，既能更好地保存国家的历史遗产，又可吸引更多游客到访，从而为国家赚取更多外汇。

作为一国的王后，努尔自然还要担负重要的礼仪、甚至外交方面的重任。由于努尔在美国长大，后来还在海外多个地方工作过，因此她出访西方各国，尤其是美国时，总能扮演称职的亲善大使角色，把西方世界与约旦的距离拉近。她敢言的个性甚至使西方各国的舆论都有点惊讶。她曾经获邀在美国不少地方演讲，例如首都华盛顿、纽约、旧金山、洛杉矶、芝加哥等，连墨西哥也是她发表过演说之处。努尔是个出色的约旦王后，她之所以能够胜任这个角色，据说全凭她的一句座右铭："每天奋斗，尽好本分。"

第七部分

阿拉伯市场和阿拉伯商人

阿拉伯传统市场（阿拉伯语叫"苏克"或"巴扎"）是最能体现阿拉伯社会风情的地方。在每一个阿拉伯国家的几乎所有大、小城市，你都会在"老城"内毫不费力地找到这种传统的街道狭窄、店铺相连、拥挤、喧闹的阿拉伯传统市场。即使在现代化程度较高的开罗、巴格达、阿尔及尔、吉达等城市，也都在其老城的一角留下"苏克"的位置。叙利亚的哈姆迪"苏克"就是无数个此类市场中最典型的一个。这个有 500 年历史的市场由一条主街道连接无数的小巷而成，3 500 多家商店散落其间，不少的街巷以专业性质命名，如新娘子街是新娘专门采购嫁妆的地方，已婚女子也喜欢光顾此处，但对男人是绝对的禁区。种子街并不是仅仅卖种子的地方，凡是由种子长出来的东西都在经营之列，干果、杂粮、草药应有尽有，经常可以见到满载货物的毛驴、骆驼出没于此。每一个"苏克"都充满着浓郁的阿拉伯情调。

阿拉伯民族具有悠久的经商历史和商业才能，人们常常把阿拉伯人称为"天生的商人"。他们的商业传统可以追溯到 3 000 多年以前，阿拉伯半岛上古老的商业通道曾连接了半岛上的每一个政治、宗教、经济、文化、军事中心，构成了半岛上生命的脉络。半个多世纪以来，在世界各地，包括俄罗斯、芬兰、瑞典等边远地区，都发现了古老的阿拉伯钱币。在著名的阿拉伯故事集《一千零一夜》中，那些精彩绝伦的故事，大多是根据阿拉伯商人的商务旅行见闻编著的。这些都充分地说明，在古代社会时阿拉伯商人的足迹已经遍及天下。

值得一提的是，古代阿拉伯商人的足迹也到达过距离遥远的中国。在公元 8 世纪时，有一位阿曼商人奥贝德经过两年的艰苦旅行，航行 7 000 多公里，最终抵达中国。之后，有大批的中国丝绸、瓷器、香料等，通过海湾地区运往了欧洲，以至于当时的欧洲人把海湾地区称作"中国走廊"。这些繁忙的商业来往，主要是通过著名的"丝绸之路"来进行的，当时的丝绸之路有两条，一条是经印度洋的海上丝绸之路，另一条则是从甘肃、新疆通向阿拉伯半岛地区的陆上丝绸之路。阿拉伯商人为"丝绸之路"的沟通和发展做出了重要的贡献。

阿拉伯市场采风

在阿拉伯文中，市场一词的音译是"苏克"（Souq）或"巴扎"（Bazzar）。在摊位店铺相连、万头攒动、狭窄而曲折的街巷里，空气中到处弥漫着牛羊肉味、皮革味、铜器味、香料味，耳边是喧闹的叫卖声、讨价还价声、锤打皮革声、铜器碰撞声，以及各种各样的嘈杂声，店门口的货架或手推车上堆满橄榄、禽畜、香料、土特产、衣料、鞋子，宛如迷宫般的、铺满圆形石子的小道等等，这就是遍布于阿拉伯世界大大小小各城市中的阿拉伯传统市场"苏克"。人们可能在西方影视作品，如 007 电影中见识过中东阿拉伯"苏克"中那充满神秘色彩的阿拉伯风情。

◆ 星期五"苏克"

星期五为穆斯林的休息日，也是阿拉伯国家法定的假日，阿拉伯国家的星期五"苏克"（有点像我们的集市）都在这天举行。科威特的星期五市场设在一块相当辽阔的空地上。这里平时荡然无物，但一到星期五便会出现无数五颜六色的帐篷，1 000 多家棚店、地摊摆开阵势，新旧货物均有出售，工农业产品琳琅满目。由于此地不设管理机构，没有市场管理人员，不收取地租和营业税，因而货物比一般商店便宜得多。市场虽然处于无政府状态，但是礼貌讲价，秩序井然，光临的顾客主要以低收入的外籍劳工为主，偶尔也可以看到一些科威特本国人。

在其它阿拉伯国家，每当星期五"苏克"时，城里面就更加热闹。很多乡下人开车或者挑担进城，大街小巷摆满了地摊。所售的货物有自制的银器、锅、碗、瓢、盆等，还有新鲜的蔬菜和水果。卖蔬菜和水果的小贩们大多没有称，蔬菜按堆、水果论个出售。乡下人比较憨厚，也为了卖完早回家，所以价钱一般很便宜，有时相邻的两个小贩为争夺顾客，竞相降价。大集上最热闹的地方要算牲畜市场，拉来活的牛羊，现杀现卖，一头大牛被吊在架子上，一刀下去便开了膛，短短的几分钟就可以收拾的干干净净，顾客要哪块，当场割下拿走，这种独特的方式给嘈杂的集市增色不少。

◆ **叙利亚阿勒坡星期五市场**

每逢星期五，在叙利亚北方的阿勒坡市，总会有成千上万的农民、贝都因人及当地市民，在该市东部的一条大街上聚集，出售钮扣、旧鞋、地毯及旧家具、瓶子、摩托车甚至金首饰等物品。这就是叙利亚阿勒坡星期五市场，也是"旧货市场"。这种每周一次的集市性市场，在中东地区是一个古老的传统。阿勒坡的星期五市场，时间可以追溯到15世纪。几百年以来，这个市场既是当地人的主要交易场所之一，也是商人们彼此交换各种信息的重要场合。近年来，星期五市场上还出现了新的面孔——来自独联体的商人，他们贩卖鱼子酱、医疗器材、照相机及地毯等等。

对前往该地的旅游者而言，游览星期五市场确实不失为一次令人兴奋而难忘的体验。嘈杂的叫卖声、拥挤的人潮、各种气味及进进出出的货物，足以使人眼花缭乱。有些商人将货品摆在小卡车的货架上，沿着市场四周流动作业，颇具特色。对于一个想要寻找阿拉伯古董的人来说，星期五市场确实是一个非常有价值的地方。有一位中国人就曾经在市场内花了数小时，以15美金购买到一个1906年制造的波斯铜罐。对于喜爱搜集古币的人，在此也可以找到无数具有历史价值的古币。当然如果你没有什么目标，只是随便看看，那也无妨，因为在这里没有人会强迫你买什么，也没有人会干扰你欣赏物品，一切都完全是在一个轻松愉快的气氛中进行。

◆ 马斯喀特"苏克"

与几乎所有阿拉伯都市一样,"苏克"也是阿曼首都马斯喀特最重要的景观之一。这里,道路狭窄、蜿蜒曲折,道路两旁屋顶相连,一层层的台阶通向一个个老字号的店铺,从店内散发出东方香料的气息。各种阿曼手工艺品琳琅满目,阿曼腰刀、金属咖啡壶、铜制的装饰盘子、阿曼男子喜欢的绣花四角帽、各种各样的金银手工制品。在专卖拖鞋的店铺里,墙壁四周的货架从上到下悬垂着一排排拖鞋:柠檬黄的是男鞋,玫瑰红的是女鞋;有钱人穿的绣花鞋,佣人、仆人穿的暗红色鞋;超大尺寸的鞋、饰满金属亮片的鞋以及各种各样形状的拖鞋。总之,到了这里,你会感到文化已变成了一种看得见、摸得着的东西,每一件传统商品都是精美的工艺品,都体现着那独特的、历史悠久的阿拉伯艺术风格。

与这个传统市场毗邻的是现代化的商场。这里有世界上先进的汽车、时髦的服装、电动儿童玩具、各式各样的家用电器,商品来自伦敦、巴黎、开罗、迪拜、中国,让人感到这是一个国际性的大城市。传统与现代化形成鲜明对比,并相映成辉。阿曼不愧为是一个既保护传统古风、又不断向外开放的城市,传统与现代、浪漫与古朴、典雅与通俗,在这里得到了完美的结合。

◆ 沙特阿拉伯的黄金首饰市场

阿拉伯女人从古代起就有佩带黄金首饰的习惯和爱好。在海湾阿拉伯国家,每个妇女的金首饰多则有十几公斤,少则也有几十件。据说,这种习惯一方面是爱美的天性所致,另一方面也同沙特阿拉伯的婚姻状况有很大关联。在沙特阿拉伯,男人们休妻非常容易,而女人被休回娘家后就会衣食无着,因此妇女们为了自己的日后着想,便拼命向丈夫索要首饰,生孩子、过生日、过节日,丈夫都要向妻子送首饰,这些首饰便成了女人们的私房钱,丈夫不能随意干涉,一旦被丈夫休掉,这些东西可以变卖维持生计。因此,沙特阿拉伯等海湾国家的金饰市场异常发达,特别是利雅得旧城的金首饰市场,其规模之大、品种之多,令人惊叹。

在沙特首都利雅得旧城的金饰市场上，狭窄的街道两边布满了金店，密密麻麻、紧紧相连。多数金店的铺面只有不到 10 平方米，但是一旦走进里面，你就会发现仿佛置身于一个金洞，四周的墙壁上、眼前的玻璃柜子里、甚至顶棚上，到处都悬挂着各式各样的金项链、金坠子、金耳环、金腰带、金镯子、金戒指等，式样之多、品种之丰富，让人瞠目结舌。据说，这里的几百家金店，都是政府出资修建的，店主向政府申请营业执照时，顺便租赁店面，每间铺面年租金约为 4 000 美元。

在这个黄金市场上，经常可以看到穿着白色大袍的男子陪同穿着黑色大袍的女人前来采购的景象，当然也有三三两两的女人一同前来购物的，近年来外国人也越来越成为光顾金店的常客。据打听，金店店主们不仅个个腰缠万贯，而且经营利润也非常丰厚。说起来人们可能不会相信，就是最小的、面积仅 10 多平米的金店店主也有四五十公斤黄金的资本，一年赚个几十万美元是轻而易举的事情。各个金店出售的金饰品种、花样、价钱基本上差不多，大都是卖 14K 到 24K 的各种黄金首饰，只有少数戒指、耳环镶嵌有珍珠和宝石。除了传统的首饰外，这里最引人瞩目的是大件金饰，如以金片、金丝做成的胸饰，一件就达半公斤甚至 1 公斤，还有金腰带，一条就要有一二公斤。这在我们国家可能是从未见到过的。到这里的多数外国人，每每看见这些大件金饰，顿感囊中羞涩，很少有问津者。显然，金店的生意大户主要是当地人，他们大都买大件，别看那些穿黑袍的沙特妇女其貌不扬，出手可是非常大方，常常一次就购买上百或者几百克的金饰，店主常常把她们挑好的东西用旧报纸一包，妇女接过来往怀中一塞就走，那样子就像买菜买水果一样简单，使在旁购物的外国人大开眼界。

海湾阿拉伯妇女素有戴金饰的习惯，在石油收入巨增后，此风就更盛了。由于前面讲到的原因，妇女多把金饰当作自己的私人银行，所以她们在购买金饰时，不太注重首饰的花样，而更注重含金量的高低和重量，这点同我国妇女的爱好截然相反。金店除了卖首饰外，还有收购旧首饰的业务，金首饰一般都能按当天的金价被店主收购，价值比较固定，金饰的原主人损失的只是加工费而已。这可能也是沙特阿拉伯妇女爱好金饰的一个

第七部分　阿拉伯市场和阿拉伯商人

主要原因吧。

由于历史的原因，阿拉伯半岛、特别是也门人曾出现过不少著名金饰加工工匠，沙特阿拉伯金店的伙计就大多来自也门。他们制造的金首饰带有浓厚的阿拉伯和伊斯兰风味，上面常常刻有《古兰经》和《圣训》的某些词句。

沙特阿拉伯的男人一般很少戴金首饰，因为伊斯兰教崇尚节俭，反对铺张，所以反对男子佩带金饰。在其它阿拉伯国家经常可以看到穆斯林男子戴着硕大的金戒指，衣服上钉着黄灿灿的金纽扣，戴着金边眼镜，使用金质钢笔，但是在沙特几乎没有这种现象。不过，沙特男人不戴金首饰的习惯并没有影响沙特阿拉伯金饰市场的繁荣。

◈ 阿联酋的同价商店

1989年我和一位朋友到阿拉伯联合酋长国迪拜市建立公司驻海湾办事处。初到彼地，人生地不熟，加上各种各样的杂事，把人忙得团团转，租房、安装电话、购置家具等大件工作完成之后，剩下的就是购买锅碗瓢盆、被褥卧具等个人生活必需品了。开始我按照所需物品的清单，刚跑了几个超级市场，就感到有些心灰意冷，一个原因是商品的价格高得惊人，像一把普通的剪刀就要55个迪拉姆（阿联酋货币，1美元等于3.65个迪拉姆），另外就是东西太零散，在偌大的超级市场里找一把剪刀对一位男士来说是多么地不容易。为了买垃圾袋，我几乎跑遍了所有的超级市场，最后东西没有买全，反而累得头昏脑胀。

万般无奈之下，只有请求其它中国公司的同行们的帮助，看看有没有捷径可走。谁知道等我把遭遇向他们一说，他们哈哈大笑："傻小子，你为什么不到同价商店去问一问？"他们告诉我，同价商店是迪拜特有的一种小商品供应中心，店内商品丰富，并且不论体积大小，价值高低，都卖同一个价钱，类似于国内以前的一元钱商店。"你们公寓附近就有好几家这样的商店。"对方的回答令我瞠目结舌。

也真怪，往回走的时候，在公寓附近的路边发现有一个很小的门脸，旁边的小黑板上写着 Two Derams（两个迪拉姆）。我想这可能就是同价商店了，探头一看，里边别有洞天，敞开的货架顶着天棚，从大大小小的钥匙链到衬衣、T恤衫，从小巧的百宝五金工具到香水、各种笔，居然还有金项链，明明知道是假的，但是漂亮的包装还真有些以假乱真的感觉。店里的人不多，小伙计站在装有空调的门口，一个劲地喊叫："两个迪拉姆，两个迪拉姆，进来看一看！"

我信步踱进去，一眼看见了最下层货架上的一些金属制品，如剪刀、勺子、西餐刀之类的东西，拿起来一看，质量还不错。类似的东西在超级市场绝对不止两个迪拉姆，我有些怀疑地拿起一把理发用的剪刀，问守在门口的小伙计："这个多少钱？""两个迪拉姆！"小伙计不假思索地回答。我心中的疑虑一扫而光，虽然购物清单没有带，但我还是估摸着挑选了十几样东西搬到小伙计面前让他结账。他数完之后，将数目乘以二便告诉了我总价。付钱时方发现所带的钱不够，小伙计问明了我住的地方，告诉我东西可以先拿走，过会儿把钱送来也不迟。在国内受惯了售货小姐的恶声恶气，现在简直有些受宠若惊的感觉。我连忙称谢，到家后气没顾得上喘一口，就一溜小跑将钱送了回来。

一回生，两回熟，小伙计大老远看见我就像看见老朋友那样和我亲热地打招呼。看见小伙计热心肠的样子，我动了同他聊一聊的念头。他是个心直口快的人，知道我想了解同价商店的来由和商品同价的原因，便直接了当地告诉我，迪拜人自从有了大把的石油美元之后，吃穿用的标准提高了，名牌产品在迪拜的市场迅速扩大，以前的好多小商店都扩建成了时髦、豪华的超级市场和商业中心。但是，一个社会总有不同的消费阶层，特别是像迪拜这样一个外国侨民占人口70%的城市，单单是豪华的超级市场已经无法满足各个层次的需要了，再加上大商店主们也不屑于经营那些零零碎碎的小商品，这样就产生了专门经营小百货、小五金之类的商店。小店铺名气小，地方偏僻，为了经营方便，吸引顾客，自然想出了许多新的经营招术，同价商店就是其中的一类，也算是市场竞争的结果吧。同价商店最吸引人的地方就是价格便宜、实用，因此对广大中下层人士和家庭妇女很有吸引力。

闲聊之中，我发现店中的不少东西看起来绝对不只值两个迪拉姆。小伙计神秘地冲我一笑解释说,这才是同价商店经营的秘诀,店中同样也有不少并不值两个迪拉姆的东西,但是照样卖一样的价钱。同价商店大多有自己专门的进货渠道,保证了大多数商品的低成本优势,同时同价商店的价位并不是仅仅定位于两个迪拉姆,有的定价为五个迪拉姆,有的定价为十个迪拉姆,但是最高不会超过 25 个迪拉姆。有些铺面较大的商店,将货架分为几个区,区与区之间的价钱不一样,但是每个区内的价钱是一样的,这样的商店在所有的同价商店中能占三分之一。还有些商店分为几层楼,每一层的价钱定位都不一样。这两种商店的货物最齐,实力也比较雄厚,大多设有送货上门的业务,顾客付钱后,只要留下详细的地址和电话,商店会及时将买好的东西免费送到家中。当然,虽说是免费,小费总还是少不了的。

◆ 无人看守的金店

约旦首都安曼有几条繁华的街道,聚集了一大批豪华商店。每当夜幕降临时,整条整条的街道灯火辉煌,商店门口摆满了真人大小的模特儿,以各种姿势招徕顾客。茶色的有机玻璃橱窗里陈设着琳琅满目的高档商品:梅花手表、科隆香水、日本电器、高档轿车等等,但是价格昂贵,大多数人不敢问津。同这些豪华的商店相映成趣的是安曼的"苏克","苏克"里挤满了人,有很多外国游客也出没其间。

安曼的"苏克"设在侯赛因清真寺附近,由一条大街和数条小胡同组成,大街上各种商店毗邻,小胡同里地摊和摊棚连成一片。有的出售日用百货,有的出售手工艺品。最有代表性的是传统的阿拉伯铜壶、镌刻着宗教故事的贝刻木雕、制作精美的金银首饰等。走进市场,扑面而来的是一片喧闹声,小贩们提篮叫卖、狭窄的街道上汽车首尾相接、小孩们骑在毛驴上在拥挤的汽车间来回穿行,市场上体现出了现代化和传统奇妙融合的景象。街边的小咖啡馆里挤满了顾客,老人们半闭着眼,坐在阿拉伯高大的铜水烟袋面前悠然地吸烟,青年人在慢慢地品尝着浓郁的阿拉伯咖啡或者加糖的红茶,烤肉店里插满生羊肉块的铜柱在红外线烤炉前不停地转动,浓浓的烤肉香味中夹杂着似咖喱又似芥末的香料味道,同馥郁的阿拉伯咖啡香味混杂在一起，使人有一种昏昏欲醉的感觉。

安曼的社会秩序非常稳定，在大街上随时可见难民妇女，抱着小孩向人们乞讨，但是很少听说在安曼有偷盗和抢劫的新闻。有时走过一些商店，特别是一些规模比较大的金店，四面墙壁上挂满了各种金首饰，但是店里没有一个人，门口放一把小凳子，上面架一根短棍子，原来店主到附近的清真寺做礼拜去了，他大开着门，也不用担心有人会去偷他的金子。

◆ 收入冠全球的免税店

1982年12月迪拜国际机场免税商店举办开业十周年庆祝会。阿联酋在中东地区首开先例成立了现代化的机场免税店。免税店第一年就创下了2 000万美元的纯利润，1995年纯收入更超过2.64亿美元，据说是当时的世界之最。迪拜机场免税店凭借现代化的服务设施、不断扩大的经营面积、良好的服务质量和高水平的经营取得了巨大的成功，曾得到过无数的世界级奖牌，如仅1992年一年就获得4项分别来自各方面的大奖，其中包括由全球第二大旅游组织 Wagon Lits 及著名的 Executive Travels 杂志组织评选的全球最佳免税商店金奖。

迪拜国际机场免税店以商品的高品质和价格的相对低廉著称于世。该店经营的商品种类包括了世界最新的电子产品、电脑游戏机、视听设备、运动休息设备、各种纪念品、高档化妆品、照相摄影器材、糖果点心、饮食、烟酒、皮革制品、金银珠宝及各种各样的奢侈品，其中以金饰类最为畅销，许多在迪拜国际机场转机的游客（包括许多中国人）都要在其免税商店购买金饰，因此在该店占地面积很大的金饰品柜台前总是挤满了人。据说，1995年该免税店售出金饰品的总重量超过2 000公斤！1989年底该免税店为吸引更多游客、特别是那些回头客，推出了远近闻名的"石破天惊"抽奖活动，其中最大奖项是高级汽车。凡是在免税店购物的旅客均可购买抽奖券，每张抽奖券139美元，每1 000张奖券开奖一次，有包括劳斯莱斯牌在内的高档轿车被旅客抽中。这项活动举办得相当成功，据说在迪拜国际机场免税店的客人中，有相当一部分人之所以经由迪拜国际机场转机，主要原因就是为了参加其免税店的抽奖。

迪拜国际机场免税店的成功还与它经常赞助全球主要体育活动分不开。该店的经营者在开业之初，就开始试探性地资助一些地方性的足球、篮球、橄榄球、冰上曲棍球、滑水等比赛活动。1988年，在阿联酋政府支持下，该店出巨资赞助第一届"迪拜自由杯足球大赛"，吸引许多世界一流足球明星来阿联酋参赛，结果引起轰动。目前，这项赛事每年举办一次，并被提升为一项国际性足球大赛，每年吸引来自世界各地成千上万的球迷。此外，总奖金为100万美元，由迪拜国际机场免税店与德国BMW共同赞助的一项网球大赛，也已成为当地和世界体坛一年一次的体育盛会。这些活动的开展都为迪拜国际机场免税店带来了滚滚的财源。

◆ 也门走私市场一瞥

从首都萨那出发，驱车约6个小时就可到达位于也门著名商业城市塔兹附近的也门最大走私市场。星期六是该走私市场的定期交易时间，届时满载各种商品的卡车从沙特境内开到这里，并一辆辆整齐地排成两列，等候着批发商人们的到来。

上午10点左右，交易开始进入高潮，贴有各国商标的商品应有尽有，从也门妇女喜欢的花花绿绿的尼龙薄纱，到日本的电器、法国的香水、半旧的汽车等无所不包。头顶油煎薄饼、戴着面纱的也门女人和光着脚丫卖红茶的小孩，在拥挤的人群中来回穿梭。开着豪华的轿车，带着全副武装保镖的富商们也慕名前来采购商品。在拥挤的市场上，商人们为招徕生意，往往把录音机的音量开到最大，于是古朴的阿拉伯民间音乐和时髦的迪斯科舞蹈音乐此起彼伏，加上小贩们的叫卖声音和讨价还价的激动情绪，汇成了一支奇异的交响乐曲。

走私市场的商品要比城里的商品便宜得多，因为这里出售的东西大都是从沙特走私进来的，没有税收和边境检查。武器和酒类在这里是抢手货。也门人有佩带枪支的爱好，每个成年的男子大约都拥有一支短枪或者长枪，因此民间枪支弹药的交易十分热门。在走私市场上出售的枪支大多是老式的，一支老式冲锋枪可以卖到300美元，一盒子弹（200发）可以要价60美元，偶尔也有新款的枪支，但是价格就相应的比较贵，崭新的全自动步枪带瞄准镜可以卖到 2 000 美元，一般人不敢问津。有时商人们为了显示自己枪支的优良，随手就向天空扫射一番，也许是习惯了这种交易方式，周围的摊贩们对此无动于衷，依旧埋头做他们的生意。

在也门的主要城市，政府对枪支的管理比较严格，老百姓家里都存有枪支，但是很少带枪上街。在农村和边远的山区，男孩子从十几岁就开始佩带武器，表示已经进入了成年男子的行列，就是一些年迈的老头子，为了显示自己的阳刚之气，也会扛一支不能打火的老步枪。因此，也门民间存有大量武器，据说在山区的部落里，酋长们还拥有坦克车和大炮。

也门是一个虔诚的穆斯林国家，绝对禁止出售含有酒精的饮料。在首都萨那除了外国人经营的、专门向外国人开放的饭店可以出售昂贵的白兰地、威士忌等酒外，任何商店和旅馆是不能经营酒类的。有些不法商人为牟取暴利，不惜冒风险，做起酒的生意来，他们的所作所为一旦被警察发现，商店就要遭受查封，店主要接受鞭打和坐牢的惩罚。尽管如此，专门从事酒类走私的人还是大有人在。

阿拉伯商人

伊斯兰教对阿拉伯商人的影响是巨大的。在阿拉伯人眼中，一个信仰真主，同时又遵守商业契约的商人，才是成功的商人。把自己的财富建立在别人的贫困之上，不但是可耻的，而且也为伊斯兰教义所不容。因此，阿拉伯商人在经商时非常重视道德和智谋的结合，正直的商人对任何欺骗行为和放高利贷者都嗤之以鼻。伊斯兰教经典《古兰经》说："真主准许买卖，而禁止重利。如果你们不遵从，那么你们当知道真主和使者将对你们宣战。如果你们悔过，那么你们将可收回你们的资本，你们不至于亏枉别人，你们也不至于受亏枉。"

总之，在阿拉伯的历史上，从来没有出现过成文的商业法规，商人们依靠的是伊斯兰精神和道德的约束力，并通过它形成和谐平等、自由竞争的商业环境，在这种环境下通过个人的智慧进行平等竞争。阿拉伯商人并不反对正常的借款，但反对放高利贷，反对赖账不还的人。

◆ 道德和智慧并重

阿拉伯民间广泛流传的智者化身朱哈惩罚奸商的故事和洗染匠与理发师的故事，很形象地反映了阿拉伯商人重视伊斯兰精神和道德的特点：

——朱哈惩罚奸商

聪明的朱哈一直想惩罚高利贷者，一天他牵着毛驴来到"苏克"，高声喊道："看一看，我的毛驴会拉金币，有谁要买？"

一群高利贷者跑过来，半信半疑地问："真的吗？"

朱哈吆喝着毛驴并举起棍子敲打一下毛驴的屁股，毛驴立刻拉出一个金币。再敲一下，又拉出一个。"看见了吧，我这头吃草拉金币的毛驴可真是一个宝贝啊！"

高利贷者们一个个争相出高价购买这头神奇的毛驴，价格一直升到5万枚金币。这时，当地最大的高利贷者悄悄对朱哈说："我出8万个金币，请你晚上把毛驴送到我家。"朱哈要惩罚的正是这个人，于是便愉快地答应了。

这天晚上，朱哈把十几个金币塞进毛驴的屁股，牵着到了大高利贷者的家。在郑重其事地向他介绍了毛驴的饲养秘诀后，朱哈带走了8万枚金币。朱哈刚一离开，高利贷者就迫不及待用棍子敲打毛驴的屁股，结果一下子滚出了十几个金币，全家大小乐得心花怒放。但是在此之后，这头毛驴自然是除了驴粪外，再也拉不出其它东西来了。

——洗染匠和理发师

相传，在很久很久以前，埃及亚力山大城里有两个商人，一个是开洗染店的老板艾比，一个是开理发店的图拉，两人同住一条街上，同在一条街上开店，但品行却有天壤之别。艾比依靠行骗吃饭，把顾客预付的洗染费用全部挥霍，还把人家送洗的衣服卖掉，供自己吃喝玩乐，并撒谎说衣服被别人偷走了，因此经常同顾客发生争吵，最后被顾客扭送法庭。由于臭名远扬，所以生意萧条，走投无路。理发师图拉则是个诚实勤奋的商人，就是心肠太软，容易上当受骗。当艾比的洗染店被官府查封后，他找到图拉，鼓动他一起到外面闯世界。图拉信以为真，便高兴地答应了，两人约定大家努力劳动，互相帮助。

他们来到一个新的地方后，图拉信守诺言，每天清晨出门，半夜方回，并把挣到的理发钱全部交给艾比，而艾比却坐享其成，整天睡觉，图拉对此毫无怨言。有一天，操劳过度的图拉终于病倒了，但艾比根本不管图拉的死活，一个人把家中的粮食吃完后，一走了事。艾比出走后，在城里发现老百姓们都穿着清一色的蓝衣服，原来这里的染坊只会染蓝色。于是他找到国王，夸耀自己有非凡的洗染技术，可以染出色彩鲜艳的衣服。国王非常高兴，给了他 1 000 金币，让他建造染坊。几天后染坊建成了，艾比拿着染好的布匹送给国王。从此，艾比名利双收，人们称他为"王家染坊"的老板。

病好之后的图拉有一天上街散步，偶然发现艾比坐在"王家染坊"高高的柜台前，于是赶忙过去打招呼。谁知道老朋友翻脸不认人，反而诬陷图拉是小偷，把他乱棍打出。悲愤交加的图拉回家后，想洗个澡冲一冲晦气，却发现当地根本没有澡堂，连国王也不知道澡堂为何物。于是他说服国王投资 1 万金币，开办了"王家澡堂"。当国王率领群臣光临时，图拉亲自为国王搓背按摩、香汤沐浴，使国王精神焕发，当下就赏给图拉数万金币。"王家澡堂"名声大振，使得"王家染坊"的艾比嫉妒得要死，便假装殷勤，前去拜访图拉。图拉不计前嫌、以礼相待，但是艾比却在暗中陷害图拉，终使国王迁怒图拉，将图拉装进麻袋投入大海。但好心的图拉被人救起，并拣到了国王那枚具有统帅军队的魔力戒指。有了这枚戒指，图拉就可以推翻国王，然而图拉只是想当一个诚实的商人，于是他进城拜访国王。国王明白了事情的来龙去脉后，下令处决了艾比，图拉受到了重赏。

阿拉伯有句谚语，"一颗纯洁的心好过一只鼓起的钱袋"。千百年来，阿拉伯商人理智地面对穷与富的辩证关系，相信任何凭借不道德的手段获得的财富，最终总要失去。在阿拉伯商人道德信条中，有这样两句话："财富折磨他的非法占有者"；"如果踏入贪婪之船，贫穷就将成为你的伴侣"。

◆ **家族经营——典型的大锅饭**

由于自然条件和经济条件的限制，阿拉伯商人的经营活动许多是以家族经营为主的，家族的产业代代相传，家族成员之间团结互助。为了使家族的后代能担负起经营的重任，阿拉伯商人重视对后代的教育，注重商业传统文化的延续。

著名的巴林卡努家族卡努先生曾制定过一份著名的《公司宪章》，即所谓的《家族章程》。这份由巴林埃米尔作证的章程现在仍存放在英国中东银行麦纳麦分行的保险柜中。从这份章程中，人们可以了解阿拉伯家族公司吃大锅饭的详细情况。根据该章程，卡努家族公司的领导人在退休或者死亡后，要由家族的长子任家族的负责人，次子则担任助手，但副手对公司重大决定有否决权；家族产业应逐渐向股份制产业转化，家族成员不论男女、大小，均平等享有股权，平等分红，平等接受教育，一旦有人陷入贫困，全家族的人都要给予支援；卡努家族的后代无论血缘关系亲疏，都要亲如兄弟，彼此按照年龄的大小排序；在经营决策上采取少数服从多数的原则，在利润分配上奉行平均主义原则，成年男子领取工资，妇女领取津贴，孩子领取零花钱；各个家庭的住房、教育、饮食、旅行费用都有家族统一支出；剩余的利润全部用于再生产，团结互助，形成集体的力量面对竞争对手。

千百年来，阿拉伯家族公司这种"吃大锅饭"式的经营方式一代又一代地延续了下来，实在是让人大惑不解。利益分配是家族产业得以延续的基础。在卡努家族的章程中，还有一条有趣的规定：家族中如果有一个人从家族公司中提取了一笔钱，那么家族其它成员利益均沾，都有资格提取同样多的钱，每到财政年度结束时，会计们会公布每个家族成员的开支情况，大家也就自然地向开支最高的人看齐。但是，令人奇怪的是，并没有出现突击花钱的现象，所有家族成员均奉行节俭的原则，颇有些按需分配的味道。上述大锅饭是阿拉伯商人把血缘关系和商业原则结合后的产物，也是阿拉伯家族公司中独有的特色。显然，商业的发展无法摆脱本身的文化环境的影响和制约。在阿拉伯社会，传统的力量是无比巨大的，商业活动如果离开了传统文化和环境就难以生存。这就是为什么阿拉伯商人多采取家族经营的原因,单个的、孤立的阿拉伯商人在阿拉伯国家是没有办法生存的。

◆ "模糊管理方式"?

千百年来,阿拉伯公司在内部经营管理方面,大多一直维持着传统的方式。他们喜欢传统的具有阿拉伯特色的办公楼,公司的决策由总裁一人说了算,然而在日常经营中又时时透出令人不可思议的民主。

在阿拉伯公司的办公楼内,所有的办公室都是敞开的,客户和职员可以随意出入总裁的办公室,任何人要见总裁都不需要预约。每天一上班时,总裁办公室都是最繁忙的地方,各种产品的推销人、前来洽谈生意的商人、公司职员,甚至总裁的亲朋好友都会出现在总裁的办公室内。在这些"不速之客"中,有来同总裁洽谈数额巨大的生意的,有向总裁汇报工作的,也有的则根本无事,来这里可能仅仅是为了喝一杯咖啡或与总裁聊聊家常。一些公司职员悠闲地进来,随便闲聊几句或喝杯饮料之后,若无其事地离去。阿拉伯商人生性好客,络绎不绝的客人对商人来说是一种荣耀,绝不会把客人看成是负担。

任何人都可以随意出入总裁的办公室,并不意味阿拉伯商人随意决策或民主经营。一个公司,只有公司总裁一个是最终决策者和监督者。在许多阿拉伯国家的公司里,事无巨细总裁均要过问。英国的新闻记者曾记录过一段其采访一家阿拉伯大公司董事长时的精彩片段。他写道:在短短的采访过程中,共有四位不速之客闯进了办公室。第一位是前来应聘的机械师,第二位是地毯推销商,第三位走进办公室后只是坐在椅子上喝了一杯咖啡,第四位进来请示维修空调的事宜。在年产值上亿美元的阿拉伯公司里,董事长或总经理事必躬亲的现象随处可见。公司看起来像是一个大家庭,总经理像是一位大家长或大总管,处理着大家庭从柴米油盐到大笔开支的一切事务。

由于阿拉伯公司实行个人决策式的集权管理,因而一旦做出错误决定,则很难予以纠正,但如果当面向决策者提出意见,又会被看成是对上司的不敬。因此，聪明的做法是先听从命令，然后在执行过程中逐渐地私下向决策者提出自己的意见。从表面上看，阿拉伯商人的经营方式处于一种混乱的状态，但是正是这种表面看来无序的管理却创造了数目惊人的利润。对此，有人有独特的见解，认为阿拉伯商人的无序管理可能正是先进的模糊管理方式的雏型。据阿拉伯人称，阿拉伯商人"发财的奥秘并不在于严格的规章制度，而是在于具有一种强大渗透力和感染力的传统习俗"。

◆ 只有一个银行账号的超大型公司

阿拉伯商人将公司的财务管理建立在诚实和传统道德的基础上，因此出现了许多奇怪的现象。例如，许多年营业额超过数亿美元的大公司，居然只有一个银行账号。不但家族领导成员把各自所主管的分公司的利润全部放到这个账号内，而公司所属的各个部门如贸易部、技术部等，甚至属于家族公司名下的小小商店等，也都可以直接从这个账号中提取款项。公司总裁监督这个账号的资金来往，检查下属职员的提款报告，定期派人到银行提取大笔的现金用于职员的工资、办公费用、投资等一系列分公司或部门的发展资金等。他们充分信任下属分公司或者部门经理在财务管理上的自觉性。经理们需要用钱尽管去用，不需像西方公司那样通过银行在各个账号中来回调拨。

传统的阿拉伯公司奉行的是简单的财务手续，总裁们对繁琐的报告和财务报表不感兴趣。美国商人比尔曾拜访沙特阿拉伯著名汽车代理商穆罕默德，对阿拉伯商人的理财方式惊叹不已。据他回忆，在他与穆罕默德的交谈过程中，一位职员进来说汽车需要修理，穆罕默德随便在一张纸上写了几个字就让他凭条提取大约相当于1 000美元的现金；一个亲戚进来哭诉生活的艰难，他又同意这位亲戚去领取大约500美元的救济，连条都没有写；又进来一个莫名其妙的人，穆罕默德干脆从抽屉里面摸出了一大捆钱扔给了来人，既没有写收条，也没有办任何手续。

传统的阿拉伯商人把从银行贷款看成是一件丢脸的事情。沙特阿拉伯商人纳比是世界上最大的船舶运输代理商，据说他从来没有向银行借过一分钱，其产业的扩大完全是靠自己的利润积累。著名的军火商阿德南是一个善于生财，但却疏于理财的商人，没有一个人可以搞清楚他的财务情况，连他自己对此也漠不关心，即使有公司雇员贪污他的钱财，他也没有办法查证。有谁知道，正是这种糊涂的理财方法后来却救了他的命。当"伊朗门"事件泄露后，美国联邦调查局的官员们怀疑阿德南同这桩丑闻有关，便开始调查他的财务情况，结果累个半死也没有弄出个所以然来，只好撤销对阿德南的起诉。也难怪，连阿德南本人都搞不清的问题，美国联邦调查局能搞得清？

◆ "回扣"知多少？

在石油大发现之前，阿拉伯商人的经营规模同西方国家的公司相比是微不足道的。但是随着石油美元大量流入，阿拉伯商人的生意进入了一个前所未有的黄金时代。一些产油国的王室成员也进入商界成为"亲王商人"。他们一方面有商人的精明，另一方面又有政府为后台，在商场上可谓如鱼得水。

王室人员进入商界的一个直接后果就是形成了阿拉伯商业生活中的"幕后交易"，他们在政府采购、定货、招标等活动中，利用自身的能力，或为自己争取定单，或为其它公司创造生意成交的机会，从中获取丰厚的回扣和利润。有时某个王室成员仅仅是借同国王见面的机会，短短几句话就可以得到一个数额巨大的项目，从中得到的回扣有时高达上千万美元。这种现象如被西方新闻媒介披露，必定会引起轩然大波，但是在阿拉伯国家反应就大不相同了，多数阿拉伯商人对此不以为然。阿拉伯商人对回扣有着自己独特的理解，这些对于西方人来说不能接受的幕后交易，在许多阿拉伯人眼中却是可以理解的。因为一个成功的阿拉伯商人首先是一个精明的阿拉伯人，而对精明的阿拉伯人来说有条件为什么不用呢？

阿拉伯商人的回扣数目视合同金额的大小而定，但通常都在合同金额的5％～30％。因为巨额的回扣和利润，使得一些阿拉伯商人在短短的时间内一跃成为世界上的巨富。西方新闻界透露，在海湾战争之前，科威特军事装备订购合同，都有数目巨大的回扣，仅是一项坦克合同，回扣率就达到45％，回扣金额超过了1.5亿美元。在海湾危机期间，流亡在外的科威特王室对此事曾进行过调查，但最后的结果自然是不了了之。

◆ 阿拉伯商人的谈判天赋

阿拉伯商人认为，一个成功的商人，首先应该是一位语言学家、心理学家和善于调节自己立场的人。阿拉伯的商人从小就受到这几个方面的教育，他们的谈判天赋常常让精于此道的欧美人也不得不甘拜下风。

阿拉伯商人的谈判天赋与他们的语言有密切关系。阿拉伯人自古就以口才出众而闻名天下。有一句谚语说：中国人的手、阿拉伯人的舌头。实际上，阿拉伯人能有名闻天下的舌头还应归功于阿拉伯语这门艺术。阿拉伯语在语言的结构方面充分体现了简洁、明了、锐利的特点，而这些特点也正是商业交谈所必须具备的要素。据说，伊斯兰教之所以能在短短的时间内征服阿拉伯半岛及西亚、北非辽阔的地域，就是因为充分利用了阿拉伯语的上述长处和阿拉伯民族心理特点的结果。以阿拉伯语写就的《古兰经》内容深奥、文体洗练，读起来令人荡气回肠，具有极大的感染力。阿拉伯商人生活在这种语言环境之中，其谈判天赋自然让外人难以应付。除此之外，阿拉伯商人还以热情好客著称。在商业谈判时，他们可能会把手搭在谈判对手的肩上，并不时地为客人斟满咖啡或者红茶，严肃的谈判在阿拉伯商人营造的气氛中会变得很温馨，使人感受不到咄咄逼人的紧张。在这种气氛下，谈判的节奏和主动权会不知不觉地落入阿拉伯商人的手中。

◆ 以彼之矛、刺彼之盾

石油的大规模开发，一下子把阿拉伯商人从阿拉伯半岛推向了广阔的国际市场，国际市场上的每一个细小的变化都会牵动阿拉伯市场敏感的神经。显然，在新的环境下，每一个成功的阿拉伯商人都必然是善于引进并使用人才——特别是懂得西方国家经营管理和先进技术的人才——的商人。

巴林的卡努家族公司是最早引进外国经营人员的公司，从20世纪40年代起他们就从英国聘请了许多部门经理，用他们同在巴林的英国公司竞争。由于大量引进人才，使卡努公司形成了一种阿拉伯经营模式和西方经营模式相结合的制度，既有西方公司的豪华外表，又有阿拉伯传统公司的朴实与散漫。在卡努公司，每一个西方员工都被看作是家族的一员，公司为他们提供一切生活保障，如果个人生活出现了问题，还可以直接找总经理解决，就像是在大家族中找家长解决一样方便。公司还专门配给外籍员工带有花园、家具的别墅，并允许员工每年回家探亲两次，公司负担来回旅费。在繁忙的工作之余，公司还会组织各种各样的比赛，以活跃气氛等等。因此，外国技术人员在这种宽松而又很富有人情味的环境中，不知不觉或心甘情愿地为公司努力奋斗。尽管，在突如其来的巨额石油财富面前，阿拉伯商人普遍缺乏心理准备和技术素质，但他们精明地借用了欧、美等西方人的知识财富，缩短了时间差距。半个多世纪以来，大量受雇于阿拉伯人的西方人士为阿拉伯社会的繁荣和发展付出了大量心血，帮助其阿拉伯雇主打败无数自己的同胞。

◆ 典型的东方式用人之道

据沙特阿拉伯大亨阿德南说，他对公司庞大产业的管理，主要不是靠严密的制度和条文，而是靠对雇员的关心和照顾，即以自己的影响使雇员自觉成为公司利益的坚定维护者。

阿德南的私人助理们个个对阿德南忠心耿耿。当阿德南被新闻媒介攻击而陷入困境时，其私人助理们个个都挺身而出，为阿德南开脱。原来，据这些助手讲，阿德南对他们从来是平等相待的，把他们看作是自己能力的延伸。阿德南故意让自己的助理们直接参与一些重大交易，使其个个成为百万富翁。阿德南的做法收到了出奇的效果，私人助理们把阿德南当作偶像崇拜，有的将自己的孩子分别以阿德南和他的妻子们的名字命名。

阿德南还资助了20多个年轻人在美国读书，这些人多是为他工作多年的司机或佣人的孩子。他还一直供养着早期为他工作过的办事人员，即使他们早已老迈无用也依然如故。他的这种感情投资和独特的东方式用人之道，免除了雇员们的后顾之忧，使他们全心全意投身到公司的事业中，不再计较个人得失。阿德南主张用人格魅力和公关手腕来协调公司的人事关系。从理论上说这是在力求营造一种企业文化，是一种以忠诚为核心的内部管理环境。因为他清楚地了解，死板的规章制度在短时间内可以制约员工，但是难以长时间笼络人心。治人之术的最佳方式是以心换心，以心治心。

◆ 传统代代相承

几乎所有事业有成的阿拉伯商人都非常重视对其后辈们的教育和培养。一般来说，阿拉伯商人的孩子首先要接受阿拉伯文化传统和伊斯兰文化的教育，《古兰经》从小就必须倒背如流，阿拉伯的古典诗歌和历史要熟记在心，并时刻牢记老一辈的传统美德。这种教育强烈地影响着孩子们未来的商业生活，并且作为一种传统左右他们一生的言行，使他们处处体现出阿拉伯人的特色。许多阿拉伯商人在孩子们接受了当地的教育后，还送他们到国外旅行，以开阔眼界、增长见识。送孩子到国外留学时，他们喜欢选择英国的学校进行预科教育，然后再到美国，接受系统的商业教育，认为这样可以学到英国人的严谨和美国人的开拓精神。

每一个阿拉伯商业家族都有大致相同的价值观念，那就是诚实、慷慨、勤奋、礼貌、对宗教虔诚等等。阿拉伯商人们喜欢向孩子们讲述自己所经历的一个个真实的商业故事，很少向他们灌输书本上的知识。长辈们还用自己的言行影响着孩子们。孩子们从小参加长辈的聚会，跟随长辈从事商业活动，除具体学习一些一般的商业技巧外，更可以领会长辈们在商业活动中体现的智慧和品德。长辈们常常在餐桌上讨论商务，有时孩子们还被要求参加一些具体的实践。美国ITT公司的几位经理叙述了这样一件事：当他们和沙特的大商人希卡荷在进行一笔大数额的合同谈判时，他忽然说："如果你们同意，我想让我的一个孩子旁听，让他学习我是怎样谈判的。"正是这种频繁的直接的商业熏陶，给新一代的阿拉伯商人打下了良好的基础。

◆ 形形色色的小商人们

同大老板们相比，阿拉伯的小商人们，更具有独特的风采。大老板们挥金如土、一掷千金，而小商人们则锱铢必较，斤斤计较，特别是为了卖出手中的货物，小商人们不惜使出浑身解数。在他们殷勤的劝说和貌似敦厚的表情里，有无数的冤大头被"宰"。

开罗是阿拉伯世界名城，也是世界上首屈一指的旅游城市。这里的小商人们热情、精明，给我留下了深刻的印象。我在开罗大学留学时，有一次陪同朋友到商店购买纸草画，旁边的一个秃顶老头一个劲地帮我们出谋划策。当我们装起买好的画要走时，这个老头请我们到他的服装店中看一看，我们并不想买服装，但是老头坚持要我们到他的店中坐一会儿，说是仅仅为了交个朋友。到了商店，老头又是给我们泡茶，又是煮咖啡，还拿出几枚脏兮兮的硬币，说是法老时期的古董，为了交朋友，可以送我们。如此的热情，使我们无奈之下一人买了一条裤子，老头还悄悄告诉我们是以进价卖给我们的，千万不能告诉别人。搞得我们一头雾水，这老头到底是为了什么，对我们如此慷慨。第二天，在学校旁边的服装店里，我发现同样的裤子只有昨天价格的一半。

有一次到哈利利（开罗有名的"苏克"）市场去转悠，一个埃及老板把我当成了富有的日本人，老远就用日语喊我，我随口用日语回答他，他便热情地从商店里跑出来，拉我坐到了他的店里。当我坐定时，他拿出了一把也门腰刀，夸耀说这把刀的刀把是用犀牛角做的，镶嵌着20克24K的黄金，刀曾是一名著名人士的心爱之物等等，然后神秘地告诉我1 000美元就可以拿走。我告诉他我是中国人，他马上又改口大谈中埃人民的友谊，并指着开罗会议中心的方向，说是中国人为他们建造了如此气派的会议大楼，因此这把刀只需要500美元就可以归我了。看着他卖力的样子，我告诉他我在开罗大学念了4年书，是个一文不名的穷学生，老板依然笑嘻嘻地说："既然这样，那就10美元卖给你吧。"从1 000美元到10美元，差海了去了呀，让我怎么敢相信他呢？和埃及小商人相比，有些阿拉伯国家的商人就显得有些木了。比如阿曼商人，即使客人走进商店，店主也只是简单地打个招呼，客人任看任选，但是一般不还价。虽然买得放心，但对习惯了阿拉伯市场大刀阔斧"砍价"的客人来说，总是感到少了些什么似的。

第七部分　阿拉伯市场和阿拉伯商人

◆ 从不说"不"的阿拉伯商人

阿拉伯商人有自己的行为规范和处事观念，对一件商务洽谈或一个简单的约会，阿拉伯商人如果不感兴趣或者不愿意，一般不会爽快地说"不"，而是用"卜克拉"（明天的意思）、"因晒劳"（如果真主愿意的意思）等等语句回答你。许多不明就里的人按照阿拉伯商人讲的话的表面意思再做工作时，往往无功而返，所以他们总是抱怨阿拉伯商人不守信用。其实，阿拉伯商人早就表明了他对问题的态度，只不过你没有理解而已。

阿拉伯商人的时间观念也同其它国家的商人不同，安排好的日程不能约束他们的行动，他们可能一连发几个Fax给你，但是当你给了他们答复后，他们又可能一连几个星期，甚至几个月不再理你。所以，同阿拉伯商人谈生意最好是面对面地谈，尽量避免用信函和电话的方式。

阿拉伯的大商人们爱讲排场，但是在谈判时往往会斤斤计较，他们实际上是在要一种心理平衡。有一次，两位沙特商人到上海洽谈买蚕豆的生意，中国粮油进出口公司的人把他们安排在锦江饭店，在晚宴后两位商人给了服务小姐颇为丰厚的小费，可是在签合同时，他们为了在价格上占些便宜，居然推迟了回国的飞机票。虽然中方最后同意了他们的要求，但算一算他们在上海的花费，远远超出了从谈判中得到的实惠。这就是阿拉伯商人的多面性和奇特之处。

◆ 与阿拉伯商人"砍价"

在阿拉伯"苏克"上，商品价格绝对是可变的，伸缩性非常之大，交易往往都是由买卖双方的"市场经验"而主观达成的。因此，买主不同，价格也不同。西方人习惯了在超级市场收银机前列队等候付账，较少有还价经验，对"苏克"里阿拉伯小贩们的价格攻势一般都难以招架，不少人都当了"冤大头"。

据当地阿拉伯人讲，在"苏克"里讨价还价要讲究一定的艺术。还价的过程包括对货物和店主人的吹捧，并要掩饰好你寻求合理价位的真正意图。绝对不要因一杯免费招待的咖啡或茶，以及店主油腔滑调的推销术而软化你的立场。最好是两人同行，一人假装对货色不屑一顾，或挑三拣四，另一人则流露些微兴趣。不论你对自己的还价手法有多满意，成交时一定要显得垂头丧气。最高明的是那些用尽可能便宜的价格成交而又不断夸奖店主对商品价格毫不通融的买主。

商业区里的商品从来没有固定价格，随店主们自己定价，所以价钱往往定得很高，有时可以定到成交价的几倍到十几倍。熟悉行情的客人们，通过不断的讨价还价，可以合理的价格买到满意的商品。漫天要价，就地还钱，在阿拉伯市场是一个放之四海而皆准的贸易法则，在也门这个法则更体现得淋漓尽致。有次在萨那买袜子，每双约值 40 里亚尔居然开口要价 200 里亚尔（当时合 5 个美元）。我一气之下决定非要治一治这个店主，便和他展开激烈的讨价还价，一顿猛砍后，老板被"侃晕"了，最后 10 双袜子仅仅收了我 300 里亚尔。事后我再到那家商店，老板就再也不敢露面了，小伙计悄悄告诉我："你们中国人太厉害了，10 双袜子他居然才卖了 300 里亚尔，连成本都不够。"当然，在也门大多数小店的服务态度还是好的，商品卖出后如有质量问题，尽可以拿回来退换，不必担心店主们不认账。

◆ 黎巴嫩真主党发展观光业

披着神秘外衣的黎巴嫩真主党，正在决定"改变造型"，露出笑脸欢迎游客到贝卡山谷游玩。

据说，真主党打算"改行"，主要是受中东地区形势的影响。上世纪 90 年代中期，随着中东和平进程不断推进，阿以和平已渐成不可逆转的大趋势。而且，黎巴嫩内战早已结束，全国上下经济重建的气氛日浓。为了适应未来形势的发展，建立自身合法政治团体的正面形象，黎巴嫩真主党决定与黎巴嫩旅游局合作，吸引西方游客到真主党控制的贝卡山谷游览，其中贝卡谷地中巴贝克市著名的罗马时代废墟对西方游客极具吸引力。

真主党还在贝卡山谷上竖起了英文招牌，在罗马神殿的废墟上安装了声光设备，并放宽有关规定，不再禁止诸如穿短裤等代表"西方腐化生活"的行为，甚至允许游客在大饭店里饮用啤酒等等。一名真主党干部告诉美国访问者："巴贝克市应该成为旅游热点。通过开展旅游业，我们还想告诉世人，我们是文明人，不是恶魔。我们也有服侍人的本事，并且愿意对游客施展这种功夫。"

真主党发展旅游业的做法，西方人可能一下子还难以接受，因为在他们心目中真主党早已与恐怖活动画上了等号。直到今天，黎巴嫩真主党仍然经常攻击占领黎巴嫩南部的以色列军队。对此，真主党前秘书长杜法利说，"由于以色列占领着我们的领土，因此真主党攻击以色列是名正言顺的。但是，我们从一开始就不反对旅游业和西方游客，我们也没有涉及绑架案等恐怖活动，那纯粹是西方媒体歪曲事实，有意恶化我们的形象。"为了加强外界的信心，他还引述一位欧洲外交官的话说："贝卡谷地的巴贝克市比美国曾发生大爆炸事件的奥克拉荷马市还安全。"

图书在版编目（CIP）数据

李绍先眼中的阿拉伯人/李绍先著.—北京：中国书籍出版社，2015.5
ISBN 978-7-5068-4902-9

Ⅰ.①李… Ⅱ.①李… Ⅲ.①阿拉伯人－民族文化－研究 Ⅳ.①K37

中国版本图书馆CIP数据核字（2015）第082385号

李绍先眼中的阿拉伯人

李绍先　著

责任编辑	游　翔　罗显华
责任印制	孙马飞　马　芝
封面设计	北京楠竹文化发展有限公司
出版发行	中国书籍出版社
地　　址	北京市丰台区三路居路97号（邮编：100073）
电　　话	（010）52257143（总编室）　　（010）52257140（发行部）
电子邮箱	chinabp@vip.sina.com
经　　销	全国新华书店
印　　刷	三河鑫利来印装有限公司
开　　本	710毫米×1000毫米　1/16
印　　张	19.75
字　　数	270千字
版　　次	2015年5月第1版　2015年5月第1次印刷
书　　号	ISBN 978-7-5068-4902-9
定　　价	39.00元

版权所有　翻印必究